KB070427

유아와 유아교사를 위한

정신건강론

| 문태형 · 최효정 · 차정주 · 이효림 공저 |

THEORY OF MENTAL HEALTH

학지사

머리말

질병의 감소와 치료에 일차적인 목적을 두었던 과거와 달리, 최근 의학계는 질병의 예방과 개인의 건강한 상태를 증진시키는 것으로 그 관심이 옮기고 있다. 이는 인간의 취약성을 강조한 기존의 병리적 모델과 더불어 인간의 강점과 자원을 강화하는 긍정심리학적 관점과의 조화를 모색하고 있는 것이다. 뿐만 아니라, 복잡한 현대사회를 살아가는 인간들에게 필요한 역량은 무엇인가를 밝히기 위한 시도로서 OECD가 발표한 'Education 2030'에서는 교육혁신을 통해 이루고자 하는 궁극적인 목적을 개인과 사회의 웰빙으로 제시하였다. 이처럼 현대사회의 여러 분야에서는 인간의 궁극적인 삶의 질에 관심을 갖고, 이를 향상시키고 유지하기 위해 어떤 노력을 기울여야 하는가에 관심을 쏟고 있다.

특히, 최근 COVID-19로 인하여 '코로나 블루'라는 신생 단어가 생겨났다. 이는 우리 생활에 있어 정신건강의 중요성을 생각하게 하고 있으며, 환경의 변화가 우리의 정신에 얼마나 영향을 미치고 있는지를 반증하는 단어인 듯하다.

세계보건기구에 따르면 건강은 단순히 신체적 · 정신적 질병이 없거나 허약한 상태가 아니라 신체적 · 정신적 · 사회적인 웰빙을 이룬 상태를 의미한다. 즉, 건강한 사람은 사회생활을 자립적으로 영위해 나갈 수 있는 능력을 갖추고 있으며, 각 개인의 건강과 관련한 사회의 요구와 기대가 충족되는 상태를 유지할 수 있다.

현대사회의 급속한 변화는 인간의 삶을 풍요롭게 만들었지만, 이에 따른 다양한 부작용도 만만치 않게 나타나고 있다. 특히, 스트레스, 불안, 우울, 좌절 등의 정신적 문제를 호소하는 사람들이 늘면서, 정신건강의 예방과 유지가 어느 때보다 중요한 이슈가 되고 있다. 질병이 단순히 신체적 측면의 결함이 아닌 정신적 측면의 불균형 상태와 관련이 있으며, 정신건강의 유지는 행복한 개인의 생활 및 사회생활에 많은 영향을 준다는 사실이 많은 연구를 통해 입증됨에 따라 정신건강에 대한 관심이 고조되고 있는 실정이다.

이에 저자들은 기존의 정신병리학적 관점과 더불어 최근의 긍정심리학적 관점에서 정신건강을 증진시키고 유지하기 위한 방안을 제시하고자 하였다. 이 책은 총 4개 Part로 구성되어 있으며, 주된 내용은 다음과 같다.

제1부 정신건강의 이해에서는 정신건강의 의미, 정신건강에 영향을 미치는 요인, 정신건강과 스트레스, 정신건강과 성격을 살펴보았다.

제2부 정신건강과 교육에서는 인간발달과 정신건강, 가족과 정신건강, 유아교사의 정신건강을 중심으로 살펴보고자 하였다.

제3부 정신건강 문제와 장애에서는 정신장애 중심으로 살펴보고자 하였다. 먼저 신경발달장애, 조현병 스펙트럼/양극성/우울장애, 불안/강박/외상 및 스트레스-관련 장애, 급식 및 섭식/배설/성불편감 장애, 파괴적, 충동조절 및 품행장애, 마지막으로 성격장애에 대해 살펴보았다.

제4부 현대사회와 정신장애에서는 성폭력, 자살예방 및 재난에 대한 내용과 중독 및 가족문제와 정신건강, 정신건강 서비스 실천으로 이를 살펴보았다.

이 책은 주로 영유아보육과 유아교육에 관심을 가지고 있는 유아교사 양성 과정의 대학생들을 위한 교재로 활용될 수 있을 것으로 본다. 영유아를 대상으로 하는 직업을 가질 독자들이 영유아들에 대한 일반적인 정신건강 관련 요소만 살펴보는 것이 아니라 자신의 건강한 정신의 존립을 위하여 자신을 분석하고 해석하는 것이야말로 중요하다고 생각한다. 이에 이 책은 아직까지 미흡한 부분이 많지만 차후 이러한 부분을 보완할 것을 생각하면서 출판하게 되었으니 이에 대한 다양한 제안을 부탁드리는 바이다.

끝으로, 이 책의 출판을 위해 많은 도움을 주신 학지사 김진환 사장님과 관계자 여러분께 감사의 마음을 전하며, 전공자를 비롯하여 정신건강에 관심을 갖는 모든 독자에게 유익한 자료가 되길 바란다.

저자 일동

차례

제4부 현대사회와 정신장애

제1부
정신건강의 이해

제1장

정신건강의 의미

1. 정신건강의 개념

과학기술의 발전에 따른 생활환경의 개선, 의료 서비스의 발달 등으로 인해 인간의 기대수명이 늘어나고 있다. 세계보건기구(WHO)에서 발표한 「OECD 보건통계(Health Statistics) 2020」에 따르면, 우리나라 국민의 기대수명은 82.7년으로, OECD 국가 평균(80.7년)에 비해 높은 편이다([그림 1-1]). 장수에 대한 인류의 기대는 단순히 오래 사는 것만을 의미하는 것은 아닐 것이다. 누구나 건강하게 오래 살기를 바란다. 그렇다면 건강한 삶이란 무엇인가?

세계보건기구에서는 건강을 "단순히 질병이나 허약함이 없는 것이 아니라, 신체적·정신적·사회적으로 완전히 안녕한 상태"로 정의하고 있다(WHO, 2001). 이와 같은 정의는 '건강'이 '완전한 상태'임을 의미하는 것이지만, 현재 완전히 안녕한 상태라고 하더라도 이를 지속시키기 위해서는 꾸준한 노력이 필요하다. 또한 건강이라는 '완전한 안녕' 상태는 인간이 추구하고 도달하고자 하는 목표가 된다. 무엇보다 건강은 단지 질병이 없는 상태라는 이분법적인 개념이 아니라 연속성을 갖는다. 따라서 건강은 단순히 결과로서의 '완전히 안녕한 상태'만을 의미하는 것은 아니며 과정적 측면에서 중요하게 고려되어야 한다.

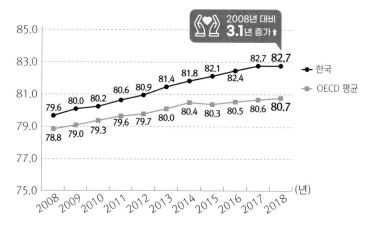

[그림 1-1] 한국인의 기대수명

출처: OECD(2020). OECD 보건통계 2020.

또한 건강이라는 용어는 분야에 따라 다양하게 정의되어 왔다. 홍성희 등(2008)은 시대적 흐름과 학문 영역의 확대에 기초를 두어 건강에 대한 정의를, ① 인간의 해부 구조와 생리기능이 정상 범위에 있는 상태(하부 구조와 생리기능), ② 질병이 없을 뿐 아니라 신체적·정신적·사회적으로 안녕한 상태(신체·정신·사회적 안녕), ③ 인간이 신체적·정신적·사회적으로 환경에 적응하여 최적의 편안함을 유지하는 상태(환경에 대한 적응 정도), ④ 인간이 자신의 신체적·정서적·정신적·사회적·영적 안녕 상태를 유지하기 위해 최대의 잠재력을 발휘한 상태(잠재력 개발)로 구분하였다. 스미스(Smith, 1980, 1981), 라프리(Laffrey, 1983)는 문헌고찰을 통해 건강을, ① 질병 증상이 없는 것으로 보는 임상 측면, ② 사회적으로 정의된 역할을 충족시키기 위한 역할 수행 능력 측면, ③ 변화하는 상황에 융통성 있게 대처하는 적응능력 측면, ④ 풍부하고 만족스러운 행복한 느낌인 안녕 측면(한인영, 2000 재인용)으로 설명하였다.

한인영 등(2006)에 따르면 건강은 생물학적·심리학적·사회학적·

생태학적 측면으로 구분될 수 있다. 첫째, 생물학적 의미에서의 건강은 생리학적 신체 구조에 어떤 증상이나 증후가 나타나지 않는 상태, 즉 질병이 없는 상태를 말한다. 둘째, 심리학적 의미에서의 건강은 개인이 자신의 건강 상태를 계속해서 주관적으로 평가하고 있다는 것을 전제로, 그 자신을 심리학적인 안녕 상태에 있는 것으로 간주하는 것을 의미한다. 셋째, 사회학적 건강은 인간이 사회에 살면서 그들의 역할과 과업을 최적으로 수행할 수 있는 능력을 가지고 있는 상태이며, 제도화된 유형에 따라 환자에게 역할과 의무가 주어진다. 마지막으로 생태학적 의미에서의 건강은, 질병과 건강은 현재나 과거의 개별적인 환경, 그리고 인간 유기체의 상태와 그것에 대한 반응, 미생물학적·화학적·생리학적 또는 신체적인 반응 등과 같은 여러 가지 요소가 복잡하게 상호작용한 결과를 의미한다.

이와 같이 건강은 한마디로 정의하기 어려우며, 인간의 다양한 측면을 포괄하고 있다. 더욱이 현대사회의 건강 개념은 주변 환경에 잘 적응하고 개인의 전인적인 능력을 유지·향상시키면서 최대로 발휘할 수 있는 상태의 개념으로 발전하였다(김수현 외, 2012). 즉, 건강은 완전무결한 신체적·정신적·사회적 조건보다는 한 인간이 사회생활을 자립적으로 영위해 나갈 수 있는 능력과 관계가 있다(최송식 외, 2019). 따라서 건강한 삶이란 자립적으로 자신의 삶을 영위해 나갈 수 있는 능력, 다시 말해 일상생활을 할 수 있는 능력을 가지고 있는 상태를 의미한다(유수현 외, 2021: 13). 이를 종합하면 건강은 육체적·정신적으로 질병이나 이상이 없을 뿐 아니라 한 인간이 사회생활을 자립적으로 영위해 나갈 수 있는 능력과 관계가 있으며, 각 개인의 건강과 관련한 사회의 요구와 기대가 충족되는 상태를 유지하는 것이라 할 수 있다. 건강은 단순히 질병이 없는 것 그 이상이며, 기능의 적절성과 적응을 중시하고 다차원의 통합된 현상이나 능력으로 이해되어야 한다(한인영, 2000).

급변하는 현대사회는 인간에게 새로운 환경을 제공하지만, 인간이 이에 적응할 수 있는 충분한 시간은 주어지지는 않는다. 가정, 학교, 직장 생활에서의 물리적·심리적 압력은 무력감과 불안감, 좌절감 등을 경험하게 하며, 산업화와 정보화로 인한 인간 교류의 축소와 비인간화 현상, 고립감 등으로 우울증이나 신경증, 스트레스를 겪는 사람들이 늘어나고 있다. 연일 뉴스를 장식하는 자살, 학대, 폭력 등의 문제들은 우리 사회의 정신건강 문제의 심각성을 보여 주는 예라고 할 수 있다.

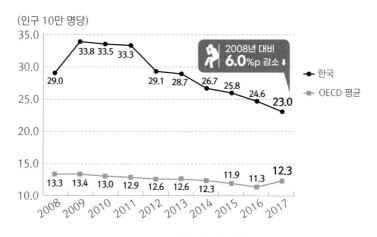

[그림 1-2] 한국인의 자살률

출처: OECD(2020). OECD 보건통계 2020.

특히, 우리나라는 높은 기대수명에도 불구하고 15세 이상 인구 중 '본인이 건강하다고 생각'하는 비율(32.0%)이 OECD 국가 중에서 가장 낮고, 자살 사망률은 OECD 국가 중에서 2위를 차지하고 있다. 2017년 기준 우리나라의 자살 사망률은 인구 10만 명당 23.0명이며(1위 리투아니아, 2인구 10만 명당 24.4명), 정신건강에 관한 관심과 노력으로 지속적으로 감소하고 있는 추세이긴 하지만 OECD 평균에 비해 여전히 높다([그림 1-2]). 앞서 건강의 정의에서 살펴본 바와 같이, 어느 한 영역만 건강하다고 해서 온전히 건강하다고 말하기 어려우며, 인간이 경험하는 다양한 질병들은 신체적인 측면뿐만 아니라 스트레스와 같은 정신적 측면의 영향을 받기도 한다. 정신이 건강해야 신체건강은 물론이고 행복하고 성공적인 생활이 가능하다는 점에서 정신건강은 현대사회를 살아가는 필수조건이라 할 수 있다.

따라서 이 장에서는 정신건강의 개념과 정신적으로 건강한 성격에 대한 학자들의 견해를 살펴보고자 한다.

1) 정신건강의 정의

정신건강(Mental health)이라는 용어는 원래 정신병리 유무를 지칭하기 위하여 정신병리학적인 개념에서부터 시작되었으나, 현재는 정상적인 개인의 정신 상태를 나타내기 위한 보편적인 용어로 그 개념을 정의하고 있다(장성화, 진석언, 2009). 정신건강이라는 용어는 '정신위생(mental hygiene)'이라는 용어와 혼용되어 사용되기도 한다. 그러나 엄밀히 말하면 정신위생은 정신건강을 위한 질병의 예방이나 치료 활동과 같이 정신건강이라는 목표를 달성하기 위한 실천적인 수단을 보다 강조한 용어인 반면, 정신건강은 목표가 성취된 몸과 마음의 이상적인 상태를 지칭하는 용어라는 점에서 구분된다. 즉, 인간이 바라고 원하는 방향이 정신건강이라면, 이와 같은 정신건강을 유지하기 위해 최적의 적응과 원만한 인간관계를 유지해 나가는 적극적이고 실천적인 자세가 정신위생이다.

정신건강은 건강에 대한 개념과 마찬가지로 다양하게 정의되고 있다. 세계보건기구(WHO, 2001)에서는 정신건강을 "사회경제적인 요소와 환경적 요소에 의해 결정되고 정신질환이 없는 상태 이상의 것으로, 개인이 자신의 능력을 깨닫고, 삶에서 발생하는 정상적 범위의 스트레스에 대처할 수 있으며, 생산적으로 일하여 결실을 볼 수 있고, 개인이 속한 사회에 기여할 수 있는 안녕의 상태"로 정의하고 있다. 또한 미국정신위생위원회는 "정신건강이란 다만 정신적 질병이 걸려 있지 않은 상태만이 아니고 만족스러운 인간관계와 그것을 유지해 나갈 수 있는 능력을 의미한다. 이것은 모든 종류의 개인적 · 사회적 적응을 포함하여 어떠한 환경에도 대처해 나갈 수 있는 건전하고 균형 있고 통일된 성격의 발달을 의미한다."고 하였다(이혜경, 2004 재인용).

이처럼 정신건강은 '정신질환이나 신체적인 질환 없이 건강한 상태이면서 행복하고 만족하며 원하는 것을 성취하고 개인적 · 사회적 상황에 적응하며 독립적인 생활을 영위하는 상태'(임혁, 채인숙, 2020)다. 이는 '행복하고 만족하며 원하는 것을 성취하는 등의 안녕 상태(well-being)'이며, '정신적으로 병적인 증세가 없을 뿐 아니라 자기 능력을 최대한 발휘하고 환경에 대한 적응력이 있으며, 자주적이고 건설적으로 자기의 생활을 처리해 나갈 수 있는 성숙한 인격체를 갖추고 있는 상태'(이영호, 2016)라고 할 수 있다. 정신적으로 건강하다는 것은 자신의 능력을 잘 발휘하고, 삶의 과정에서 스트레스에 잘 대처하며, 자신의 삶의 목적과 의미를 찾아가는 과정에서 다른 사람과 지역사회의 삶이 윤택해지도록 노력하는 것이라 할 수 있다(최송식 외, 2019). 이러한 정신건강은 건전한 개인 생활의 유지와 원만한 대인관계, 그리고 성숙한 사회생활에 기초가 된다(문혁준 외, 2020).

2) 정신건강과 행복한 삶

정신건강에 관한 개념뿐만 아니라 이를 나타내는 변인들도 다양하다. 정신건강에 관한 초기 연구들은 질병 모델에 근거하여 우울, 불안, 강박 등과 같은 이상행동에 초점을 두었으나, 최근 연구들은 긍정심리학의 관점을 추가하여 신체적 · 정신적 · 사회적 안녕이 총체적으로 유지된 상태, 즉 삶의 질의 측면에서 접근하고 있다(신주연, 이윤아, 이기학, 2005; 이서정, 현명호, 2008; 한경혜, 이정화, 옥선화, 2002). 이에 해크니와 샌더스(Hackney & Sanders, 2003)는 정신건강을 개인의 심리적 적응으로 정의하고, 심리적 적응의 부정적 측정변인(우울, 불안, 죄책감, 부정정서 등)과 긍정적인 측정변인(행복이나 삶의 만족 등), 그리고 실존적·인본주의적 개념에 초점을 맞춘 자아실현이나 삶의 의미 등으로 구분하였다.

정신건강의 측면에서 행복한 삶은 '안녕감'으로 개념화되고 있으며(Keyes, 2007), 이는 주관적 안녕감(subjective well-being)과 심리적 안녕감(psychological well-being)으로 구분할 수 있다. 삶의 질에 관한 연구들은 쾌락주의적 입장과 자기실현적 입장의 틀에서 이루어져 왔는데, 디너(Diener, 2000; Diener & Emmons, 1984)와 같은 쾌락주의적 입장의 연구자들은 행복을 객관적 기준에 의한 것이 아니라 자신의 삶에 대해 스스로가 내리는 주관적 평가로, 긍정정서와 부정정서 간의 균형, 삶의 만족이나 행복 등으로 설명하기 때문에 주관적 안녕감이라는 용어를 선호한다. 반면, 리프(Ryff, 1989, 1995)와 같은 자기실현적 입장의 연구자들은 행복과 만족을 넘어서 삶의 질적 측면을 포함하여 행복은 자신의 강점을 자각하고 계발하여 즐거운 삶, 몰입하는 삶, 의미 있는 삶을 영위하는 것이라고 정의하였으며, 심리적 안녕감이라는 용어의 사용을 선호한다(권석만, 2008).

심리적 안녕감을 통해 행복한 삶의 본질을 파악하려는 연구들은 삶의 질이 높다는 것이 단순히 주관적으로 긍정적인 정서를 경험하고 만족하는 삶을 의미하는 것은 아니라고 주장하면서, 삶의 질이 높다는 것은 사회구성원으로서 얼마나 잘 기능하고 있는가(well-functioning)를 기준으로 해야 한다고 주장한다(남승미, 2019). 같은 맥락에서 행복한 삶이 '즐거움을 경험하는 것'과 '고통을 경험하지 않는 것'이라고 믿는 쾌락주의자들보다 '자기를 성장시키는 것'과 '타인의 안녕에 기여하는 것'이라는 자아실현에 대한 믿음이 강할수록 자기 삶에 대한 만족감이 크고 긍정적인 정서를 강하게 경험한다는 연구 결과(최인철, 2019)들이 이를 뒷받침한다.

이상의 내용을 정리하면 정신적으로 건강하다는 것은 단순히 정신질

환이 없는 상태만을 의미하는 것이 아니라, 자신의 삶에 대한 심리적 적
응 상태로서 삶의 의미를 추구해 나가는 것이라 할 수 있다.

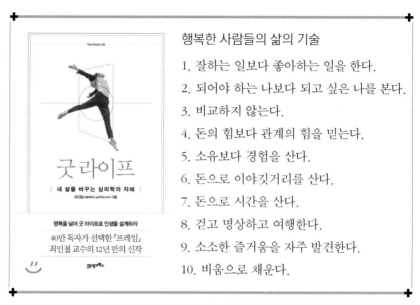

행복한 사람들의 삶의 기술

1. 잘하는 일보다 좋아하는 일을 한다.
2. 되어야 하는 나보다 되고 싶은 나를 본다.
3. 비교하지 않는다.
4. 돈의 힘보다 관계의 힘을 믿는다.
5. 소유보다 경험을 산다.
6. 돈으로 이야깃거리를 산다.
7. 돈으로 시간을 산다.
8. 걷고 명상하고 여행한다.
9. 소소한 즐거움을 자주 발견한다.
10. 비움으로 채운다.

출처: 최인철(2019). 굿 라이프(내 삶을 바꾸는 심리학의 지혜). 경기: 21세기북스.

3) 건강한 성격

성격은 "각 개인이 가지고 있는 독특한 성질" 또는 "각 개인을 특징지
을 수 있는 지속적이며 안정적인 일관된 행동 양식"이다. 성격 특징은
동일한 상황에 대한 개인의 반응 차이를 이해하는 데 도움이 된다. 성격
이론들이 제시하고 있는 건강한 사람의 특성은 다음과 같다(장연집, 박
경, 최순영, 2006).

(1) 정신분석이론

프로이트(Freud), 융(Jung), 아들러(Adler), 에릭슨(Erikson)과 같은 정신
분석 이론가들이 이야기한 건강한 성격의 특징을 살펴보면, 먼저 프로

이트는 사랑하고 일하는 능력을 가진 사람을 심리학적으로 건강하다고 보았으며, 정신분석적 관점에서 건강한 개인의 자아는 원초아의 본능을 조절하고 초자아의 비난을 견딜 수 있을 만큼 강력하다. 또한 건강한 성격을 가진 사람은 창조적인 자기(I-self)를 가지고 있어서 건전하고 창조적인 행동의 방향을 제시하고 잠재력을 발달시킬 수 있도록 자신을 돕는다. 융은 사고, 감정, 감각, 직관의 네 가지 기능이 균형 있게 조화를 이루고 있으며, 조절이 가능한 성격을 건강한 것으로 보았다. 또한 아들러의 관점에서는 모든 것에 만족하는 사람은 없으며, 정신적으로 건강한 사람은 좀 더 만족스러운 생산적인 인간관계의 장을 선택한다고 하였다. 또한 에릭슨은 사회심리발달의 각 단계에서의 긍정적인 결과로 건강한 성격이 형성되는 것으로 보았다.

(2) 행동주의

스키너(Skinner)나 파블로프(Pavlov)와 같은 행동주의자들은 직접 관찰 혹은 측정이 불가능한 성격이라는 용어보다는 적응적·생산적 행동이라는 용어를 선호한다. 이 관점에 따르면, 인간은 긍정적인 사건에는 즐거움을 가지고, 잠재적으로 해로운 사건에는 두려움을 가지고 참여하도록 학습되어 있으며, 바람직한 자극에 접근하고 유해한 자극을 회피하도록 동기화된다. 따라서 건강한 사람은 자신의 욕구를 충족하면서도 부정적인 결과를 피할 수 있는 조작적으로 습득된 기술을 가지고 있다고 본다.

(3) 인지사회적 이론

밴듀라(Bandura)와 같은 인지사회 이론가들은 건강한 성격을 관찰학습의 기회와 개인 변인의 측면에서 설명하였다. 풍부한 관찰학습의 기회는 다양한 모델을 통해 사회적·물리적 세계에 대한 복잡하고 종합적인 관점을 형성할 수 있도록 하며, 관찰학습과 조작적 조건화의 연합,

즉 정확하고 효율적인 모델과 기술을 연습하고 향상시킬 수 있는 기회를 통해 능력을 획득한다고 보았다. 또한 개인은 사건을 정확하고 생산적으로 부호화하여야 하며, 정확한 예견은 노력의 성과에 대한 가능성을 향상시키고 긍정적인 자기효능감에 대한 기대는 도전에 대한 동기를 강화한다고 하였다. 개인의 욕구와 조화될 수 있는 대상에 대해 주관적 가치를 두는 것은, 우리가 필요로 하는 것을 추구하게 하고 그렇지 않은 것에 대해서는 노력을 낭비하지 않도록 한다는 점에서 유용하다.

(4) 현상학적 이론

매슬로(Maslow), 로저스(Rogers) 등의 현상학적 이론가들은 심리적으로 건강한 개인의 기능에 초점을 두었다. 그들은 건강한 성격의 소유자는 과거나 미래에 지나치게 얽매이지 않고 현재에 충실하며, 새로운 경험에 대해 개방적인 사고와 생활 방식을 가지고 있다고 하였다. 건강한 사람은 자신의 감정과 생각을 솔직하게 표현하며, 생각과 감정, 행동이 일치한다. 자신의 직관을 신뢰하기 때문에 자신의 장점을 믿고 충동을 두려워하지 않으며, 자아이상을 세우고 의미 있고 만족스러운 역할을 수행하려고 노력한다. 건강한 성격을 가진 개인은 사건을 해석하는 자기만의 가치와 방식을 발달시켜, 위기에 봉착하여 그 사건에 참여하여 통제할 수 있게 된다.

[찾아보기] 한국판 일반정신건강 척도
(Korea-General Health Questionnaire: KGHQ)

최근 2~3 주일 전부터 현재까지의 상태를 그 이전과 비교해 볼 때, 당신은……

출처: 신선인(2001). 한국판 일반정신건강척도(KGHQ)의 개발에 관한 연구 I-KGHQ-20과 KGHQ-30을 중심으로. 한국사회복지학, 46, 210-235. (pp. 233-234 문항 수록)

2. 정신건강의 기준

1) 정상과 이상

정신적으로 건강한 사람과 그렇지 않은 사람을 명확히 구분하는 것은 어렵다. 일반적으로 건강은 이상(abnormal)과 반대되는 개념으로, 정상(normal)인 상태로 간주된다. 이상행동(abnormal behavior)은 객관적인 관찰과 측정이 가능한 개인의 부적응적인 심리적 특성이며, 정신장애(mental disorder)는 특정한 패턴으로 나타나는 이상행동의 집합체를 의미한다. 그러나 정상행동과 이상행동은 절대적인 것이 아니라, 시대와 문화, 관점 등에 따라 다르게 간주되기도 한다. 이에 이 장에서는 정상과 이상의 기준을 각각 살펴보고자 한다.

(1) 정상

정신병리학적 관점에서 정상(normality)은 인간의 일반적인 정신 현상을 의미하며, 대니얼 오퍼(Daniel Offer)와 멜빈 샙신(Melvin Sabshin)은 다음과 같은 네 가지 관점에서 개념화하였다(최상섭, 2005; 황동섭 외, 2018). 이러한 각각의 관점은 상호 보완적이다.

① 의학적 개념: normality as health

건강해야 정상이다. 이 개념은 건강과 정상을 동일하게 바라보는 정통적인 의학적 접근법에서 나온 것이다. 명백한 정신병리가 나타나지 않는 행동은 정상 범주 내에 있다고 본다.

② 정신분석학적 개념: normality as utopia

이상향(utopia)으로서 건강이다. 이 개념에서 말하는 정상이란 자아(ego)나 초자아(superego), 원초아(id) 등 인간의 정신 구조들이 잘 조화

를 이루어 그 기능이 최고조에 다다를 때를 의미한다. 그러나 프로이트
가 완벽한 정상은 이상적인 허구에 불과하다고 한 점에서 이 개념은 다
분히 이론적이라 할 수 있다.

③ 통계학적 개념: normality as average

특별나지 않고 평균적인 범주에 들어가야 정상이다. 이 개념은 주
로 심리학과 생물학에서 사용하고 있는 것으로, 인간의 구체적인 행동
이나 특정한 사안에 대해서 정규분포곡선을 이용하여 해당되는 사람
이 많은 평균 주위에 위치하면 정상으로 보고, 양극단에 위치하면 이상
(deviance) 또는 비정상으로 보는 관점이다.

④ 발달심리학적 개념: normality as process

변화하고 성장하는 사람이 정상이다. 이 개념은 정상을 일정한 시점
에서 단면적으로 보기보다는 과정에 보다 더 중점을 둔 것으로, 이러한
과정에 문제가 없을 때를 정상이라고 본다.

(2) 이상

이상행동에 대한 관점은 학자마다 다양하다. 카즈딘(Kazdin, 1980)은
이상행동의 주된 세 가지 특징으로 주관적 불편감, 행동의 기괴함, 비효
율성을 제시하였으며, 셀리그먼과 로젠한(Seligman & Rosenham, 1989)은
이상행동은 상식적 입장에서 정의될 수 있다고 주장하면서 부적응, 심
리적 고통, 제3자의 불편감, 비합리성과 불가해성, 통제력의 상실, 명백
한 비관습성, 도덕적 규범의 위배를 일곱 가지 기본적 특징으로 제시하
였다(원호택, 1997에서 재인용).

현재 이상심리학적 관점에서 보편적으로 적용되고 있는 정상성과 이
상성에 대한 기준은 다음과 같다(Davison & Neale, 2001; 권석만, 2013 재
인용).

① 적응기능의 저하와 손상

이 관점에서는 인간의 삶을 개인이 환경과 상호작용하여 적응하는 과
정으로 보고, 이상행동과 정신장애의 정의에서 적응(adaptation)의 개념
을 중시한다. 이상행동은 개인의 적응을 저해하는 심리적 기능의 손상
을 반영하는 것으로, 개인의 인지적 · 정서적 · 행동적 · 신체생리적 기
능이 저하되거나 손상되어 원활한 적응에 지장을 초래할 때, 부적응적
인 이상행동으로 간주한다(Wakefield, 1992, 1999).

② 주관적 불편감과 고통

이 관점에서는 인간에게 개인적인 고통(personal distress)과 주관적 불
편함(subjective discomfort)을 느끼게 하는 행동을 이상행동으로 본다. 정
신장애를 경험하는 사람들은 대부분 우울이나 불안과 같은 주관적 고통
을 느낀다는 점에서 주관적 고통과 부적응은 매우 밀접한 관계를 나타
내지만, 독립적으로 나타나는 경우도 많다.

③ 문화적 규범의 일탈

모든 사회는 그 사회에 속한 사람들이 따라야 하는 문화적 규범(cultural
norm)이 있으며, 문화적 규범에 어긋나거나 일탈된 행동을 나타낼 때 이
상행동으로 규정한다. 이처럼 문화적 규범의 준수는 사회적 적응과 밀접
한 관계를 지니고 있으나, 때로는 문화적 규범을 융통성 없이 따르는 것
이 오히려 개인적 고통과 부적응을 초래할 수 있다.

④ 통계적 평균의 일탈

정상의 기준에서 살펴본 바와 같이, 평균과 표준편차라는 통계적 규준
(statistical norm)에 의해 정상성과 이상성을 평가하는 관점이다. 일반적
으로 평균으로부터 두 배의 표준편차 이상 일탈된 경우에 이상행동으로
규정한다.

2) 정신장애의 진단기준

정신건강의 상태를 진단기준에 근거해서 정신의학적 증후군의 유무를 판단하는 것을 병리적 관점이라고 한다. 일반적으로 세계보건기구에서 제정한 '국제질병분류(International Classification of Diseases: ICD)'에 포함된 정신질환 분류 방식과, 미국정신의학회에서 제정한『정신질환 진단 및 통계 편람(Diagnostic and Statistical Manual of Mental Disorders: DSM)』이 국제적으로 통용되고 있다. 우리나라의 경우 정신건강 영역에서 '공통언어'로 사용할 때는 DSM의 진단명과 체계를 주로 사용하지만, 보험청구와 같은 의료실무에서 다른 영역과 의사소통할 때는 ICD를 주로 사용한다(전석균, 2021).

ICD는 세계보건기구(WHO)에서 공인한 국제질병분류로, 여기에서는 정신장애뿐만 아니라 신체장애 등 모든 장애에 대한 임상적 기술과 진단적 지침이 제시되어 있다. 1992년 10번째 개정판(ICD-10)이, 2018년 11번째 개정판(ICD-11)이 발간되었다. ICD-11의 주요 변경 사항으로는 '게임장애'를 질병의 하나로 명문화하여 이를 '정신건강질환' 항목에 포함하였다는 점이다. 현재 우리나라는 ICD-10 등의 국제코드를 한국 진료 상황에 변형시킨 '한국표준질병사인분류(KCD)'를 사용하고 있다. KCD는 5년 단위로 개정되며, 2020년 KCD-8에는 ICD-11을 반영하지 않을 전망이므로 ICD-11이 실제로 국내에 적용되는 시점은 2025년이 될 전망이다. ICD-10과 11에서 제시하고 있는 정신장애 분류는 〈표 1-1〉과 같다.

미국정신의학회(APA)가 발간한『정신질환의 진단 및 통계 편람(DSM-5)』은 ICD와 같이 정신건강 전문가들이 사용하는 표준화된 분류 체계다. 1952년 제정된 이래 개정을 거듭해 왔으며, 현재 사용되고 있는 DSM-5는 2013년 개정되었다. DSM-5는 정신질환을 22개(주요 20개)의 범주로 분류하고, 그 하위 범주로 300여 개 이상의 질환을 포함하고

있다. 발달 단계를 고려하여 유아기나 초기 아동기에 흔히 진단되는 장
애를 먼저 제시하고 뒷부분에 성인기에 진단되는 질환을 제시하고 있다
(전석균, 2021). DSM-5의 정신장애 분류를 요약하면 〈표 1-2〉와 같다.

〈표 1-1〉 ICD-10, 11의 정신, 행동 및 신경발달장애 분류

ICD-10(1992)	ICD-11(2018)
• 증상성을 포함한 기질성 정신장애 • 정신활성물질 사용으로 인한 정신 및 형태 장애 • 조현병, 분열형 및 망상장애 • 기분(정동)장애 • 신경증성, 스트레스 관련성 및 신체형 장애 • 생리적 장해 및 신체적 요인과 연관된 행태 증후군 • 성인 인격 및 행태 장애 • 정신지체 • 심리적 발달장애 • 소아기 및 청소년기에 흔히 발병하는 행태 및 정서장애 • 특정 불능의 정신장애	• 신경발달 장애 • 조현병 또는 기타 일차 정신병적 장애 • 카타토니아 • 기분장애 • 불안 또는 공포 관련 장애 • 강박증 및 관련 장애 • 특히 스트레스와 관련된 장애 • 해리장애 • 수유 또는 섭식장애 • 배설장애 • 신체적 고통 또는 신체적 경험의 장애 • 약물 사용 또는 중독성 행동으로 인한 장애(게임장애) • 충동조절장애 • 파괴적인 행동 또는 반사회적 장애 • 성격장애 및 관련 특성 • 성도착 장애 • 인위성 장애 • 신경인지장애 • 임신, 출산 또는 산후기 관련 정신 행동 장애

〈표 1-2〉 DSM-5 분류 요약

1. 신경발달장애	지적장애, 의사소통장애, 자폐스펙트럼장애, 주의력결핍 과잉행동장애, 특정학습장애, 운동장애(틱 장애 등)
2. 조현병 스펙트럼 및 기타 정신병적 장애	망상장애, 단기 정신병적 장애, 조현양상장애, 조현병, 조현정동장애 등
3. 양극성 및 관련 장애	제1형 양극성장애, 제2형 양극성장애, 순환성장애 등
4. 우울장애	파괴적 기분조절부전장애, 주요우울장애, 지속성 우울장애, 월경전불쾌감장애 등
5. 불안장애	분리불안장애, 선택적 함구증, 특정공포증, 사회불안장애(사회공포증), 공황장애, 광장공포증, 범불안장애 등
6. 강박 및 관련 장애	강박장애, 신체변형장애 또는 신체이형장애, 수집광, 발모광 또는 털뽑기장애, 피부뜯기장애 등
7. 외상 및 스트레스 관련 장애	반응성 애착장애, 탈억제성 사회적 유대감 장애, 외상후 스트레스장애, 급성 스트레스장애, 적응장애 등
8. 해리장애	해리성 정체성장애, 해리성 기억상실(해리성 둔주 동반), 이인성/비현실감 장애 등
9. 신체증상 및 관련 장애	신체증상장애, 질병불안장애, 전환장애(기능성 신경학적 증상장애), 인위성장애 등
10. 급식 및 섭식 장애	이식증, 되새김장애, 회피적/제한적 음식섭취장애, 신경성 식욕부진증, 신경성 폭식증, 폭식장애 등
11. 배설장애	유뇨증, 유분증 등
12. 수면-각성장애	불면장애, 과다수면장애, 수면발작증 또는 기면증, 호흡관련 수면장애, 일주기 리듬-수면-각성장애, 수면이상증 또는 사건수면, 하지불안 증후군 등
13. 성기능부전	사정지연, 발기장애, 여성극치감장애, 여성 성적 관심/흥분장애, 성기-골반통증/삽입장애, 남성성욕감퇴장애, 조기사정 등
14. 성별 불쾌감	아동에서의 성별 불편감, 청소년과 성인에서의 성별 불편감 등

15. 파괴적, 충동조절 및 품행장애	적대적 반항장애, 간헐적 폭발장애, 품행장애, 반사회성 성격장애, 병적 방화, 병적 도벽 등
16. 물질관련 및 중독 장애	• 물질관련장애: 알코올, 카페인, 대마, 환각제, 흡입제, 아편계, 진정제, 수면제 또는 항불안제, 자극제, 담배 관련 장애 • 비물질관련장애: 도박장애
17. 신경인지장애	섬망, 주요 및 경도 신경인지장애(치매 등)
18. 성격장애	• A군 성격장애: 편집성 성격장애, 조현성 성격장애, 조현형 성격장애 • B군 성격장애: 반사회성 성격장애, 경계성 성격장애, 연극성(히스테리) 성격장애, 자기애성 성격장애 • C군 성격장애: 회피성 성격장애, 의존성 성격장애, 강박성 성격장애
19. 변태성욕장애	관음장애, 노출장애, 마찰도착장애, 성적피학장애, 성적가학장애, 소아성애장애, 물품음란장애, 복장도착장애 등
20. 기타 정신질환	다른 의학적 상태로 인한 달리 명시된 정신질환, 다른 의학적 상태로 인한 명시되지 않는 정신질환, 달리 명시된 정신질환, 명시되지 않는 정신질환
21. 약물치료로 유발된 운동장애 및 약물치료의 기타 부작용(Medication-Induced Movement Disorders and Other Adverse Effects of Medication)	
22. 임상적 주의의 초점이 될 수 있는 기타의 상태(Other Conditions That May Be a Focus of Clinical Attention)	

출처: 권준수 역(2015). 정신질환의 진단 및 통계 편람(제5판). 서울: 학지사.

[찾아보기] "게임 빠진 초등학생 '인지왜곡' 고위험군 6.7%"

초등학생 100명 중 6~7명은 과다한 스마트폰·인터넷 게임 사용으로 '인지왜곡(cognitive distortion, 認知歪曲)' 이라는 중독적 행동 특성을 보이고 있다는 연구 결과가 나왔다. (……중략)

세계보건기구(WHO) 회원국은 2019년 총회에서 만장일치로 국제질병분류체계 개정판(ICD-11)에 게임사용장애를 포함키로 결의했다. WHO 총회 결의에 따라 2022년 1월부터 ICD-11을 적용하게 된다. (……후략)

출처: 송성철 기자 ⓒ 의협신문 2020. 06. 05. (http://www.doctorsnews.co.kr)

제2장

정신건강에 영향을 미치는 요인

인간의 정신건강에 영향을 미치는 요인은 다양하다. 이 장에서는 정신건강에 영향을 미치는 요인들을 생물학적 · 심리적 · 가족 및 사회환경적 요인으로 나누어 살펴보고자 한다.

1. 생물학적 요인

1) 유전적 요인

유전이란 DNA에 암호화되어 부모로부터 대물림되는 생물학적 특징(Fishman et al., 2021)이다. 유전에 관한 연구는 오랜 기간에 걸쳐 다양하게 보고되어 왔다. 유전적 전달은 모든 결과가 확률적인 복잡한 과정이며, 정서적 기질은 더 많은 유전자 쌍의 복합작용에 의해서 결정된다. 개개인의 인간적 특성은 유전자와 환경 사이의 상호작용 결과이지만 그 특성이 유전자의 결합으로 나타날 때는 유전된 것으로 간주한다(손재석 외, 2019). 유전이 정신건강에 어떠한 영향을 주는지에 대해서는 아직 뚜렷한 결론을 내리지 못하고 있으나, 쌍생아 연구를 통해 정신건강에 대한 유전과 환경의 영향을 살펴보고자 하는 시도들이 이루어지고 있다.

유전인자의 가족력에 대해 살펴보면 정신질환에 가족력이 있다는 것이 알려진 이후 질환의 원인 중 유전적 요인과 환경적 요인이 기여하는 정도를 알기 위해 쌍생아 및 양자 연구가 시작되었다. 그 결과, 조현병, 조울증, 신경증 등에서 일란성 쌍생아(monozygotic: MZ) 일치율이 이란성 쌍생아(dizygotic: DZ) 일치율보다 더 높게 나타나, 정신질환에 대한 유전적 요인의 기여도가 입증되었다(대한신경정신의학회, 1998). 하지만 쌍생아 연구는 쌍둥이들의 발병 일치율[1]을 조사하는 것으로, 만약 유전적 요인만이 질병의 원인으로 작용한다면 일란성 쌍생아 간의 발병 일치율은 100%, 이란성 쌍생아의 경우에는 50% 정도가 되어야 한다. 따라서 유전이 정신질환의 발병에 전적인 요소는 아니지만, 무시할 수 없는 중요한 요인이라 할 수 있다. 즉, 모든 정신질환이 유전이라고 명확하게 말할 수는 없지만, 대체로 가족력이 있는 경향이 있다.

조현병과 혈연관계 및 비혈연관계에서 발병 위험도에 관한 연구들에서는 환자와의 혈연관계가 가까울수록 발병 가능성이 증가하는 것으로 보고되고 있다. 조현병의 경우 일반 인구에서의 유병률은 1% 내외인 데 반해, 환자의 부모에서는 5~6%, 형제자매에서는 10% 내외, 자녀에서는 12~15%로 증가한다. 또 다른 연구에서는 부모 중 한쪽이 환자일 때 자녀의 조현병 발병 위험도(10%)보다 부모가 둘 다 환자일 때 발병 위험(40%) 가능성이 큰 것으로 나타났다. 또한 조현병의 경우 일란성 쌍둥이 간의 발병 일치율은 50~60% 정도이며, 이란성 쌍둥이 간에는 15% 정도를 나타낸다(장재식, 2019). 환자의 형제가 일란성의 경우 조현병에 걸리는 합치율이 40~50%인 반면에 이란성의 경우는 10%였다(손명자, 배정규, 2003).

우울증과 유전적 요인과의 관련성을 살펴보면, 일란성 쌍생아의 경우,

1) 어느 한쪽에 병이 있을 때 다른 한쪽이 같은 병에 걸리는 비율을 말한다.

조현병 외의 다른 질병에도 발병 가능성이 높은 것으로 알려져 있다. 우울증 연구에서 쌍생아 가운데 1명이 우울증인 경우 다른 1명에게도 우울증이 발생하는 비율을 보임으로써 유전적 영향을 예측할 수 있다는 것이다. 즉, 일란성 쌍생아의 일치율(25~93%)이 이란성 쌍생아의 일치율(0~38%)보다 훨씬 높아 우울증의 경우 유전적 소인이 관여한다는 사실을 보여 주고 있다(김충렬, 2013).

자폐증의 경우 일란성 쌍둥이에서의 발병 일치율이 최소 36~90%에 이르는 것으로 알려져 있으며, 공황장애 역시 환자의 부모, 형제, 자매, 자녀와 같은 1차 친척에서 7~8배 정도의 높은 유병률을 보인다. 이러한 경향은 정도의 차이가 있지만 강박장애, 사회공포증, 폭식증, 알코올 중독, 치매 등에서도 나타나며 질환뿐 아니라 자살 시도나 충동적 성향도 가족성을 띠는 것으로 알려져 있다(장재식, 2019).

결과적으로 유전적 소인은 신체적 또는 정신적으로 질병에 걸리기 쉬운 소질이나 경향을 말하는 것이긴 해도, 병인론에서 거론된 바와 같이 정신장애를 가졌다고 해서 반드시 정신장애가 유전되지는 않는다. 유전적 성향(hereditary trait)은 특정 유전자에 의해서 결정되는 것이나, 획득된 성향(acquired trait)은 비유전적 요인에 의해 영향을 받게 된다. 대부분의 정신질환은 유전적 요인과 환경적 요인의 상호작용 결과에 의한 것이다. 정신과학에서 유전학 연구의 방향 역시 정신질환의 원인 규명과 병리의 이해, 치료법 개발에 그치지 않고 인간 행위 전반에 대한 것을 유전학적으로 이해하려는 행동 유전학(behavioral genetics) 분야로 발전하고 있다(대한신경정신의학회, 1998).

[찾아보기] "정신질환 사이에 유전적 공통점 많다"

우울증에서 조현병에 이르는 여러 정신질환은 증상은 제
각각이더라도 유전적으로는 공통점을 지닌 경우가 적지
않다는 연구 결과가 나왔다. (……중략)

한편 파킨슨병, 치매 같은 신경질환들은 유전적 구분이 분명한 것으로 나
타났다. 다만 편두통만은 ADHD, 우울증, 투레트증후군과 일부 유전적
변이를 공유하는 것으로 밝혀졌다. 이밖에 OCD, 조울증, 신경성 식욕부
진 같은 정신질환은 교육수준, 대학성적 같은 청년기의 지능 수준과 유전
적으로 중복되는 부분이 있는 것으로 나타났다. (……후략)

연합뉴스 제공: 저작권자 2018. 06. 26. ⓒ ScienceTimes (https://www.sciencetimes.co.kr)

2) 신경학적 요인

인간의 뇌는 인간행동에 관한 기초를 제공한다. 과학기술의 발전으로
뇌 연구가 활성화되면서, 정신병리를 뇌기능 장애로 설명하려는 연구들
이 이루어져 왔다. 아직 정신기능과 뇌의 관계를 명백히 밝히지 못하고
있지만, 뇌의 장애는 정신기능의 변화를 초래하는 중요한 원인이라는
점을 공통적으로 제시하고 있다.

임상적으로 편도와 전측두엽의 병소는 조현병, 우울증, 조증에 유사한
증상을 포함하는 다양한 행위와 상관이 있다. 난폭한 소아와 죄수에게
서 흔히 뇌손상, 뇌파검사상 이상 소견이 발견된다. 후시상하부의 병소
는 사소한 자극에도 과다한 분노의 증후를 보이는 허위 광포(sham rage)
를 유발한다(대한신경정신의학회, 1998). 이러한 임상 결과를 볼 때 인간
의 정신세계에 생물학적 요인이 차지하는 비중은 결코 간과할 수 없다.

외상성 뇌손상[2](traumatic brain injury: TBI) 환자의 경우, 불안과 우울

감 등의 혼란된 감정 상태(Grella, Hser, Joshi, & Rounds-Bryant, 2001)와 무력감, 공포와 같은 신경증 증상을 빈번하게 보고한다(Shordone & Liter, 1995). 뇌는 매우 경미한 충격을 경험하더라도 대내세포나 축삭이 늘어나고 뒤틀어지거나 압박을 받을 수 있으며, 이로 인해 미세한 대뇌 구조물들이 전달되고 파열되거나 끊어질 수 있다(Biegler, 2001). 외상성 뇌손상 후에는 전두엽과 측두엽이 손상되기 쉬우므로 기질이나 행동양상의 변화가 수반되는 경우가 많으며(Anderson et al., 1999), 전두엽 백질(white matter)의 파괴는 집행기능 및 작업기억력과 같은 인지능력의 저하와 정서적인 인식(awareness)과 반응에도 영향을 미친다(Biegler, 2001; 정애자, 김용희, 유제민, 2004 재인용).

또한 뇌에는 복잡한 신경망이 형성되어 있으며, 특정 기능들이 특정 신경망에 의해 중재된다. 따라서 이 회로에서 변화나 손상이 초래되거나 이 회로가 방해를 받으면 정신질환이 나타나는 것으로 본다. 지금까지 알려진 바에 따르면 조현병은 뇌의 피질-피질 하-소뇌 회로의 이상에 의한 것(Andreasen et al., 1998)이고, 강박증은 복측 전전두엽 피질/전방 대상회-복측 선조체-시상-복측 전전두엽 피질/측두엽 피질로 이르는 신경 회로의 문제로 생각된다(Rosenberg & Keshaven, 1998; 김영훈, 이정구, 2002 재인용).

뇌의 신경전달물질 또한 정신질환과 관련이 있는 것으로 보고되고 있다. 신경전달물질 GABA(γ-aminobutyricacid)가 덜 발달된 경우, 전전두 피질에서 해마 활동을 효과적으로 통제할 수 없기 때문에 외상후 스트레스장애나 불안 및 만성 우울증과 같은 병리학적 증상과 연관된다(심재율, 2017).

---

2) 교통사고, 낙상, 산업재해 등으로 갑작스럽게 대뇌에 손상이 발생하는 것을 말한다.

3) 신체적 요인

건강한 정신상태를 유지하기 위해서는 건강한 신체의 유지가 중요하다(장혜림, 2017). 특히, 만성 신체질환이나 비만과 같은 신체적 요인은 개인의 정신건강과 밀접한 관련이 있다. 고혈압이나 당뇨병 등의 만성질환은 한번 발병하면 평생에 걸쳐 지속적인 치료와 관리가 요구되며, 일상생활에 지장을 초래할 경우 사회적 활동에도 제약이 따른다. 이 경우 불안과 우울과 같은 심리적 고통을 경험할 수 있으며, 결국 정신건강 문제로 이어질 수 있다(최령, 황병덕, 2014).

비만은 에너지 섭취와 소비의 불균형에 의한 체지방 과잉 축적 상태로 만성 신체질환의 위험요인이 될 뿐만 아니라 열등감, 우울증, 의욕상실을 일으키기도 한다(대한임상비만학회, 2001). 비만이 열등감이나 우울증의 원인이 되는 것은 신체상과도 관련이 있다. 신체상이란 자신의 신체를 마음속으로 떠올려 보는 것으로(Gergen, 1971), 자아개념을 이루는 중요한 요소 중의 하나다. 즉, 인간은 자신의 신체에 만족할수록 자신을 존중하며 신체에 불만족할수록 자신감을 잃고 자신을 비하하게 된다(손재석 외, 2019 재인용).

■ 2. 심리적 요인

개인의 정신건강에 영향을 주는 요인들에 대한 학자들의 견해는 매우 다양하며 분류 또한 관점에 따라 다르게 제시되었다. 일부 학자들은 개인이 지니고 있는 비정상적인 사고, 감정, 동기 등에 의해 발생하는 부적응의 결과가 정신건강에 영향을 미치는 것으로 본다(전석균, 2021). 정신건강에 영향을 주는 개인적 요인은 다양하지만 여기에서는 각 개인이 지니고 있는 자기개념, 자아정체감, 자아존중감, 자기효능감, 낙관성, 정

서조절 능력, 그릿으로 분류하였으며 다음에서 자세한 내용을 살펴보고
자 한다.

1) 자기개념

자기개념(self-concept)은 개인의 기본적인 본성, 독특한 속성들 및 전
형적인 행동에 대한 신념의 집합체다. 자아개념은 크게 신체적 자아, 사
회적 자기, 정서적 자기, 지적인 자기로 분류되며(Don Hamachek, 1992),
각각의 자아개념은 그 기능이 분화되어 있는 동시에 상호 관련되어 있
다(이민규, 2004).

자기개념은 성격의 핵심 요소로써 행동에 영향을 줄 뿐만 아니라 정신
건강에도 영향을 미친다(Sullivan, 1953). 정신이 건강한 사람은 자아 혹
은 주체성을 잘 인식하고 안정된 자기개념을 지닌 반면, 정신적으로 건
강하지 못한 사람은 자아혼란과 부정적인 자기개념을 지니고 있어서 현
실에 대한 부정적 지각과 왜곡이 빈번히 발생하여 신경증, 불안, 우울 등
을 나타낼 수 있다(양승희, 2001).

우리는 자기개념이 긍정적일 때 만족을 느끼는 반면, 자기개념이 부정
적일 때 불안과 갈등을 경험하는 등 자신에 대해 지니고 있는 생각과 신
념에 따라 개인의 정신건강은 영향을 받게 된다. 이를테면 특정 상황에
서 무력감과 자기비하는 스트레스를 가중시킬 수 있으며(김정미, 2009),
이러한 부정적 자기개념은 질병에도 취약하게 된다. 반면 자신에 대해
긍정적인 평가는 자존감을 강화시킬 뿐 아니라 우울장애에 덜 취약할
수 있다(김혜금, 조혜영, 2015).

개인의 자기개념은 부모를 비롯한 사회적 관계 속에서 형성되어 간
다. 그러나 외적으로 부여된 가치조건에 따라 살아가다 보면 자기불일
치를 경험하기 쉽다. 유난히 다른 사람을 의식하는 사람은 외적으로 부
여되는 가치조건에 의미를 두느라 진정한 자기를 만나기 어려울 수 있

다. 자신에 대한 깊은 통찰을 통해 자기 내면의 소리에 귀 기울이고 진
정한 자아를 발견, 자기개념을 확립해야 한다. 자기개념을 형성하는 데
방해 요소가 되는 것이 자기불일치(self-discrepancy) 개념이다. 자기불
일치 개념은 자기지각에 있어서의 불합치감을 말하며, 다음 세 가지로
설명된다(나동석, 서혜석, 2009).

① 실제적 자기(actual self): 자신이 실제로 가지고 있다고 믿는 속성
② 이상적 자기(ideal self): 자신이 가졌으면 하고 바라는 속성
③ 당위적 자기(ought self): 자신이 가지고 있어야 한다고 믿는 특질

위와 같이 실제적 자기와 이상적 자기, 당위적 자기의 차이가 클수록
삶은 심리적 갈등과 부적응의 문제가 발생하고 고통스러울 수 있다.
히긴스(Higgins, 1987)의 이론을 바탕으로 하여 다수의 연구들(Scott &
O'Hara, 1993; 박현주, 조긍호, 2003)이 자기불일치가 정서적으로 부정적인
결과를 초래한다는 것을 검증하였다. 스트라우만(Strauman, 1989)은 임
상적 우울 및 사회불안 집단과 일반인의 자기불일치 유형을 비교한 결
과, 우울 집단은 이상적 자기와 실제적 자기의 불일치가 높았고 사회불
안 집단은 당위적 자기와 실제적 자기의 불일치가 높음을 밝혔다.

2) 자아정체감

자아정체감은 대상으로서의 자아의 한 형태로 자신의 능력, 위치, 역
할 등에 대한 종합적인 자기상을 뜻한다. 즉, 한 개인으로서의 자아가
경험하는 모든 대상들을 자기의 고유한 방식으로 조직하고 통합하는 과
정에서 일관성, 동일성, 연속성을 가지고 주체적으로 사고하고 인식하
며 행동하게 하는 능력이라 할 수 있다. 에릭슨(Erikson, 1968)은 정체감
의 핵심적 측면을 구체화시키려고 시도하면서 그 내용을 자아 동일성의

의식적 감각, 개인적 성격의 연속성을 추구하는 무의식적 지향, 자아의
통합 양식, 특정 집단의 이상과 정체감에 대한 내적 일치 등으로 표현하
고 자아정체감이란 완성되거나 고정적이거나 불변하는 것이 아니며 사
회적 현실 속에서 끊임없이 재편되는 자아에 대한 현실감이라고 보았다.

　　자아정체감 발달이 적절하게 이루어지지 못할 경우, 개인의 심리적 불
균형을 초래할 뿐 아니라 사회적응, 대인관계, 성 역할, 직업태도 인지,
도덕성 발달 등에 문제가 발생하고 정서불안 공포증 같은 정신병리 현
상까지 초래하게 되는 등 온전한 사회적 삶을 살아가는 것을 어렵게 만
드는 요인이 될 수 있다(Erikson, 1968). 반면 높은 자아정체감은 자기를
확립하고 자기정의를 내릴 수 있으므로 정신건강을 유지하는 데 중요한
요인이 되는 것은 많은 연구들에서 이미 입증된 바이다(박유미, 최인숙,
조상일, 2011).

　　정체감을 확립하기까지 명확한 자기이해는 어렵고, 혼란과 갈등을 체
험할 수 있다. 마샤(Marcia, 1980)는 정체감 지위에 대해 정체감 혼란, 정
체감 유실, 정체감 유예, 정체감 달성의 네 가지를 제시하였다.

① 정체감 혼란(identity diffusion): 정체감 위기나 수행을 아직 경험하
　지 않았고, 직업이나 자신의 신념에 대한 의사결정도 하지 않은 상태
② 정체감 유실(identity foreclosure): 정체감의 위기 없이 수행을 한 경
　우로서 주로 부모나 다른 역할모델의 가치, 기대 등을 그대로 수용
　하여 그들과 비슷한 선택을 한 경우
③ 정체감 유예(identity moratorium): 에릭슨이 말한 정체감 위기 상태
　를 경험하고 있으면서 자아정체감 형성을 위해 다양한 역할, 신념,
　행동 등을 실험하고는 있으나 아직 의사결정을 하지 못한 상태
④ 정체감 달성(identity achievement): 정체감 위기를 성공적으로 극복
　하여 직업, 개인적 신념, 삶의 목표, 정치적 견해 등에 대해 스스로
　의사결정을 할 수 있는 상태

이렇듯 정체감은 늘 안정된 개념은 아니며, 삶에서 정신과정의 부분들이 모여 만들어지게 된다. 결국 건강한 자아정체감을 확립한 사람은 매사에 적응적이고 융통성이 있으며 인간관계나 직업 등의 변화에 개방적일 수 있다. 또한 이러한 개방성은 자신의 정체감을 일생 동안 계속적으로 재조직하도록 한다.

3) 자아존중감

자아존중감(Self-esteem)은 스스로 자신을 인정하거나 혹은 부인하는 태도의 표출로, 자신이 얼마만큼 가치 있는 사람인지에 대해 스스로 판단을 내리는 것을 말한다(Coopersmith, 1967). 한 마디로, 한 개인이 가지는 자신의 가치에 대한 종합적인 평가라 할 수 있다(전석균, 2021). 이러한 평가들은 정서적 경험, 미래의 행동, 장기적인 심리적 적응 등에 영향을 미치며(Berk, 2018), 정신건강에 있어서도 매우 중요한 요소라 할 수 있다.

인간은 성장하면서 자기개념을 형성하게 되고 자신에 대한 긍정적인 평가를 함으로써 높은 자아존중감을 갖게 된다. 자아존중감은 개인의 삶에 있어서 많은 부분에 영향을 미친다. 타인을 공감하는 능력이라든가 타인과의 관계 맺기, 개인의 성공 여부까지 결정할 수 있는 중요한 요소다. 자아존중감은 영유아기에 부모의 양육태도에 의해 형성하게 되는데, 가변적이어서 성장하면서 주변의 중요한 사람이 어떻게 상호작용하는가에 따라 그리고 성공 경험에 따라 긍정적인 방향으로 변화될 수 있다.

쿠퍼스미스(Coopersmith, 1967)는 자아존중감의 발달에 주요한 영향을 미치는 네 가지 요인을 제시하였다. 첫째, 스스로 의미 있다고 판단한 타인에게 인정과 존경을 받는다고 확신하는 정도, 둘째, 스스로 의미 있고 중요하게 생각하는 작업을 수행하며 나타나는 성취감, 셋째, 사회에서 요구하는 도덕 윤리 규범을 성취하는 정도, 넷째, 자아존중감의 손상이나 가치의 저하가 발생할 때 이에 반응하는 방법으로 통제나 방어가 존재하는데, 이것을 사용하는 능력을 말한다. 이러한 기준이 높을 때에 자신을 높이 평가하여 긍정적인 자아존중감을 갖게 된다(곽노의 외, 2007).

자아존중감의 특성 중 하나는 대물림되는 성향이 있다는 것이다. 부모의 자아존중감이 높은 경우 아이의 자아존중감이 높게 나온 연구들이 있다. 부모의 양육태도는 대부분 부모들이 자신의 부모로부터 받았던 양육태도를 그대로 자신의 자녀에게 보여 주게 되기 때문이다. 지식적이고 비판적이며 판단적인 양육태도를 보이는 부모의 자녀들은 자아존중감이 낮으며, 낮은 자아존중감은 문제해결력이나 대인관계에서 소극적인 태도를 보이게 된다. 반면 자아존중감이 높은 사람은 아무리 어려운 문제나 과제도 스스로 해결하고자 하며, 리더십이 있고 매사에 적극적이며 자신의 성공을 예감하고 또 실제로 성공을 경험하게 된다. 그리고 이러한 성공의 경험이 자기효능감을 갖게 하고, 도파민이라는 신경전달물질을 분비하게 하여 기억저장소에 좋은 기억으로 저장한다. 이러한 경험이 반복되면서 선순환구조를 이루게 되고, 결국 자아존중감을 탄탄하게 형성해 나간다. 결과적으로 자아존중감은 개인을 성공으로 이끄는 지름길이며, 개인의 인생을 쥐고 흔드는 명령자(EBS, 2009)라고 할 수 있다.

일반적으로 자아존중감이 낮은 사람은 높은 사람들보다 더 많은 정서적 문제를 나타내며, 특히 우울, 불안, 소외감, 긴장, 공격, 분개, 불행, 불면증과 같은 신체적·정신적 증상들을 경험하는 경향이 있다(이민규, 2004; 임혁, 채인숙, 2020 재인용). 또 자아존중감은 삶의 만족, 행복, 의욕, 긍정적인 감정과 정적 상관관계를, 우울, 불안, 스트레스, 부정적 감정과는 부적 상관관계를 나타내며, 낮은 자아존중감을 가진 사람은 높은 자아존중감을 가진 사람보다 정신건강의 심리적 징후가 8배나 된다고 보고된 바 있다(유은영, 윤치근, 양유정, 2012 재인용).

자아존중감이 낮을 때는 자신에게 낮은 가치를 부여함으로써 자신과 타인에 대한 부정적 측면에 더욱 주의를 기울이게 되고, 자신에 대한 부정적 신념을 바탕으로 죄책감을 경험한다. 또한 타인의 충고나 격려, 제안 등을 무시하거나 거절하는 말로 받아들여 분노를 터뜨리거나 방어적 태도 등의 '과민한 반응'을 나타내기도 한다(김정미, 박희숙, 2019).

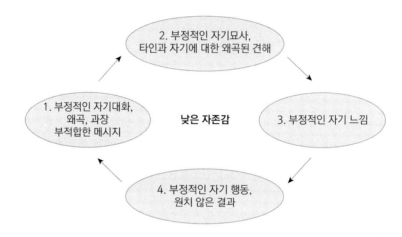

[그림 2-1] 낮은 자존감의 순환구조

출처: 김유숙, 박승호, 김충희, 김혜련(2007). 자기실현과 정신건강. 서울: 학지사, p. 72.

4) 자기효능감

자기효능감(Self-efficacy)의 개념은 밴듀라와 애덤스(Bandura & Adams, 1977)에 의해 최초로 정립되었다. 자기효능감은 특정한 상황에서 자신이 특별한 행동을 잘 조직하고 수행할 수 있으며 긍정적인 결과가 나오리라는 인지적 판단, 신념, 자신감이라고 할 수 있다. 밴듀라(1995)는 자기개념, 동기화 및 귀인 성향 등의 변인들이 넓은 의미에서 자기효능감 판단의 결과로서 개인의 성취에 영향을 미치며, 그 영향은 대부분 개인이 일정 과업을 성취할 수 있다는 자신감에서 비롯된다고 하였다. 따라서 자기효능감은 개인의 성취 결과나 행동을 설명하는 주요한 매개 역할을 하는 것으로 이해할 수 있다(한국교육개발원, 2004). 밴듀라는 자신의 능력에 대한 믿음을 가진 사람은 그렇지 않은 사람에 비해 실제로 어려움을 극복하는 힘이 더 강하다는 사실을 발견하였다. 이후 여러 학자들에 의해 자기효능감이 직무현장에 있어서 직무태도를 향상시키고, 교육훈련을 강화시켜 결과적으로 직무성과도 높여 주며, 스트레스로부터 오는 부정적 결과도 완화시킨다는 연구 결과들이 도출되었다(임규연, 2011).

교사의 학생들에 대한 기대를 자기충족적 예언(self-fulfilling prophecy)이라고 한다. 학생들이 자신에 대한 교사의 긍정적 혹은 부정적 태도를 수용하고 동화됨으로써 교사의 기대와 비슷한 결과를 만들어 내게 된다. 특히, 이러한 자기충족적 예언은 학업성취도가 높은 아이들보다 낮은 아이들에게 더 효과적이다. 교사의 아이에 대한 기대가 아이에게 반영되어 아이의 자아존중감을 높여 줄 수 있고, 자기효능감은 자아존중감을 토대로 내적 과정을 통해 길러지며(김정미, 백진아, 2018), 또한 성공의 경험이 잦을수록 자기효능감이 향상된다고 볼 수 있다.

5) 낙관성

낙관성(Optimism)의 개념은 프로이트(Freud, 1927)에 의해 주창되었는데, 정신역동이론의 영향력이 컸던 1960년대까지 낙관성은 현실세계를 왜곡해서 바라보게 하는 허황된 기제라는 부정적인 의미로 인식되었다. 하지만 1960년대 후반에 이르러 낙관성에 대한 시각이 변화하기 시작하면서 낙관성이 인간 본질의 긍정적인 차원으로 논의되며 보다 깊고 다양한 측면에서의 접근이 이루어지기 시작하였다(박영신, 2012). 낙관성은 미래에 대해서 긍정적인 기대와 희망을 지니고 삶을 영위하는 태도를 의미하는데, 이러한 낙관성은 행복과 가장 밀접한 관련성을 지니는 요인일 뿐만 아니라(Keyes, 2002) 정신건강에 긍정적인 영향을 주는 강력한 특질로 알려져 있다. 셀리그먼(Seligman, 2008)은 낙관성을 성공과 행복의 가장 중요한 요소 중의 하나로 보고한다. 낙관성은 사람들이 자신의 목표를 달성하기 위하여 더 노력하도록 만들거나 반대로 그러한 노력을 철회하고 수동적으로 되도록 만드는 중요한 결정인자다(Scheier, Carver, & Bridges, 1994).

낙관적인 사람은 긍정적이고, 희망과 용기를 잃지 않으며, 목표를 위해 적극적으로 행동함으로써 긍정적 결과를 만들어 사회적 성공에도 기여를 하는 핵심적인 성품으로 여겨지고 있다(권석만, 2008). 낙관적인 사람은 덜 우울하며 학교에서의 성적과 직장에서의 업무수행에 성공적이고, 낙관적이지 않은 사람들보다 더 장수하는 등 낙관적인 사람은 동일한 스트레스를 경험해도 더 적은 우울을 경험하고 상대적으로 더 높은 삶의 만족도를 나타낸다. 낙관성은 건강한 행동 습관을 통해 신체적인 건강에 영향을 주며, 신체적 질병을 회복하는 데에도 긍정적 영향을 준다(Scheier & Carver, 1992).

6) 정서조절 능력

정서조절이란 우리가 어떠한 정서를 언제, 얼마나 강하게 경험하고 표현할지를 조절하기 위해 사용하는 방법으로, 스트레스 상황에서 과민하지 않고 차분하게, 자신을 불안한 감정으로부터 효과적으로 방어하고, 신속히 부정적 감정 상태를 치유하는 것을 말한다(김경희, 1999). 샐러베이와 메이어(Salovey & Mayer, 1990)는 정서조절을 정서지능의 한 요소로 보고 자기 감정인식, 타인의 감정인식, 자기 감정조절 및 대인관계 기술을 제시하였다. 이러한 정서조절은 자신의 목표를 이루기 위해 특히 강렬하고 일시적인 경우를 포함한 정서적 반응을 관찰하고 평가하며 변경

하는 내적 및 외적 과정이다. 만성적인 정서조절의 실패는 부적응 및 정신병리를 초래할 수 있으며 정서조절 능력이 정신건강과 관련된 필수적 요소라고 주장하였다(이지영, 권석만, 2006; Gross & Muñoz, 1995).

　정서조절 능력은 많은 연구에서 정신건강과 관련한 중요한 심리사회적 자원으로 알려져 왔는데, 이는 부정적 정서를 줄이기 위한 시도뿐 아니라 긍정적 감정을 불러오기 위해 즐거운 무언가를 하는 것을 포함하며(Kalat & Shiota, 2007), 유쾌한 정서의 극대화, 불쾌한 정서의 최소화를 위한 의식적·무의식적 과정이다(Westen, 1994). 또 문용린(2011)은 정서조절 능력을 공격성, 충동성 등의 자기감정 통제능력과 다른 사람의 기분을 바꾸어 주는 타인 감정 관리능력으로 보았다.

7) 그릿

　피터슨과 셀리그먼(Peterson & Seligman, 2004)은 긍정적인 개인의 특질로써 끈기를 제시하였는데, 최근 성공적인 성취를 예측하는 개념으로 집념이 소개되었다(Duckworth, Perterson, Matthews, & Kelly, 2007). 그릿(GRIT)은 더크워스와 동료들(Duckworth et al., 2007)에 의해 처음 제안된 개념으로, 역경이나 어려움에도 불구하고 장기적인 목표를 달성하기 위해 계속해서 나아가는 힘을 의미한다(정지혜, 양수진, 2019). 성공한 사람들에게서 공통적으로 발견되며, 다양한 생활 영역에서의 성공적인 적응과 역할 수행을 돕는 요인으로 성장(Growth), 회복탄력성(Resilience), 내재적 동기(Intrinsic Motivation), 끈기(tenacity)의 앞 글자를 따서 만든 용어다.

　그릿은 장애가 존재하더라도 야심찬 장기적 목표를 달성하기로 결심하는 것으로, 인내와 열정과 관련된다. 성공적인 사람들을 분석하였을 때, 처음에는 동료들에 비해 재능이 뛰어나 보이지 않더라도 그의 야망에 대한 헌신이 지속적인 경우 업적 성취가 뛰어났다. 또한 그릿이 높은 사람은 시간을 흘려보내는 경향이 더 낮았으며, 높은 양심과 경험에 대한 개방성을 나타내었다. 이러한 그릿은 긍정적 정서, 행복, 삶의 만족도와 정적 상관을 보였으며, IQ와 성실성을 넘어서 객관적인 성취와 관련성을 나타냈다(Duckworth et al., 2007).

초기에 그릿은 개인의 기능 수준에서 연구되어 왔으나, 최근에는 삶에 대한 만족과 행복감, 심리적인 건강에 긍정적인 역할을 하는 것으로 보고되었다(Jin & Kim, 2017; Singh & Jha, 2008; Vainio & Daukantaitė, 2016). 그릿이 높은 사람은 긍정정서를 더 많이 경험하고(정현, 장성배, 탁진국, 2018), 심리적인 소진과 우울을 적게 경험(Datu et al., 2018; Salles, Cohen, & Mueller, 2014)하는 것으로 보고되고 있다(정지혜, 양수진, 2019 재인용). 이러한 점들은 그릿 수준이 긍정적 정신건강과 관련된 하나의 중요한 변인임을 보여 준다.

3. 가족적 요인

오늘날 사회의 변화는 가족의 형태와 기능의 변화를 초래하고 있다. 과거에는 전통적인 확대가족이나 핵가족의 형태가 일반적이었다면, 최근에는 동거가족, 자발적 무자녀가족, 한부모 가족, 입양가족, 재혼가족 등 수많은 형태의 가족이 존재한다. 가족의 기능 또한 과거에는 가족의 기능이 집단의 생존을 강화하고 사회의 새로운 구성원을 생산하려는 측면이 강조되었다면, 현대의 가족은 사회 변화에 유연하게 적응하면서 개인의 욕구를 충족시키는 데 필요한 기능을 수행하도록 강조되고 있다(김태현, 전길양, 김양호 외, 2000; 유영주 외, 2004; 유영주 외, 2018 재인용).

가족은 개인의 정신건강에 많은 영향을 미친다. 가족구성원들 간의 관계는 서로 도움을 줄 수도 있고, 반면 해를 끼칠 수도 있다. 부모는 자녀의 자아발달을 비롯한 모든 영역의 발달에 영향을 미치는 중요한 요

인이며, 부부간의 긍정적 관계는 개인의 삶의 만족과 연결된다. 가정폭
력이나 학대는 개인의 신체적·정신적 건강에 영향을 미친다.

　이 장에서는 개인의 정신건강에 영향을 미치는 가족요인의 전반적인
특성과 가족체계 및 가족발달의 측면에서 살펴보고자 한다.

1) 가족과 정신건강

　가족이 정신건강에 미치는 영향은 매우 크다. 주요 우울증 환자의 가
족에서 기분저하장애(dysthymia)의 발병률이 증가했다는 연구, 혹은 조
현병, 조울증이 일반 연구에서보다 이 질병을 가진 사람의 가족에서 발
병률이 더 높은 것으로 보고된 것을 볼 때 인간의 정신건강에 가족력이
크게 작용하는 것으로 보인다.

　가족체계의 양상은 정신건강과 밀접하게 관련된다. 가정은 인간이 태
어나서 처음으로 접하는 최소한의 사회 단위이고, 대부분 아이들이 부
모, 특히 어머니를 통해서 세상에 대한 지식을 습득하고 사회화의 기초
를 형성한다. 부모의 자녀에 대한 양육태도나 방식은 자녀의 행동이나
성격 형성에 지대한 영향을 미치게 되는데, 부모의 양육태도가 민주적
유형일 경우 자녀의 의견이나 생각을 인내심을 가지고 경청하고 지시할
때에도 명백하고 합리적인 이유를 들어 설명해 준다. 민주적 부모의 자
녀들은 기질 면에서 쾌활하고 열의가 있으며, 자기 신뢰감이 높아 새로
운 과제에 빨리 숙달하고 자기통제적이다.

　반면 권위적 유형과 허용적 유형의 양육태도는 자녀의 정신건강에 부
정적 영향을 미칠 수 있는데, 권위적 유형은 자녀에 대한 통제나 요구
수준이 높고 자녀가 자신과 다른 의견이나 신념을 갖는 것을 용납하지
않는다. 부모-자녀 간 상호 호혜적인 의사소통이 전혀 이루어지지 않으
며, 자녀가 정해진 행동표준에 위배되는 행위를 하거나 부모의 말에 무
조건적 복종을 하지 않으면 무섭게 처벌하고 자녀의 의지를 꺾는다. 이

런 유형의 부모의 자녀들은 또래와의 상호작용이 원활하지 않고, 타인에 대한 배려가 부족하며, 좌절을 경험할 때 적대적이고 공격적인 반응을 보인다.

한편 허용적 유형의 양육태도는 자녀에게 벌을 주는 경우가 거의 없으며, 온정적이고 비지배적이고 비요구적이어서 자녀 훈육 시 성숙한 행동을 할 것을 요구하지 않고, 자녀의 독립심 훈련 조절에도 어려움을 겪는다. 이러한 부모의 자녀들은 지나치게 의존적이고 성인에게 요구를 많이 하며, 교실 활동에도 덜 참여하는 경향이 있다.

부모의 양육태도뿐 아니라 부모와의 애착관계 형성과 형제자매 등 가족 하위 체계와 맺은 애정적 유대관계도 아동에게 일생 동안 영향을 미친다. 또한 이웃, 또래, 학교, 직장 등 보다 넓은 사회체계와의 상호작용에 있어서 관계 형성의 기초가 된다.

이 외에도 부부간의 관계의 질이 가족 전체의 환경에 절대적인 영향을 미친다. 부부갈등을 경험하는 부부와 함께 살아가는 자녀는 부부 당사자 못지않게 정신적으로 어려움을 경험한다. 이러한 원인은 부부갈등에 대한 자녀의 주관적 지각과 해석이 자녀의 심리적 적응에 보다 더 직접적으로 관련되기 때문이다. 또 가정의 경제력이 개인의 정신건강에 간접적으로 영향을 미칠 수 있다. 빈곤은 부부간의 불화나 우울증 등 정신적인 문제를 유발하고, 자녀에 대한 무관심이나 학대 등 바람직하지 못한 양육태도를 통해 아동의 성격 형성에 심각한 문제의 소지를 제공할 수 있다(강은정, 2007).

2) 가족체계

초기 정신건강 분야에서 가족 연구자들은 개인의 정서적 어려움을 지속시키고 강화하는 가족 내의 독특하고 강력한 관계적 역동성을 발견하였다. 이를 통해 가족구성원의 정서적·행동적 문제는 그 개인만의 문제가 아니라 가족의 문제이기도 하다고 주장하였으며, 개인의 문제에 개입하기 위해서는 가족 단위의 특성에 대한 이해가 필요하다고 하였다 (〈표 2-3〉 참고)(제석봉 외, 2016).

　보웬(Bowen)은 가족구성원의 조현병이 병리적 가족체계의 증상이며, 개인의 증상은 그가 속한 가족의 정서체계와 밀접한 관련이 있다고 하였다. 또한 미누친(Minuchin)은 문제란 어느 가족에게나 있는 일반적인 것이라고 하면서 문제를 가지고 있는 구성원에 초점을 두기보다는 가족 구조의 불균형의 결과로 가족 문제가 발생하는 것으로 보았다(임혁, 채인숙, 2020 재인용).

　가족체계의 특성들은 개인의 정신건강과 관련되는데(〈표 2-1〉) 그중에서도 잭슨(D. Jackson)은 가족규칙과 가족항상성을 통해 병리적 기제와 체계를 설명하였다. 병리적 체계란 지나친 완고함, 융통성 부족, 제한된 잠재력 등의 속성을 가지고 있는 상태로(이희세, 백선아, 임은희, 2017), 가족규칙은 가족의 항상성 유지를 위해 가족구성원들에게 특정한 방식으로 행동하는 것을 허용하거나 허용하지 않을 수 있다. 따라서 가족의 성장과 성숙을 방해하는 가족의 역기능적인 규칙을 찾아 이를 수정하는 것이 필요하다(유영준 외, 2018). 그런데 가족치료에서 항상성은 체계가 건강한 상태로 유지되는 것을 의미하기도 하지만 병리적으로 고착된 상태를 뜻하기도 한다. 따라서 가족 문제에서의 변화는 잘못 형성된 항상성을 깨닫고 새로운 항상성을 형성하도록 도와야 한다(임혁, 채인숙, 2020).

〈표 2-1〉 가족체계의 8가지 특성

① 전체성(Wholeness): 전체는 부분의 합보다 크다.
　체계적 관점에서 볼 때, 과정이나 관계, 혹은 역동적인 상호작용이 가족에게 체계적인 특성을 가지도록 한다. 가족의 상호작용 패턴은 가족정체성의 본질이며, 가족은 그들만의 규칙과 의사소통 패턴, 그리고 내적인 조직과 외부 환경과의 관계를 조정해 나가는 방식을 가지고 있다.

② 가족관계의 상호 의존성(Interdependence of Family Relationship)

가족체계의 한 부분이 다른 부분과 분리되어서 이해될 수는 없다. 가족관계가 상호 의존적이므로, 가족문제의 핵심은 관계적 상호작용 내에 있다. 가족구성원의 상호 의존성은 정신병리적 환경에서 많이 확인되고 있는데, 가족구성원 한 명의 퇴행 혹은 향상이 다른 가족구성원들에게 부정적 혹은 긍정적 영향을 미친다.

③ 순환적 인과관계(Circular Causality)

가족 내의 정서적 반응과 행동적 반응 사이에 단순한 직선적 원인-결과 관계를 찾기는 어렵다. 순환적이라는 것은 가족체계 내에서 각 가족구성원들은 다른 가족의 구성원들에게 원형의 고리 반응을 하는 것을 의미한다. 예를 들어, 순환적인 피드백 고리에서 부모의 행동은 자녀의 행동에 영향을 미치고, 자녀의 행동은 부모의 행동에 영향을 미치게 된다.

④ 가족항상성(Family Homeostasis)

가족은 하나의 조직적인 독립체로서 전체적인 기능의 평형성, 안정성, 질서를 유지하려고 노력하는데, 이를 가족항상성이라고 한다. 가족항상성은 가족의 규범이나 규칙, 그리고 상호보완적인 피드백 고리를 강조함으로써 유지된다.

⑤ 가족경계(Family Boundaries)

경계는 외부 환경으로부터 개인, 하위 체계 혹은 체계를 규정하는 구획이며, 경계선은 체계 안과 밖으로는 에너지와 정보 교류, 상호 접촉, 경계 안 구성원들의 친밀감의 정보를 의미한다. 가족체계의 경계선은 그 경계가 얼마나 투명하고 융통성이 있는지에 따라 폐쇄와 개방의 연속선상에 존재하며, 모호한 경계와 명확한 경계, 경직된 경계선으로 구분된다.

⑥ 가족 하위 체계(Family Subsystems)

하위 체계는 체계 내에서 특정한 기능이나 과정을 수행하는 전체 체계들의 부분으로, 가족 하위 체계는 부부 하위 체계, 부모 하위 체계, 부모-자녀 하위 체계, 형제 하위 체계를 포함한다. 그 외에도 세대나 성, 혹은 서로의 관심에 따라 여러 하위 체계가 존재하며, 개인은 동시에 여러 개의 하위 체계에 속하여 각각의 역할과 권력을 행사한다.

⑦ 가족역할(Family Roles)

　가족역할은 가족구성원들이 가족의 기능과 요구를 수행하기 위해 하는 행동의 반복적인 패턴이다. 각 하위 체계 내에서 구성원들은 가족 내의 지위나 체계 안에서 위치에 따라 수행해야 하는 특정한 과업이나 기능들이 있다.

⑧ 가족규칙(Family Rules)

　가족규칙은 가족 내에 존재하는 권력, 역할, 의사소통, 문제해결 등에 관한 무언의 지침이다. 많은 사람들은 어떤 문제가 야기되기 전까지는 가족규칙을 의식하지 못하는 경우가 많다. 특히, 신혼부부의 경우 자신이 태어나고 성장한 원가족에서의 가족체계와 배우자의 원가족 규칙에서 오는 차이 때문에 긴장과 갈등을 경험하는 경우가 많다.

출처: 제석봉 외(2016). 가족치료. 경기: 정민사, pp. 19-24.

3) 가족생활주기[3]

　가족생활주기(Family life cycle)는 가족의 형태와 특성에 따라 다양하지만, 일반적으로 남녀가 결혼하여 가정을 형성하면서 가족생활주기가 시작되며 부부가 모두 사망할 때 주기가 소멸한다고 본다. 가족발달이론에서는 인간발달과 시간이 가족의 변화를 설명하는 중요한 요인이며, 시간의 흐름에 따른 가족의 변화과정에 관심을 둔다. 가족이 생성되어 한 단계에서 다음 단계로 이동하는 것을 가족발달이라고 보는데, 발달과정상 한 단계에서 다음 단계로의 이동은 새로운 발달과업의 수행을 요구하며 이것은 일상의 긴장과 스트레스로 이어진다(유영준 외, 2018).

　가족생활주기에 따라 가족들은 결혼, 출산 등의 발달적 생활사건을 경험하는데, 단계별로 약 15~20%의 가족이 심리적 어려움을 경험하는 것

---

3) '가족생활주기'에 대한 자세한 설명은 '제6장 가족과 정신건강'을 참고하라.

으로 나타났다(문혁준 외, 2020). 가족생활주기별 발달과업의 미성취 또한 가족생활에서 어려움을 야기할 수 있으며, 가족의 한 구성원인 개인의 발달주기와 가족의 발달과업의 불일치는 개인의 정신건강에 영향을 미친다. 각각의 발달과업을 성공적으로 달성하였을 경우 개인은 만족감과 성취감을 얻을 수 있지만, 그렇지 못한 경우 가족구성원들은 혼란에 빠지고 다양한 문제나 증상을 나타내게 된다(임혁, 채인숙, 2020).

■ 4. 사회·환경적 요인

1) 생활사건과 정신건강

인간은 전 생애적으로 많은 생활사건을 경험하게 된다. 아동기에는 또래관계와 학업에 대한 문제를 극복하게 되고, 성인 초기에는 취업과 결혼이라는 발달과업을 성취하기 위해 심리적 스트레스에 처하게 되며, 출산과 자녀 양육에 대한 부담을 갖게 된다. 발달과업의 성취는 인간의 심리적 욕구를 충족시켜 주는 주요 요소인 동시에 정신건강의 어려움을 주는 원인이 되기도 한다. 중년기에는 생산성을 경험하는 시기이며 직장에서의 역할 변화 및 자녀의 성장과 부모의 노화 등 다양한 생활사건을 경험한다. 또 자녀의 결혼과 독립에서 오는 빈둥지증후군을 경험하기도 하고, 외로움과 상실감, 실직과 은퇴 등 직업에서의 변화는 지출이 큰 중년기 가정의 경제적 안정을 위협할 뿐 아니라 자아정체감의 상실, 역할축소 등과 관련되므로 심리적 어려움을 느낀다. 또 가까운 친구 또는 가족의 죽음을 맞게 되면서 인생의 유한성과 자신의 죽음을 생각하게 된다. 이러한 생활사건을 잘 겪어내게 되면 성숙과 삶에 대한 통찰이 생기고, 그렇지 못한 경우 정신건강에 어려움을 겪게 된다.

은퇴 후 소득 감소는 남녀 모두에게 심리적 안녕을 낮추는 요인이다.

특히, 저소득층 여성은 중산층 여성보다 우울증에 걸릴 가능성이 네 배나 높은 것으로 나타났다. 사회적 지지는 여성에게 스트레스를 주는 생활사건의 영향으로부터 보호하거나 생활사건의 부정적인 영향을 완화시킬 수 있다. 주요우울증(major depression)은 사회적 지지가 결여되고 다른 보호적 환경 여건이 주어지지 않을 때 나타날 수 있다.

2) 사회적 지지와 정신건강

사회적 지지(Social support)란 사회적인 관계 속에서 타인과의 상호작용을 통해 얻게 되는 긍정적인 자원을 의미(Cohen & Wills, 1985)한다. 이는 대인관계에서 애정을 교류하는 것, 상대방의 말에 긍정적으로 반응하는 것, 물질적·금전적 도움을 제공하는 것과 같이 타인에게 도움을 주는 과정에서 이루어지는 개인 간의 상호 교환(Johnson & Troll, 1992)이라 할 수 있다(최강일, 2017 재인용).

사회적 지지가 한 개인에게, 특히 지지가 필요한 시점에 주변 사람들에 의해 제공되는 지지라고 볼 때(Johnson & Sarason, 1979; Lin, Ensel, Simeone, & Kuo, 1979), 사회적 지지는 친구, 가족, 지역사회 등 다양한 체계로부터 받을 수 있으며 스트레스를 상쇄시킬 수 있는 기능이 있다(Larsen, 2011). 코브(Cobb, 1979)는 사회적 지지를 세 가지 영역으로 나누어 정의하였는데, 자신이 사랑과 돌봄을 받고 있음을 믿게 하는 정서적 지지, 자신이 가치 있는 사람으로 평가받고 있다고 믿도록 해 주는 존중감 지지, 자신이 호혜적인 관계망에 소속되어 있다고 믿게 하는 소속 지지가 그것이다. 한편, 쉐퍼, 코인과 라자루스(Schaefer, Coyne, & Lazarus, 1981)는 친밀감과 안심을 제공하는 정서적 지지, 직접적 도움과 서비스를 제공하는 실질적 지지, 개인의 문제에 대한 조언과 행동에 대한 피드백을 제공하는 정보적 지지의 세 차원으로 사회적 지지의 개념을 제안했다. 또 다른 연구에서는 사회적 지지를 크게 정서적 지지, 정보적 지

지, 도구적(물질적) 지지, 평가적 지지로 분류하고 있다(House, 1981). 정
서적 지지(emotional support)는 동정, 애정, 배려, 신뢰 등 개인에게 타인
들로부터 존경과 애정을 받고 있다는 느낌을 주는 행위이며, 정보적 지
지(informational support)는 개인이나 환경으로부터 발생하는 문제를 해
결할 수 있도록 지식이나 정보를 제공해 주는 것을 말한다. 도구적 지지
(instrumental support)는 직무상의 도움, 금전적 지원과 같이 개인이 필
요로 하는 것을 직접적으로 도와주는 행위이며, 평가적 지지(appraisal
support)는 자신의 역할 수행 과정에 대해 스스로 평가(판단)할 수 있도
록 구체적 평가정보를 제공하는 것이다.

　사회적 지지는 사람들의 심리 정서적 안정과 신체적 건강을 유지하는
데 긍정적인 영향을 미칠 뿐만 아니라, 스트레스가 건강이나 심리적 부
적응에 미치는 영향을 완화하는 작용을 한다. 특히, 스트레스가 심한 경
우 사회적 지지는 더 효과를 발휘(Cohen & Wills, 1985)하는 것으로 알려
져 있다(성주섭, 2017 재인용). 또한 사회적 지지는 개인이 좌절을 극복하
고 당면한 문제를 해결하는 능력을 강화시켜 주며, 심리적 적응을 돕고
긍정적인 정신건강과 안녕을 실현하는 데 도움을 준다(문혁준 외, 2020).
따라서 정신건강을 유지하기 위해서는 사회적 지지를 주고받을 수 있는
관계를 형성하기 위해 노력해야 한다.

　사회적 지지는 대인관계로부터 긍정적 자원으로서, 개인의 심리적 적
응을 돕고, 좌절을 극복하고 당면한 문제를 해결하는 능력을 강화시켜
준다. 뿐만 아니라 여러 연구들은 사회적 지지를 생활 스트레스가 초래
하는 부정적 효과에 대해 보호요인으로 작용한다고 제안했다(Brown &
Harris, 1978). 가족, 친구 및 의미 있는 타인으로부터 제공받는 사회적 지
지는 스트레스를 유발하는 생활사건과 우울 증상 사이에서 완충 효과를
나타냈다. 즉, 사회적 지지는 긍정적 정신건강을 실현하는 데에 중요한
역할을 하며, 특히 가족으로부터 제공받는 사회적 지지가 개인이 번영
상태를 누리는 데 중요한 요인이 된다.

3) 물리적 환경

공기와 물의 오염, 소음, 인구 과밀 현상 등의 물리적 환경은 질병과 이상 징후를 유발하고 인간의 내적 · 생물학적 기능에 크게 손상을 입힐 가능성이 있다(박선환 외, 2017; 임혁, 채인숙, 2020 재인용). 현대사회의 주거 환경의 변화와 환경오염 등은 인간의 정신건강에도 영향을 미치는 것으로 나타나고 있다.

미세먼지는 아동의 신체적 건강뿐만 아니라 정신건강에도 부정적인 영향을 미치며(김시아 외, 2020), 미세먼지 농도가 높은 지역에 거주하는 어머니의 경우, 우울이 높고 이것이 부정적인 양육행동으로 이어질 수 있다(주영선, 정익중, 2020)는 연구 결과도 있다. 또한 박근덕 등(2017)의 연구에 의하면, 밀도가 높은 아파트일수록 거주민들의 우울이 더 많이 나타나며, 고밀의 주거가 오히려 사회적 상호작용을 약화시키는 방향으로 작용할 수 있다고 하였다. 반면, 근린생활시설(작은 규모의 상업시설과 마을 공공시설)의 밀도가 높을수록 우울이 낮은 것으로 나타나, 근린상업시설과 공공시설은 거주민의 정신건강에 중요한 역할을 한다고 주장하였다.

소음 역시 정신건강과 밀접한 관련이 있는 것으로 보고되고 있다. 특히, 항공기 소음은 불쾌감, 스트레스 등을 유발하며, 항공기 소음에 노출된 성인과 아동은 비노출 집단에 비해 우울 정도가 높은 것으로 나타났다(유경열 외, 2010). 최근에는 공동주택의 층간소음 문제 역시 심각한 사회문제로 대두되고 있는데, 층간소음에 반복적으로 노출되면 만성 불면증이나 집중력 저하 및 학습장애로 이어질 가능성이 있다(박영민, 김경민, 2015).

4) 사이버 환경

현대 정보통신기술의 발달로 스마트 기기의 보급이 확산됨에 따라 온라인 환경은 오프라인의 실생활 환경만큼이나 개인의 정신건강에 많은 영향을 미치고 있다. 기술의 눈부신 발전은 인간의 삶에 편리함을 제공하지만, 이에 따른 부작용 또한 만만치 않다.

대표적인 예는 이메일, 휴대전화, SNS 등 디지털 서비스를 활용한 악성 댓글, 굴욕스러운 사진 등을 통한 특정 개인에 대한 괴롭힘 현상인 사이버불링(cyberbullying)이다(조희정, 2012). 온라인 메신저와 SNS는 사람들 간의 관계를 유지하고 소통하는 데 중요한 수단이지만, 청소년들 사이에서는 과거 교내에서 벌어지던 따돌림이나 학교폭력이 온라인상에서 나타나는 사례들이 나타나고 있다. 사이버 공간에서 이루어지는 폭력은 시간과 장소를 불문하고 가해가 이루어지기 때문에 피해자가 받는 고통은 극단적인 선택을 할 만큼 매우 심각하다(이주형, 2013; 서화원, 조윤오, 2013 재인용).

이는 비단 아동·청소년들만의 문제는 아니다. 2019년 사이버 폭력 실태조사에 따르면, 학생들의 사이버 폭력은 감소하였으나 성인의 사이버 폭력 경험률이 54.7%에 이르며 전년도에 비해 크게(11.6%p) 증가한 것으로 나타났다. 사이버 폭력의 유형 또한 다양하며, 성인과 아동·청소년 모두에서 사이버상의 언어폭력이 가장 빈번하게 이루어지고 있는 것으로 나타났다.

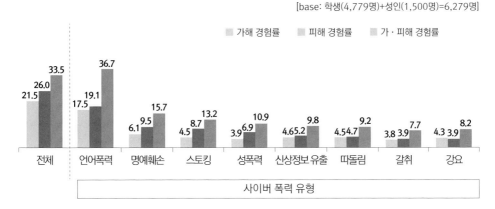

[그림 2-2] 2019년 사이버 폭력 실태조사 결과

출처: 방송통신위원회(2019). 2019년 사이버폭력 실태조사 보고서.

  인터넷이나 스마트폰의 과도한 사용 또한 문제가 되고 있다. 세계보건기구(WHO)에서 중독장애의 범주에 '게임(사용)장애'와 '기타 행동중독성장애'를 포함한 것은 이러한 디지털 콘텐츠의 과도한 사용을 지양해야 함을 강조한 것이다. 국내 연구에서 디지털 기기 사용량이 증가할수록 청소년의 우울, 불안, 수면장애, 자존감 하락 등이 증가한 것으로 나타났으며, 성인을 대상으로 한 연구에서는 디지털 기기 과사용이 수면장애, 소진 등으로 이어져 삶의 만족도가 하락하는 것으로 보고되고 있다(이원국, 2020). 또한 이러한 디지털 중독은 정신건강뿐만 아니라 인간발달의 다양한 영역에 부정적인 영향을 미치는 것으로 보고되고 있으므로 주의가 필요하다.

제3장

정신건강과 스트레스

스트레스와 정신건강은 매우 밀접한 관련을 맺고 있다. 스트레스는 출생부터 죽음에 이르기까지 인간의 삶에 있어서 항상 존재한다. 특히, 복잡한 현대사회에서 스트레스의 종류는 다양할 뿐만 아니라 양적으로 점차 증가한다. 이로 인해 스트레스는 현대를 살아가는 사람들의 주요 관심사가 되고 있다.

1. 스트레스의 개념

스트레스(Stress)의 어원은 라틴어의 'stritctus'로, '팽팽하게 죄다'라는 뜻에서 유래되었다. 17세기경부터 물리학과 공학 분야에서 '외부로부터 물체에 가해지는 압력이나 압박'이라는 뜻으로 처음 사용되었으며, 이후 20세기에 들어 의학 분야에서 스트레스와 인체와의 관계를 연구하면서 '개체에 부담을 주는 육체적·정신적 자극이나, 이러한 자극에 생체가 나타내는 반응'으로 그 개념이 확장되었다. 스트레스는 웰빙(well-being)과 서로 대비되는 관점으로도 이해될 수 있다. 웰빙이 잘(well) 존재(being)하는 상태라면, 스트레스는 이러한 균형이 무너진 상태를 의미하는 동시에, 원래의 균형을 회복하려는 작용(Lazarus & Cohen, 1977)을 의미한다(황동섭 외, 2018 재인용).

　개인의 평형상태를 깨뜨리고 스트레스 반응을 초래하는 외적 요구, 상황, 환경을 스트레스원 혹은 스트레스 유발인자(stressor)라고 하며, 이러한 자극에 대한 심신의 보상적인 반응을 '스트레스 반응(stress response)'이라고 한다. 이와 같은 스트레스와 스트레스원, 스트레스 반응은 [그림 3-1]과 같은 고무공으로 설명되기도 한다.

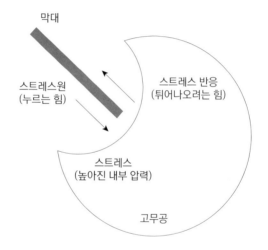

[그림 3-1] 스트레스 · 스트레스원 · 스트레스 반응

출처: 신경희(2016). 통합스트레스의학. 서울: 학지사. (황동섭 외, 2018, p. 45에서 재인용)

　이 외에도 스트레스는 여러 학자들에 의해 다양하게 정의되어 온 개념으로, 이 장에서는 자극으로서의 스트레스, 반응으로서의 스트레스, 자극-반응 상호작용으로서의 스트레스의 관점으로 나누어 살펴보고자 한다.

1) 자극으로서의 스트레스

　자극으로서의 스트레스 관점에서 스트레스란 문제 환경의 자극적 특성을 일컫는 말로 환경적 요인의 역할을 강조하고 있다. 즉, 스트레스란 개체에 부담을 주는 외적 사건이나 자극을 의미한다. 이 관점에 따르면, 스트레스는 외적·환경적 조건으로부터 내적·생리적 현상으로까지 다양한 자극을 포함하고 있으며, 질병과 같은 스트레스 결과를 촉진적으로 유발한다고 가정한다. 따라서 스트레스는 사람들이 스트레스 요인이라고 명명되는 환경적인 사건에 반응을 표시하는 육체적·심리적 반응이 포함된다.

스트레스를 환경의 자극으로 보는 대표적인 입장은 홈스(Holmes)와 라헤(Rahe)의 '생활사건 접근법'을 들 수 있다. 여기에서 생활사건이란 재적응 노력을 요구하는 일상의 변화 사건으로, 개인이 보유하고 있는 재적응 에너지는 한정되어 있기 때문에 너무 많은 생활사건을 경험하게 되면 질병이 유발된다고 본다. 이 관점에서 재적응을 요구하는 생활변화 단위(change unit)별로 스트레스 정도를 점수화하여 '사회 재적응 평가 척도(social readjustment rating scale)'를 개발하였으며, 각 생활변화 항목별 총점으로 스트레스 정도를 평가할 수 있다.

한편, 자극으로서의 스트레스에 대한 선행연구들이 주로 생활사건이나 외상적 사건에 집중된 경향이 있지만(김희선, 유금란, 2017; 조숙행 외, 2000), 1980년대 들어서면서 일상에서 일어나는 사소한 스트레스가 주요한 스트레스원으로 대두되고 있다(성미혜, 윤자원, 손혜영, 2005; Kanner, Coyne, Schafer, & Lazarus, 1981). 즉, 일반적으로 외상적 사건이나 주요 생활사건을 강력한 스트레스 요인으로 볼 수 있지만, 장기적으로 미치는 영향을 살펴볼 때 일상의 사소한 스트레스가 정신건강에 잠재적으로 더 위험하고 유해할 수 있는 것으로 나타났다(조하, 신희천, 2009; Schönfeld et al., 2016).

그러나 이 접근법은 개별 사건이 특정 개인에게 주는 고유한 의미를 간과하고 있으며, 생활사건이나 사람에게 미치는 영향은 모두 동일하다는 태도를 보이고 있기 때문에 개인차나 예측 가능성의 논리성이 결여된 점이 단점으로 지적된다(최송식 외, 2019). 또한 자극 개념의 스트레스는 개인의 심리적 중간 과정을 무시하는 단점과 스트레스의 부정적인 기능에만 집중하여 긍정적인 스트레스를 무시하는 단점이 있다.

[찾아보기] 사회 재적응 평가 척도

(Social Readjustment Rating Scale: SRRS)

지난 1년간 자신에게 이런 문제가 있었나요?

출처: 오혜진(2017). 스트레스와 삶의 만족도 간 관계에서 감사성향의 매개효과. 고려대
학교 교육대학원 석사학위논문. (pp. 55-58 문항 수록)

2) 반응으로서의 스트레스

반응으로서의 스트레스는 환경이나 개인 내부로부터의 요구에 능력이 미치지 못할 때 나타나는 반응을 의미하며, 스트레스를 스트레스 인자에 대한 개체의 반응으로 본다. 반응이나 결과에 초점을 둔 개념은 스트레스를 유기체의 심리적인 긴장 상태로 보고 환경적 자극으로 명명되는 다양한 스트레스 요인이 발생하여 표출되는 것으로 간주한다.

셀리에(Selye, 1974)는 스트레스를 "어떤 요구에 대한 보편적인 신체 반응"이라 하였으며, 이반세비치와 매트슨(Ivancevich & Matteson, 1980)은 스트레스를 "개인의 성격이나 심리적 과정에 의해 중재되는 적응 가능한 반응으로서 특수한 신체적·심리적 요구가 있는 외적인 행동이나 상황, 사건의 결과"라고 하였다. 카슬(Kasl, 1978)은 요구를 충족시키지 못하면 중대한 결과를 가져오게 되는 상황 아래서 요구와 반응능력 간의 인지된 실제적 불균형이라고 하였고, 플레밍, 바움과 싱거(Fleming, Baum, & Singer, 1984)는 스트레스를 외부 환경으로부터의 위험이나 위험에 대한

지각과 반응을 포함하는 과정으로 설명하였다(오세진 외, 1996; 김안자, 2005 재인용).

반응으로서의 스트레스는 문제 환경이나 환경에 대한 개인의 반응이 스트레스가 됨을 의미한다. 이는 환경 내의 자극으로 야기되는 관찰 가능한 반응으로서의 스트레스를 해석하고, 스트레스 요인에 대한 유기체의 소모 반응인 비특징적인 반응으로 스트레스를 보았다. 이 반응 개념의 대표자로는 셀리에(Selye)를 들 수 있는데, 그는 스트레스란 환경적 자극에 대한 보편적인 신체 반응이며, 환경적인 자극은 그 자극에 대한 주관적인 평가가 없어도 개인의 생리적 반응에 직접적인 영향을 미칠 수 있다고 하였다. 즉, 그는 스트레스에 대한 적응은 그 스트레스의 종류에 불문하고 유사하며, 그 저항이 지나치면 병이 된다는 가설을 세웠다. 그는 스트레스 상태하에서의 개인 반응을 일반적응증후군(General Adaptation Syndrome: GAS)으로 제시하여 일반적으로 외부의 여러 가지 해로운 작용에 대한 생체의 반응을 자세히 설명하였으며, 이 모델은 정신·신체적 장애에 대한 가장 적절한 설명으로 받아들여졌다(이인혜, 1999). 스트레스에 대한 일반적응증후군은 경고, 저항, 소진의 3단계로 진행된다. 다시 말해서, 에너지 동원의 단계에서 시작하여 싸움의 단계로 넘어가고 그래도 도전이 계속되면 탈진이 되는 단계로 진행된다고 할 수 있다.

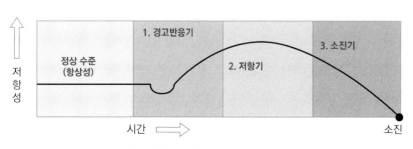

스트레스 곡선과 단계(일반적응증후군)

[그림 3-2] 일반적응증후군(GAS)

경고반응기란 신체적 위협에 대항할 수 있도록 생리적인 변화를 나타내는 단계로 정서적 흥분, 긴장과 같은 변화를 가져오는 단계를 말하며, 저항기란 계속하여 스트레스에 대한 반응을 보여야 할 때 정상 수준 이상의 반응을 나타내는 단계를 말한다. 그리고 소진기란 신체적 방어능력이 떨어져 그 결과로 퇴화하거나 병들게 되는 단계를 말한다.

실제로 스트레스 반응 시 우리 몸에서는 투쟁 혹은 도피(Fight or Flight) 반응이 일어난다. 이는 우리의 뇌가 생명을 위협하는 사건에 직면하게 되었을 때 인체가 생존을 위해 그 위험에 대항할 것인지 혹은 도망갈 것인지를 반응하게 되는 것으로, 우리 뇌의 여러 부분과 자율신경계가 혈액 내로 스트레스 호르몬을 분비하여 신체가 행동할 수 있도록 준비시킨다. 이러한 스트레스 반응은 일차적으로 교감신경이 활성화되고 부교감신경의 기능은 저하되는 쪽으로 작동하게 된다. 교감신경은 낮에 활동할 때 혹은 운동 시에 주로 활성화되는 것으로, 심장박동 수를 높이고 혈관을 수축시켜 혈압을 올리며, 소화관의 운동을 감소시킨다. 반면, 부교감 신경은 휴식할 때 혹은 식사 시에 활성화는 것으로, 심장의 박동을 부드럽게 하고, 혈관을 확장시켜 혈류를 촉진하여, 심신을 이완 상태로 조정한다.

스트레스가 자율신경계에 영향을 미치는 것 외에도 HPA축(Hypothalamic-Pituitary-Adrenal Axis)([그림 3-3]), 즉 시상하부, 뇌하수체, 부신피질 체계를 활성화시킨다. 시상하부 활동은 전측 뇌하수체로 하여금 부신피질 자극 호르몬을 분비하게 되는데, 이 호르몬이 부신피질을 자극하여 코르티솔(cortisol)을 분비시킨다. 이 코르티솔은 '스트레스 호르몬'이라 불리는데 이 코르티솔이 지속적으로 증가하면 해가 될 수 있다. 높은 코르티솔 수준은 기억을 일시적으로 방해하며(de Quervain et al., 2000), 지속적으로 높은 코르티솔 수준으로 인해 해마의 뉴런이 손상될 수 있다(Sapolsky, 1992). 이는 기억력 감퇴로 이어질 수도 있으며, 해마의 손상은 코르티솔 수준을 증가시킴으로써 악순환이 반복될 수도 있다([그림 3-3]).

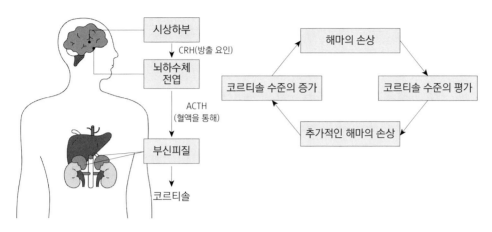

[그림 3-3] 스트레스가 몸에 미치는 영향

출처: 김문수, 문양호, 박소현, 박순권 공역(2006). 생물심리학(James, 2004 원저). 서울: 시그마프레스, p. 439, p. 442.

3) 자극-반응 상호작용으로서의 스트레스

자극-반응 상호작용으로서의 스트레스 관점에서는 환경적 자극 요인과 개인의 개별 특징적 반응 간의 상호작용으로서 스트레스를 정의한다(김정미, 박희숙, 2019). 이 관점에 따르면, 스트레스 사건이 직접 부적응 반응에 영향을 주는 것이 아니라, 개인이 스트레스를 어떻게 지각하고 해석하며 어떤 능력과 개인적 자원을 가지고 반응하느냐에 따라서 적응이 달라질 수 있다.

대표적으로 라자루스와 포크먼(Lazarus & Folkman, 1984)은 스트레스 대처 모형을 통해 스트레스에 대한 개인과 환경 사이의 상호작용을 설명하였다([그림 3-4]). 이 모형에 따르면 특정한 개인과 환경의 관계가 스트레스인지의 여부는 인지적 평가에 따라 달라지며, 이러한 인지적 평가가 이후 대처 행동에 직접적인 영향을 미친다. 성공적인 대처는 긍정적인 적응으로 이어지지만, 부적응적인 결과는 질병의 악화나 우울 등으로 이어질 수 있다(백승순, 2016). 즉, 특정 자극이 개인에게 영향을 주면 개인의 내적 특성이 다시 외부 자극에 영향을 미치는 역동적 상호 작용이 일어나기 때문에, 동일한 스트레스원이라 할지라도 모두 동일한 반응을 일으키는 것이 아니다. 환경의 요구가 개인의 능력과 자원을 초과하거나 개인이 요구하는 것을 환경이 마련해 주지 못할 때 스트레스가 나타나기 때문에, 스트레스를 이해하기 위해서는 외부 환경뿐만 아니라 개인의 심리적 과정에 대한 이해가 필요하다(김정미, 박희숙, 2019).

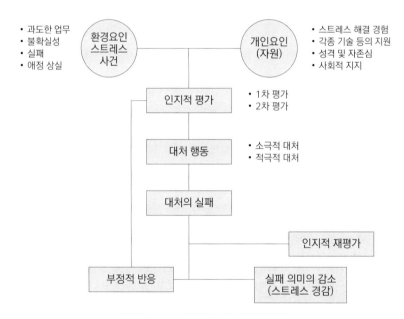

[그림 3-4] 스트레스의 대처 모형

출처: 강해주(2003). 중 · 고등학교 체육특기학생과 일반학생의 스트레스 및 스트레스 대처방식의 비교. 전주대학교 교육대학원 석사학위논문, p. 18.

🔲 2. 스트레스와 정신건강

1) 유스트레스와 디스트레스

스트레스가 반드시 개인에게 부정적인 영향을 미치는 것은 아니다. 스트레스는 개인의 정신건강을 위협하는 심리적·신체적인 반작용의 한 형태이지만, 개인의 에너지와 능력을 통해 자신을 보호하게 한다는 점에서는 개인의 성장과정에 항상 따라다닐 수밖에 없는 것이다(장연집, 박경, 최순영, 2006).

스트레스의 기능은 두 가지로 구분된다. 일반적으로 스트레스가 순기능적으로 작용할 때 유스트레스(eustress)라고 하며, 부정적이고도 역기능적인 결과를 초래할 때 디스트레스(distress)라고 한다(유영주 외, 2018). 역기능적 스트레스는 고통스럽고 불쾌하며 부정적인 사건으로 인해 우리의 에너지가 소모되고 질병에 취약하게 만들며, 불쾌감, 수치심, 걱정, 불안과 같은 감정을 느끼게 한다. 반면 순기능적 스트레스는 흥미롭고 즐겁고 우리에게 활력을 주는 유쾌한 변화 혹은 요구로 인해 긍정적이고 건설적으로 반응하게 만들며, 기능적인 스트레스는 생활에 활력소가 되고 고무적이고 생산적으로 행복감을 느끼게 해 준다.

이처럼 스트레스 그 자체는 반드시 부정적인 것만은 아니며, 어떤 스트레스는 적절한 자극이 될 수도 있다. 동일한 상황과 수준의 스트레스라 하더라도 어떤 사람은 스트레스에 잘 적응하고, 어떤 사람은 부적응적인 모습을 보인다. 다시 말하면 약간의 스트레스는 정상적인 신체 기능을 위해 필요불가결한 것으로 적절한 수준의 정서적 동요는 경계심과 과업에의 관심을 고조시킨다(이관용 외, 1984). 즉, 스트레스를 극복할 수 있는 충분한 자원을 가지고 있으면 스트레스 그 자체로서는 큰 문제가 되지 않는다. 진정한 웰빙은 아무런 변화 없이 존재함(being)이나 머무름(staying)이 아니라 환경의 변화와 자극에 대응하면서 끊임없이 적응

해 가는 역동적인 삶(live being, living)이다. 스트레스라는 경험한 그러
한 변화의 동기를 제공하는 자극이라 할 수 있다(신경희, 2016; 황동섭 외,
2018 재인용).

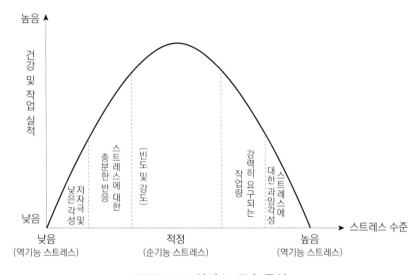

[그림 3-5] 여키스-도슨 곡선

출처: Yerkes, R. M., & Dodson, J. D. (1908). The relationship of strength of stimulus
　　　to rapidity of habit formation. *Journal of Comparative and Neurological*
　　　Psychology, 18, 459-482.

'여키스-도슨 법칙'에 따르면, 인간의 감각-지각의 각성(Arousal) 상
태와 과제 수행능력(Quality of Performance) 간에는 역 U자 형태의 관계
가 나타난다. 이는 각성시키는 자극의 수준이 적절하면 수행능력이 높
아지지만, 자극의 수준이 너무 낮거나 높으면 수행의 효율성이 떨어짐
을 보여 준다. 이와 같이 적절한 수준의 스트레스는 우리에게 긍정적인
유스트레스로 작용하며 성취동기를 유발한다.

2) 스트레스 취약성

(1) 취약성-스트레스 모델

이상심리와 정신장애의 원인을 통합적으로 설명하는 시도로서 취약성-스트레스 모델이 제기되고 있다(권석만, 2013). 취약성-스트레스 모델(vulnerability-stress model)은 취약성 요인과 스트레스 요인이 함께 결합하였을 때 정신장애가 발생하는 것으로 본다. 취약성(vulnerability or diathesis)이란 특정 장애에 걸리기 쉬운 개인적 특성으로, 유전적 요인뿐만 아니라 환경과의 상호과정을 통해 점진적으로 형성된 신체적 · 심리적 특성을 모두 포함한다. 취약성-스트레스 모델에서는 정신장애가 취약성을 지니고 있는 사람에게 어떤 스트레스가 주어졌을 때 발생하게 되며, 이들 중 어떤 한 요인만으로는 정신장애가 발생하지 않는 것으로 본다.

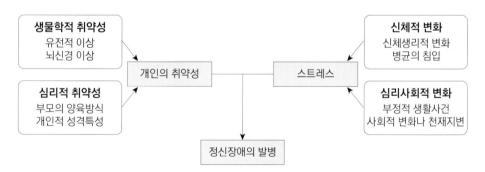

[그림 3-6] 정신장애의 발생에 관한 취약성-스트레스 모형

출처: 권석만(2013). 현대이상심리학(2판). 서울: 학지사, p. 100.

정신장애 발생에 대한 취약성과 스트레스의 영향력은 경우마다 달라질 수 있다. 예를 들어, 어떤 사람의 경우에는 경미한 취약성을 지니고 있음에도 불구하고 심리사회적 스트레스가 매우 심각하여 정신장애를 나타내는 반면, 다른 사람의 경우에는 매우 심각한 취약성을 지니고 있어서 경미한 스트레스에도 정신장애를 나타낼 수 있다.

(2) 취약성-스트레스-대처 모델

병리적 관점에서 현재 대다수 전문가들이 지지하는 원인론은 '취약성-스트레스-대응능력 모델(Vulnerability-Stress-Coping Competence Model)'이다(전석균, 2021). 이 모델에서는 심리 · 성격적인 취약성을 지닌 개인이 환경적 스트레스 사건에 직면하여 이에 잘 대처하지 못한 경우 부적응 행동이나 정신병리가 발생하는 것으로 본다. 예를 들면, "우울증에 걸리기 쉬운 사람이(취약성), 환경적인 스트레스에 직면하여(임신), 자신의 대응능력으로 그것을 감당하지 못할 때(대응능력), 산후우울증이 발병한다."고 설명한다.

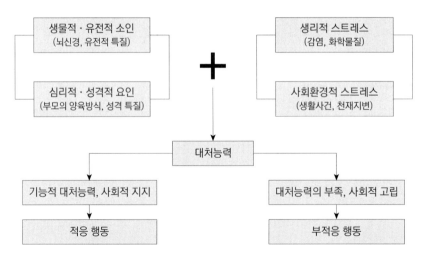

[그림 3-7] 스트레스 · 취약성 · 대처능력 간의 상호 관련성

출처: 전석균(2021). 정신건강론. 경기: 공동체, p. 46.

　이 이론에서는 개인의 취약성과 스트레스뿐만 아니라 개인이 사건을 해석하고 이에 대처하는 방식이 적응이 인간의 적응에 영향을 미치는 것으로 본다. 따라서 취약성을 갖고 있는 사람이라 할지라도 스트레스가 별로 없거나 대처능력이 우수한 경우 정신장애가 발생하지 않을 수 있으며, 개인적 취약성이 거의 없다 하더라도 심한 스트레스 상황에서 적절한 대처 방식을 활용하지 못할 경우 발병할 수도 있다.

3. 스트레스 대처

1) 스트레스 대처 방식

　스트레스 대처는 인간이 스트레스에 직면한 순간 스트레스원으로부터 받는 피해를 최소화하기 위해 해인이 행하는 행동 혹은 정서 반응을 의미한다(김정미, 박희숙, 2019). 스트레스를 발생시키는 상황이 다양한 만큼, 그 상황에 대한 대처방안도 매우 다양하다. 대표적인 스트레스 대처 방식 분류는 〈표 3-1〉과 같다.

〈표 3-1〉 스트레스 대처 방식

학자	분류
로스와 코헨 (Roth & Cohen, 1986)	적극적 대처: 스트레스 상황과 이에 수반하는 정서를 직접적으로 다루려는 시도
	회피적 대처: 스트레스 요인을 무시하거나 회피하려는 것
거트먼 (Gutmann, 1967)	능동적 대처 양식: 자아기능이 강력하게 작용하여 외부 환경과 주변의 모든 문제를 다른 사람의 도움 없이 스스로 능동적으로 통제함으로써 성취와 독립을 추구하는 대처 양식
	수동적 대처 양식: 외적 조건과 상황을 변화시키기보다는 자기 자신을 외부 환경에 적합하게 변화시키려고 노력함으로써 외부 세계에 순응하거나 타협하려는 대처 양식

	신비적 대처 양식: 적극적인 노력보다는 모든 것을 신비나 우연에 맡기려 하고, 상황을 왜곡하여 문제를 객관적으로 보지 못하는 대처 양식
라자루스와 포크먼 (Lazarus & Folkman, 1984)	문제중심적 대처 양식: 스트레스 상황에 초점을 맞추어서 이를 해결하려는 일련의 노력
	정서중심적 대처 양식: 스트레스 상황에서 경험하는 정서적 긴장이나 부정적인 정서를 줄이거나 개선하기 위한 노력

출처: 전석균(2021). 정신건강본(4판). 경기: 공동체, pp. 61-62 재구성.

라자루스와 포크먼(Lazarus & Folkman, 1984)의 문제중심적 대처 양식은 문제에 직접 맞서는 방식이고, 정서중심적 대처 양식은 스트레스에 관련된 불편함을 줄이는 것이다. 각각의 대처 방식을 구체적으로 살펴보면 다음과 같다(김정미, 박희숙, 2019; 전석균, 2021).

(1) 문제중심적 대처

문제중심적 대처란 스트레스를 유발시킨 문제 자체를 경감시키거나 제거하는 노력으로, 문제되는 상황을 변화시키거나 환경을 개선하고자 하는 직접적이고 적극적인 반응을 의미한다. 이때 스트레스원을 극복하기 위해서 다른 행위를 중지하고 문제 해결에 집중한다.

문제중심적 대처는 직접적인 행동 또는 문제해결 활동을 통해 스트레스와 자신과의 관계를 변화시키려는 노력으로, 체계적인 문제 해결과 효과적인 시간관리를 비롯하여 자신의 감정에 대한 인식, 새로운 정보의 활용, 자신의 정신적 및 신체적 자원의 활용, 그리고 타인과의 상호작용에 토대를 둔 행동들이 포함된다.

(2) 정서중심적 대처

정서중심적 대처는 스트레스로 인한 부정적인 정서 상태를 조절하려는 행동으로, 스트레스원은 변화시키지 않고 자신의 느낌을 좋게 하는 활동을 통해 자신을 변화시키려는 전략이다. 평가중심 또는 문제중심적 대처가 정서적 혼란을 가라앉히는 데 성공적이지 못한 경우에 사용되는데, 문제중심적 대처가 체계적 대처 전략이라 하더라도 정서적 혼란이 잠잠해지기 전에는 사용할 수가 없다. 그래서 정서적 각성을 감소시키는 데 유용한 대처기제가 필요한 것이다.

정서중심적 대처는 스트레스가 자신과 아무 상관이 없는 것처럼 무시하는 행동(분리적 행동), 자신의 감정을 알아차리지 못하도록 스스로 다스리는 행동(자기조절), 다른 일에 몰두함으로써 스트레스원을 회피하는 행동(회피-도피), 사회적 지지 추구(다른 사람의 동정과 이해, 지지를 얻으려고 노력하는 것) 등이 있다. 또한 스트레스로 인해 발생하는 불안, 갈등, 긴장을 없애기 위한 운동이나 요가 명상과 같은 신체중심 활동을 포함한다.

(3) 혼합형 대처 방식

대체적으로 사람들은 스트레스 상황에서 문제중심 대처와 정서중심 대처를 통합하여 사용하는데, 주로 상황을 변화시킬 수 있다고 판단하면 문제중심 대처 방식을, 상황을 변화시킬 수 없다고 생각하면 정서중심 대처 방식을 사용하는 경향이 있다. 이러한 두 방식은 대처 과정에서 서로를 촉진할 수도 있고, 방해가 될 수도 있다. 문제-정서 혼합형 대처에는 스트레스를 받은 상황으로부터 자신의 성장에 도움이 되는 효과를 찾으려고 하는 성장지향과, 스트레스가 발생하는 방황을 바꾸기 위해 어려움에 맞서 공격적으로 행동하는 직면허가 등이 있다.

[찾아보기] 스트레스 대처 방식

나의 스트레스 대처 방식은 정서적인가? 문제해결적인가?

출처: 박경원(2017). 한부모가족 청소년의 스트레스 및 심리사회적 특성에 관한 연구. 전남대학교 대학원 박사학위논문. (p. 167 문항 수록)

2) 방어기제

우리는 주변 환경이 변화되거나 환경의 변화에 적응해야 할 때 스트레스를 경험한다. 이러한 적응과정에서 사람들은 스트레스로부터 자기 자신을 지키는 심리·정서적 대처 행위로 방어기제(defense mechanism)를 사용한다. 방어기제란 "개인이 내적 또는 외적 스트레스나 위험에 대한 인식과 불안에 대해 개인을 보호하기 위해 자동적으로 나타나는 정신과정"이다(전석균, 2021). 이 용어는 자아가 위협받는 상황에서 무의식적으로 자신을 속이거나 상황을 다르게 해석하여 감정적 상처로부터 자신 자신을 보호하는 심리 의식이나 행위를 의미하는 말로, 프로이트(Sigmund Freud)에 의해 처음 사용된 이후 그의 딸 안나 프로이트(Anna Freud)에 의해 체계적으로 정리되었다(최송식 외, 2019). 안나 프로이트는 연구를 통해 방어기제의 중요한 속성을 다음과 같이 설명하였다(Valliant, 1994).

- 방어기제는 갈등과 영향력을 관리하는 중요한 수단이다.
- 방어기제는 상대적으로 무의식적이다.
- 방어기제는 서로 분리되어 있다.
- 방어기제는 종종 주요 정신장애의 특징이 되지만 변화될 수 있다.

- 방어기제는 병리적일 뿐만 아니라 적극적이다.

방어기제는 스트레스 상황에서 경험하는 갈등이나 불안을 처리하려
는 자아의 노력이므로, 내적인 불안과 외적인 위협에 대한 정상적인 심
리기제로 볼 수 있다. 그러나 자기기만과 현실왜곡이 심한 방어기제를
지속적이고 반복적으로 사용하게 되면 부적응을 초래할 수 있다(임혁,
채인숙, 2020). 방어기제는 무의식적으로 채택되며, 한 번에 한 가지 이
상의 방어기제를 동시에 사용하는 경우가 많다. 적응적인 사람은 방어
기제를 융통성 있게 선택하여 사용하지만, 그렇지 못한 경우 한두 가지
의 방어기제에만 편중되어 고착적으로 사용하는 경향이 있다(고명수 외,
2019).

베일런트(Vaillant, 1994)는 정신장애 진단기준(DSM-Ⅲ-R)에 근거하여
정신건강과 관련된 자기 방어기제를 〈표 3-2〉와 같이 설명하였다. 이
중 미성숙한 기제는 대부분의 성격장애 기저에 포함되는 요소다.

〈표 3-2〉 정신장애와 방어기제

분류	방어기제
정신병적 방어기제 (Psychotic defense mechanism)	• 부정(Denial of external reality) • 왜곡(Distortion of external reality)[a]
미성숙한 방어기제 (Immature defense mechanism)	• 수동적 공격(Passive aggression) • 행동화(Acting out) • 해리(Dissociation) • 투사(Projection) • 자폐적 공상(Autistic fantasy) • 평가절하(Devaluation), 동일시(Identification), 분리 splitting)[b]

신경증적 (중증) 방어기제 [Neurotic (intermediate) defense mechanism]	• 지성화(Intellectualization), 고립(Isolation) • 억압(Repression) • 반동형성(Reaction formation) • 전치(Displacement), 신체화(Somatization) • 취소(Undoing), 합리화(Rationalization)
성숙한 방어기제 (Mature defense mechanism)	• 억제(Suppression) • 이타주의(Altruism)[a] • 유머(Humor)[a] • 승화(Sublimation)[a]

출처: Vaillant, G. (1994). Ego mechanisms of defense and personality Psychopathology. *Journal of Abnormal Psychology, 103*(1), 45.

[a] 이타주의, 유머, 승화 및 왜곡은 DSM-III-R에 직접 등장하는 용어는 아님.

[b] 평가절하-분리는 건강염려증이라는 용어에 포함되는 특성이지만 DSM-III-R 용어집에는 포함되지 않음.

방어기제의 종류와 수는 학자에 따라 다양한데, 일상에서 흔히 사용되는 대표적인 방어기제들을 살펴보면 다음과 같다(고명수 외, 2019; 임혁, 채연숙, 2020; 장연집 외, 2006; 최송식 외, 2019).

(1) 부정

부정(Denial)은 고통스럽거나 위협적인 상황의 존재를 무의식적 수준에서 거부 또는 부인해 버리는 것으로, 현실의 고통스러운 측면을 인정하는 것을 회피하고자 사용된다. 이는 의식에서는 견딜 수 없는 지각을 무시하거나 의식하지 않으려는 내적인 정신 방어기제다(예: 환자가 의사가 자신의 병을 오진했다고 주장하는 경우).

(2) 투사

투사(Projection)란 자신이 받아들이기 힘든 무의식적인 충동을 다른 사람의 탓으로 돌림으로써 위축된 자아를 방어하는 것을 말한다. 이는 원초아(id)에서 나오는 적의를 남에게 돌리고, 양심에서 나오는 괴로움을 남에게 돌리는 것으로, 타인에게 자신의 충동을 투사함으로써 자신의 실제 감정이나 생각으로부터 자유로울 수 있는 것이다. 이처럼 투사는 가장 미성숙하고 병적인 정신기제이며, 망상이나 환각을 일으키는 정신기제 중 하나다(예: 잘되면 제 탓, 못되면 조상 탓).

(3) 반동형성

반동형성(Reaction Formation)은 무의식 속의 받아들여질 수 없는 생각 등을 정반대로 행동하는 것으로, 사회적으로 용납될 수 없거나 수치스러운 욕망이나 정향성이 의식되거나 행동으로 나타나는 것을 방지하기 위한 목적으로 사용된다. 완벽하고 타협할 줄 모르는 성격은 오히려 금지된 욕망이나 충동에 대한 반동형성인 경우가 많다. 행동이 과장되어 있고 상황에 어울리지 않으며 부자연스럽다는 특징이 있다(예: 동생에 대한 적개심을 감추기 위해 타인에게 반복적으로 동생을 칭찬하거나 자신이 동생을 얼마나 사랑하는지 이야기하는 것).

(4) 억압

억압(Repression)은 어떤 감정이나 욕망 따위를 억눌러 의식에 떠오르지 않게 하는 것으로, 자신의 욕구가 쉽게 달성될 수 없을 때 이러한 욕구를 무의식의 세계로 돌림으로써 열등감이나 불안 또는 긴장을 해소하는 것을 말한다. 이는 갈등을 처리하려는 목적으로 사용되는 정신기제 중 가장 흔한 것으로, 받아들이고 싶지 않은 욕망과 바람직하지 않은 기억을 잊으려는 의식적인 노력이다. 억압은 가장 중요하면서도 효과적이지만, 지속적이고 적극적으로 이루어지는 과정이기 때문에 끊임없이 에너지를 소비해야 한다(예: 애인과 헤어졌을 때 잊으려는 노력).

(5) 합리화

합리화(Rationalization)는 숨어 있는 충동이나 욕구, 용납될 수 없는 실수나 사건에 대해서 그럴듯한 핑계를 대어 정당화시키는 것을 말한다. 이는 현실을 왜곡하여 비합리적인 행동이 타인과 자기 자신에게 합리적이고 정당한 것처럼 보이게 하여 자신의 자존심을 보호하려는 행동이라 할 수 있다. 대표적인 두 가지 유형은 다음과 같다.

- 신포도 기제(sour grapes mechanism): 자신이 바라는 것을 얻지 못했을 때 그것의 가치나 중요성을 깎아내림으로써 다음의 위안을 얻는 것(예: 저 포도는 신포도일 거야)
- 달콤한 레몬 기제(sweet lemon mechanism): 자신이 원치 않았던 상황을 받아들여야 할 때 그것이 마치 자신이 진정 원하던 것이라고 스스로 믿는 것(예: 남편이 다정하지 않아 불만인 아내가, 다정한 남편보다는 수입이 많은 것이 낫다고 스스로 위안하는 것)

(6) 동일시

동일시(Identification)란 자신에게 의미 있는 부모, 혹은 다른 사람의 태도와 행동을 닮아가는 것으로 자신의 무의식적 욕구를 숨기거나 보완하기 위해 특정 대상에 의존하는 방어기제다. 자아 성장을 결정하는 가장 중요한 심리기제로, 자아와 초자아의 형성 및 성격발달에 중요한 영향을 미친다. 아동은 장기간에 걸친 성공적인 동일시를 통해 성인으로서의 견고한 자기주체성을 갖게 된다.

(7) 승화

승화(Sublimation)는 위협적인 무의식적 충동들을 사회적으로 용납되는 형태로 전화하여 표출하는 것이다. 승화는 원초적이며 용납될 수 없는 추동의 에너지를 변형시켜 사회적으로 유용한 목표를 위해 사용되도록 하는 기제라 할 수 있다. 프로이트는 성 본능의 승화가 서구문화와 학문 발전에 원동력이 되었다고 주장하였다(예: 강한 공격적 욕구를 가진 사람이 운동선수가 되는 경우).

제4장

정신건강과 성격

📘 1. 성격 이론

성격(Personality)은 한 상황에 대해 다양한 해석과 행동 반응을 일으키는 독특한 역할을 한다. 성격을 분석하는 이론에는 사람들의 성격의 개인차를 반영하는 차원의 특질이론이 있는데 특질이론가들은 개인 성격의 개인차를 반영할 수 있는 보편적이며, 중요한 특질 차원들을 발견하고 발견된 특질 차원들을 측정하는 검사를 만들어 성격특질과 개인이 처한 상황이 어떻게 상호작용하여 행동을 산출하는지에 관심을 가져왔다. 이는 성격의 개인차를 예언하거나 설명하는 데 유용하다. 대부분의 성격검사들이 특질이론에 기초하여 개발되었다. 또한 특질이론은 개인의 대인관계나 정신병리와 관련하여 많은 시사점을 제공한다. 개인이 가진 성격특질을 파악하는 것은 그 사람의 대인관계를 이해하거나 정신병리의 이해 및 치료에 많은 도움을 줄 수 있다(민경환, 2013). 이러한 특질이론에 대해서는 올포트(Allport)와 커텔(Cattell), 아이젱크(Eysenck)와 Big Five 이론을 중심으로 살펴보고자 한다.

1) Allport의 특질이론

특질은 많은 자극을 기능적으로 동등하게 만들고, 동등한 형태의 적응적·표현적 행동을 시작하게 하고 이끌어 가는 능력을 지닌 신경정신적 구조이며, 올포트는 개인을 특징지을 수 있는 특성을 특질 혹은 특성이라 하였다. 사람들은 이러한 특질 혹은 특성에 기반하여 행동의 경향성을 실재로 나타내 보일 뿐 아니라 신경정신적인 기반을 가지고 있다고 보았다.

올포트는 특질을 한 문화 안에서 사람들이 공통적으로 가지고 있는 공통특질과 개인의 독특한 적응 행동을 개인특질(individual traits) 혹은 개인성향(personal disiposition)이라고 명명하면서 이를 강조하였다. 그는 개인이 가진 진정한 성격은 개인특질을 통해서만 밝힐 수 있으며 개인의 사례, 일기 등 개인적 기록과 같은 자료들을 활용함으로써 성격을 밝혀낼 수 있다고 하였다. 올포트는 개인이 가지는 성격, 즉 개인성향을 기본성향, 중심성향, 이차성향으로 분류하였다.

먼저 기본성향(cardinal dispositions=주 특질)은 개인 생활 전반에 퍼져 있으며 모든 행동에서 그 영향력이 발견되는 성향을 의미한다. 기본성향은 개인에게 매우 지배적이며 거의 모든 생활에 영향을 미친다. 이는 너무 강렬해서 개인의 행동을 지배하게 되는데 올포트는 이를 '지배적 열정', '감정의 지배자'라고 명명하였으며, 가학성과 맹목주의를 예로 들었다. 예를 들면, 히틀러가 가지는 권력 욕구나 스크루지의 인색함이 그것이다.

중심성향(central dispositions)은 개인의 행동을 설명하는 5~10가지 정도의 두드러진 특질이다. 대부분의 사람들은 단 하나의 기본성향보다는 몇 개로 이루어진 중심성향의 지배를 받는다. 중심성향은 개인이 갖는 공격성, 자기연민, 냉소주의 등 행동에 있어 폭넓은 일관성을 나타내는 성향을 가리킨다.

이차성향(secondary dispositions)은 개인에게 가장 적게 영향을 주는 개인특질로 앞의 두 성향, 즉 기본성향과 중심성향보다 덜 두드러지고 덜 일관적으로 나타난다. 이차성향은 좀처럼 드러나지 않고 매우 약해서 아주 가까운 사람만이 알아챌 수 있는 특질이라 할 수 있다.

2) Cattell의 성격특질 연구

올포트가 특질 개념을 제안하고 각 특질에 대한 개념 정립을 위해 노력하였다면 그와는 다르게 커텔은 요인분석이라는 통계적 기법을 사용해서 개인이 가지는 성격적 특질을 찾아내고 이를 측정하는 성격검사를 제작하였다. 커텔은 인간의 생애기록, 자기평정, 객관적 검사 등에서 얻어낸 자료들을 요인분석하여 〈표 4-1〉과 같이 16개의 근원특질을 추출하였다. 커텔은 그가 추출한 16개 근원특질로 성격검사를 개발하였다. 〈표 4-1〉은 16가지 성격요인으로 구성된 16PF(personality factors) 검사다.

〈표 4-1〉 Cattell의 16PF의 요인 및 내용

요인	낮은 점수	높은 점수
A	내성적인(reserved)	외향적인(outgoing)
B	지능이 낮은(less intelligent)	지능이 높은(more intelligent)
C	정서적 불안정(emotional)	정서적 안정(emotionally stable)
E	복종적인(submissive)	지배적인(dominat)
F	심각한(serious)	낙천적인(happy-go-lucky)
G	편의적인(expedient)	양심적인(conscientious)
H	소심한(timid)	모험적인(adventurous)
I	완고한(tough-minded)	부드러운(tender-minded)
L	신뢰하는(trusting)	의심 많은(suspicious)
M	실제적(practical)	상상적인(imaginative)
N	솔직한(forthright)	약삭빠른(shrewd)
O	자기-확신적(self-assured)	걱정하는(apprehensive)
Q1	보수적인(conservative)	실험적인(experimenting)
Q2	집단 의존적(group-dependent)	자족적인(self-sufficient)
Q3	충동적인(impulsive)	통제적인(controlled)
Q4	이완된(relaxed)	긴장한(tense)

출처: 노안영, 강영신(2018). 성격심리학(2판). 서울: 학지사, p. 270.

커텔은 이러한 특질에 근거하여 인간행동을 예언하고자 하였다.

3) Eysenck의 성격

아이젱크는 "환경에 대한 개인의 독특한 적응에 영향을 미치는 인격, 기질, 지성과 신체 요소들이 안정되고 영속적으로 조직화된 것"을 성격이라고 정의하였다. 커텔이 16개로 성격특질을 제시한 반면 아이젱크는 이러한 성격특질을 아우르는 상위의 개념들을 제시하면서 위계적으로 이를 제시하였다. 다시 말해 그는 성격을 하나의 위계로 보았는데 위계의 맨 아래에는 특정 반응들이 있고, 그 위에는 습관적인 반응들이, 다음에는 보다 보편적인 특질들이 있고 가장 상단에는 기본 유형(basic types)이 있다. 이러한 위계는 [그림 4-1]과 같다.

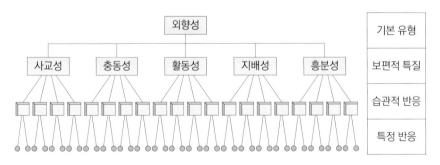

[그림 4-1] Eysenck의 성격 위계 모형

출처: 노안영, 강영신(2018). 성격심리학(2판). 서울: 학지사.

아이젱크는 위계의 상단을 기본 유형이라 부르며 내향성/외향성, 안정성/신경증, 충동통제/정신증의 세 가지로 제시하였다. 즉, 그는 성격 유형을 외향성, 신경증 성향, 정신병 성향 세 유형의 차원으로 제시하면서 이것은 성격의 기본 유형으로 제안하였다.

세 가지 유형에서의 성격 특징은 다음과 같다.

① 내향성-외향성(E: extraversion)

외향적인 사람은 사교적이고, 파티를 좋아하고, 친구가 많고, 흥미진진한 것을 추구하며, 순간의 기분에 따라 행동하는 것 등을 특징으로 한다. 이에 반하여 내향성이 높은 사람은 조용하고 내성적이고 말수가 적고 반성적이며, 충동적 결정을 불신하고, 잘 정돈된 삶을 선호한다.

② 신경증적 성향(N: neuroticism)

정서적으로 불안정하고 변덕스러우며 걱정, 불안, 우울, 낮은 자존감, 긴장, 수줍음 등의 특징이 있고, 신체적 통증에 대한 호소가 빈번하다. 반면에 정서적으로 안정적 성향의 사람은 극단적으로 안정적이며 조용하고, 태평스럽고, 침착하다.

③ 정신병 성향(P: psychoticism)

공격적, 차가움, 자기중심적, 비정함, 비사회적, 비관습적인 성격 특징이 있다. 아이젱크는 정신병 성향이 높은 성격은 창조성과 연관된 것으로 생각했다(민경환, 2013).

아이젱크의 성격 이론은 증상의 종류나 심리적인 장애가 신경계 기능의 원리와 기초적 성격특질과 관계가 있다는 가정에서 발전된 것이다. 그에 의하면 생물학적 시스템과 불안을 유발하는 자극인에 대한 강한 정서적 반응을 학습함으로써 신경증이 악화된다. 신경증 환자의 대부분이 신경증 점수는 높고, 외향성 점수는 낮은 경향을 보인다(Eysenck, 1982; 노안영, 강영신, 2018 재인용). 또한 그는 정신장애가 나타나고 지속되는 데 있어 유전적 요인이 중요하다고 생각하면서 동시에 행동치료의 효과성에 대해 긍정적으로 견해를 가지고 있었다.

4) Big Five 모형(성격의 5요인 모형)

코스타와 매크레이(Costa & McCrae, 1992)가 주장한 성격 5요인 모형은 인간의 성격구조를 설명하는 보편적인 이론으로 사용되고 있다(김미영, 2015). 이는 사람의 성격이 개인마다 다르게 나타나며 다섯 가지 특성이 복합적으로 상황에 따라서 다르게 표현된다는 것이다. 1981년 골드버그(Goldberg)가 성격의 5요인 모형을 Big Five라 명명했는데 'Big'은 각각의 요인이 수많은 특질을 포함하고 있다는 의미를 지니고 있다. 이는 대체로 신경성, 외향성, 경험에 대한 개방성, 친화성, 성실성을 지칭한다.

〈표 4-2〉 Big Five(성격 5요인) 정의 및 특성

성격	정의	높게 나타나는 특성	낮게 나타나는 특성
외향성 (extraversion)	사람을 좋아하고 모임과 집단화 경향	적극적, 사교적, 활력적, 말하기 좋아함, 사람 중심	말수가 적음, 냉정함, 조용하고 활기가 없음
친화성(우호성: agreeableness)	이타주의적 성향, 사람과의 관계 중요	이타적, 신뢰감, 마음 여림, 관대함, 솔직함	냉소적, 무례함, 의심 많음, 비협조적
성실성 (conscientiousness)	계획적, 규칙적임, 질서를 추구하고 성취지향적임	체계적, 믿음직함, 정돈됨, 근면함	목적 없는, 믿기 힘든, 게으른, 의지 약함, 계획성 없음
개방성 (openness to experience)	새로운 자극에 대해 반기며 변화와 다양성을 존중함	창의적, 호기심, 흥미 있는, 독창적, 상상력, 새로운 도전	관습적, 흥미 낮은, 제한적, 예술적이지 않음
신경성 (neuroticism)	부정적 감정과 정서적으로 불안한 성향임	걱정하는, 초조한, 불안정함, 변덕 있음	침착한, 이완된, 안정적인, 강건한, 자기충족적인

〈표 4-2〉는 Big Five의 정의 및 특성을 나타낸 것이며 다음의 [찾아보기]는 골드버그의 Big Five 검사다.

[찾아보기] Big-Five 검사

나의 성격은? 5요인별로 어떻게?

출처: 온온구(2019). Big-five 성격, 구매유형, 제품군의 관계에 대한 연구: 몽골 소비자 중심으로. 서울과학기술대학교 대학원 석사학위논문. (p. 24 문항 수록)

외향성(extraversion)이란 사람을 좋아하고 모임과 집단화를 추구하려는 경향, 즉 타인과의 교제를 즐기는 경향을 나타낸다. 외향성이 높은 사람은 다른 사람과 어울리기 좋아하고 긍정적이고 낙관적이며, 모험적이며 도전적이다. 반면 외향성이 낮은 사람들은 타인과의 관계에서 형식적이거나 타인과의 관계에서 거리를 두고 흥분과 자극을 좋아하지 않는다. 사회적 상황이나 대인관계에서의 이러한 기본 성향은 사회 적응에 영향을 미친다(조영란, 2006).

친화성(agreeableness)은 이타주의적 성향을 가지며 사람과의 관계를 중요시하는 특성, 즉 타인과의 조화롭고 편안한 관계를 유지하려는 정도를 나타낸다. 골드버그(Goldberg, 1992)는 온정과 사랑, 코스타와 매크레이(1992)는 순응과 신뢰 및 온순함을 포함한 온정과 복종이 여기에 혼합되어 있다고 하였다. 친화성은 대인관계와 정적인 상관관계가 있어(유태용, 이도형, 1997), 친화성이 높은 사람은 협조적이며 친밀하고 남을 응원하고 공감을 잘 하여 원만한 대인관계를 맺게 된다고 할 수 있다.

성실성(conscientiousness)은 신중하고 계획적이며 맡은 바 책임을 다하는 성격적인 성향을 의미한다. 경험에 대한 개방성이라고도 불리는 개방성(openness to experience)은 지적 자극, 다양성을 추구하는 정도를 의미한다. 신경성(neuroticism)은 부정적인 감정과 정서적으로 불안한 성향의 특성을 의미하며 비관, 초조함, 신체 증상에 대한 불평과 같은 넓은 범위의 불쾌한 정서와 사고를 포함한다.

다섯 가지 요인은 요인별 영어 단어의 앞 자만을 따서 OCEAN으로 이야기되기도 한다.

Big Five 성격특질은 성격장애와도 관련되는데 이를 주장한 이론가들은 성격장애를 정상성격의 연장이나 극단으로 파악한다. 예를 들면, 강박적 성격장애는 성실성에서 극단적으로 높은 성격이고, 반사회적 성격장애는 친화성에서 극단적으로 낮은 성격이라 할 수 있다.

■ 2. 정신건강과 관련되는 성격특성: Type A, Type B, Type C

인간의 성격은 직접적으로 병을 일으키지는 않지만 성격으로 인한 행동특성이 특정 습관이나 반응의 경향성을 가지게 되고 이를 통해 병을 일으키게 된다. 즉, 성격은 인간 정신건강에 직간접적으로 영향을 미치는 요인이 된다. 이러한 인간행동의 특성이 정신건강에 영향을 미치는 것으로 A형 성격유형(Type A)과 B형 성격유형(Type B), 또한 A형 성격유형과 구별하기 위한 C형 성격유형을 들 수 있다.

심장전문가 프리드먼과 로젠맨(Friedman & Rosenman, 1974)은 환자들이 대기실 의자 앉아 있는 자세에서 개인의 성향과 심장병과 연관성이 있는지 알아보기 위한 가설에서 Type A 성격유형을 개념화하였다.

Type A 행동유형의 특성을 크게 세 가지 측면에서 살펴보면, 경쟁심(competitiveness), 조급성(time urgency), 공격성(hostility)을 들 수 있다. Type A 사람들의 행동 특성은 결과를 중요시 여기는 경향이 있으며, 성취에 대한 갈망과 일에 대해 지나친 몰두와 경쟁적이다. 또한 시간을 계획적으로 사용하려 하고, 조급하며, 한꺼번에 여러 가지 일을 하려 한다. Type A 사람들은 스트레스에 더 생리적인 반응을 일으키며, 생각과 행동으로 보다 강도가 높고, 지속적인 스트레스 사건을 만들어 내기도 한다. 타인에 대한 공격, 분노, 적개심을 나타내기도 하는데, 적개심은 Type A 행동유형이 다른 어떤 패턴보다 관상심장질환을 일으키는 것에 대한 직접적인 주요 요인으로 본다. Type A의 경우 Type B보다 심장병에 걸릴 확률이 높은 것으로 발표되었다.

　Type B 성격은 Type A와 반대 성격으로 행동특성을 살펴보면, Type A보다 더 유화적이며, 좀 더 여유롭고 느긋한 성격으로 덜 경쟁적이며, 긴장과 스트레스가 적은 편이다. 결과보다는 과정을 중요하게 여기며, 독창적인 사고와 창의적인 사람으로 특정된다.

　Type C 성격유형은 암-취약 성격으로 Type A와 구별하기 위한 명칭으로 사용되며, 성격감정을 표출하거나 드러내는 것에 약하며, 부정적인 감정을 표현하기를 꺼린다. 타인을 위해 자신의 욕구를 포기하거나 갈등에 대한 회피, 고질적인 친절함과 사회적으로 바람직한 사람이 되고자 하는 경향이 있다. 다음의 [찾아보기]는 Type A 행동유형 질문지와 Type B에 관한 질문지다.

[찾아보기] Type A/B

나의 행동유형은? A? B?

출처: 예경희(2013). A/B형 성격유형에 따른 조직효과성에 관한 실증연구. 한국항공대학교 대학원 석사학위논문. (pp. 119-120 문항 수록, pp. 48-49 척도 설명)

제2부
정신건강과 교육

제5장

인간발달과 정신건강

인간의 발달은 수정에서부터 죽음에 이르기까지 일어나는 모든 영역에서의 양적·질적 변화를 의미한다. 발달은 신체의 성장을 비롯한 생물학적 영역뿐만 아니라 언어와 인지, 사회·정서적 영역에서 이루어지며, 시간의 흐름에 따라 인생의 각 시점에서 독특한 변화를 나타낸다. 인간의 발달 시기에 대한 의견은 학자들마다 다양하지만, 이 장에서는 보편적으로 분류하고 있는 태내기, 영아기, 유아기, 아동기, 청소년기, 성인기, 중년기, 노년기로 구분하여 정신건강 과제들을 살펴보고자 한다(문혁준 외, 2020; 임지영 외, 2017; 황동섭 외, 2018).

■ 1. 영유아기 정신건강

1) 태내기 정신건강

태내기는 수정에서부터 출산에 이르기까지의 시기이며, 임신기간은 약 40주이지만, 수정은 최종 월경일로부터 2주 후에 이루어지므로 수정 후의 임신기간은 38주가 된다. 태내기는 단일 세포 유기체가 신체조직을 완성하여 아기로 성장하는 과정이며 성장이 가장 급속도로 이루어지는 시기로, 크게 발아기(또는 배종기), 배아기, 태아기로 구분될 수 있다. 발아기(또는 배종기)는 수정부터 수정란이 자궁벽에 착상하는 2주까지, 배아기는 착상 이후 약 6주(수정 후 8주), 태아기는 수정 후 8주부터 출산에 이르는 시기를 말한다.

태내기 발달은 수정 시 부모로부터 물려받은 유전적 요인 외에도 태내 환경요인에 영향을 받는다. 특히, 배아기는 세포분열을 통해 모든 기관과 신체의 주요 외형을 형성하는 중요한 시기로, 기형발생물질에 따른 기형의 위험이 가장 높다. 이처럼 유전적 결함이 없다 하더라도 태내기 환경에 따라 발달의 양상이 달라질 수 있으며, 이는 출생 이후 일생의 발달에 영향을 미칠 수 있다. 태내 발달은 산모의 연령, 영양상태, 약물복용 및 음주와 흡연 등과 같은 신체적 요인뿐만 아니라 산모의 스트레스 등 정서적 요인의 영향을 받는다. 태내기 정신건강에 영향을 미치는 산모의 신체적·정서적 요인들을 구체적으로 살펴보면 다음과 같다(문혁준 외, 2020; 임지영 외, 2017).

① 산모의 연령: 16세 이하와 35세 이상에서의 출산은 선천성 결함의 가능성을 높이는 것으로 알려져 있으며, 45세 이상의 임산부는 21세의 임산부에 비해서 염색체 이상으로 생기는 다운증후군을 발생시킬 확률이 40배나 더 높다(Lefrançois, 1999).

② 산모의 영양상태: 영양이 부족한 산모에게서 태어난 영아는 모든 측면에서 발달이 저조하며, 특히 신경계의 발달, 즉 두뇌발달에 부정적인 영향을 미친다. 또한 임산부의 영양 부족은 태반혈류 감소를 유발하여 저체중을 유발하며, 저체중아 집단은 정상 집단에 비해 행동장애, 학습문제를 더 많이 경험한다.

③ 약물: 임산부에게 무해한 약물일지라도 태아에게는 유해할 수 있

다. 약물의 종류에 따라 그 영향이 다르지만 신경안정제, 항생제, 환각제 등은 태아에게 치명적인 영향을 미치는 것으로 알려져 있다. 아스피린은 저체중, 낮은 지능 등의 결과를 초래할 수 있으며, 중독성이 강한 마약을 과도하게 복용하면, 선천성 기형이나 지적장애를 초래할 가능성이 커진다.

④ 음주와 흡연: 임산부의 지나친 음주는 저체중, 기형, 태아 알코올 증후군(fetal alcohol syndrome)을 초래할 가능성이 높다. 태아 알코올 증후군이란 산모의 과도한 음주로 인해 신생아의 성장부진, 발달지연, 정신발달지연, 소뇌증, 미세운동 기능부정, 좁은 미간의 얼굴 등이 나타나는 일련의 증상을 말한다. 또한 임신 중 흡연은 태반 순환을 감소시켜 태아의 성장 지연, 조산, 저체중, 사산, 영아돌연사증후군, 선천적 기형 및 신생아 사망률 증가에 영향을 미친다.

⑤ 정서적 요인: 산모의 정서적 스트레스는 입덧, 자연유산, 조산 및 난산에 영향을 미치며, 분노, 공포, 불안과 같은 극심한 스트레스와 우울은 태아의 저체중으로 이어질 수 있다. 정상적인 임신 과정에서도 임산부는 급속한 기분 변화와 불안정한 감정을 경험한다. 따라서 임신기 동안 가족 및 주변 사람들의 관심이 필요하며, 임산부의 정신건강 유지를 위해 함께 노력해야 한다.

2) 영아기 정신건강

영아기는 일반적으로 출생부터 2년까지의 시기를 의미한다. 그중에서도 특히 생후 1개월까지를 신생아기라고 하며, 태내 환경과 다른 새로운 환경에 적응해 나가는 시기라 할 수 있다. 또한 12~18개월까지를 영아기, 24~36개월까지를 걸음마기로 구분하기도 한다. 이 시기 동안 영아들은 신체적 성숙을 바탕으로 기본적인 운동능력을 획득하고, 인지적 발달을 통해 언어를 습득하며 주변 사람들과의 상호작용을 통해 심리사회적 발달을 이루어 나간다.

에릭슨(Erikson)은 건전한 성격발달을 위해서 영아기 동안 신뢰감과 자율성을 획득하는 것이 중요하다고 하였다. 에릭슨은 이 시기에 형성된 기본적 신뢰감이 인생 전반의 사회적 관계에 영향을 미친다고 하였으며, 적절한 양육을 받지 못한 경우 불신감을 형성한다고 보았다. 신뢰감은 주 양육자와의 친밀감과 유대감인 애착을 통해 발달해 나가는데, 애착 형성에는 여러 가지 요인들이 영향을 미칠 수 있다. 그중에서도 특히 주 양육자가 영아의 요구에 민감하게 반응하는 것이 안정애착 형성에 중요한 요인이 된다.

영아의 기질 또한 애착 형성에 영향을 주는데, 까다로운 기질의 영아를 돌보는 양육자는 육체적 피로감과 정신적 무력감 등으로 인해 영아와 부정적으로 상호작용하고, 이는 불안정 애착으로 이어질 수 있다. 나아가 영아의 까다로운 기질은 유아기와 아동기 문제행동과 부적응의 위험이 높기 때문에 양육자의 관심이 필요하다. 그러나 순한 기질의 영아라 할지라도 부모가 과도하고 부적절한 요구를 지속하거나 무관심한 경우 문제행동을 일으킬 수도 있다. 이처럼 영아의 기질에 맞는 조화로운 양육을 하는 조화 적합성이 안정애착 형성에 도움이 된다.

한편, 걸음마기 영아는 신체적 성숙과 함께 영아는 성인 의존 상태에서 벗어나 자기 스스로 시도해 보려는 자발성이 발달하고, 신체에 대한 조절력과 적응력을 더욱 발달시켜 나간다. 언어에 있어서도 "내가…….", "싫어" 등의 자율성을 드러내는 표현들이 나타나게 된다. 사회적인 기대나 압력과 자신의 의지 사이에서 조절력과 의지력을 발달시켜 나가는 시기로, 이러한 자율성이 적절한 수준에서 조절되면 자기통제력이 발달하지만, 너무 이른, 혹은 너무 엄격한 부모의 통제는 영아로 하여금 자신의 능력에 대한 의심과 회의 및 수치심을 갖게 한다.

3) 유아기 정신건강

유아기는 2세에서 6~7세까지, 초등학교 입학하기 전까지의 시기를 말한다. 영아기에 비해 신체적 발달 속도가 원만하긴 하지만 모든 영역에서 꾸준한 발달이 이루어지는 시기다. 유아의 신체 운동 기능이 성숙하고, 사고와 언어가 놀라울 정도로 확장되며, 기초적인 사회화를 경험하게 된다. 이 시기 유아들은 호기심을 바탕으로 환경을 적극적으로 탐색하며 다양한 놀이를 통해 새로운 시도를 한다. 에릭슨은 이 시기 유아들이 계획을 세우고 목표를 설정하며 이를 달성하려고 노력하는 주도성을 획득하는 것이 건전한 성격발달을 위한 주요 발달과업이라고 하였다. 지나친 주도적 활동으로 부모로부터 강한 제재를 받게 될 경우 유아는 죄책감을 갖게 된다. 따라서 부모는 유아가 자신감을 가지고 외부 세계를 탐색하고 주도성을 발휘할 수 있도록 수용하고 격려하며, 사회적으로 유용한 행동을 장려하여 목표 의식을 갖도록 하는 것이 중요하다.

또한 이 시기 유아들은 대부분이 유아교육기관에 다니게 되는데, 기관에서의 또래관계와 유아-교사 관계가 유아의 정신건강에 많은 영향을 미친다. 또래와 상호작용하는 시간과 빈도가 증가하면서 또래들 간의 수용과 거부 정도를 의미하는 또래 수용도는 사회적 적응을 예측하는 중요한 지표가 되고 있다. 또래 집단에서 거부당하는 유아는 공격적이고 적대적이며 반사회적인 행동 특성을 보이는 등 부적응적 행동을 보이며, 교실에서의 참여 빈도가 줄어들어 외로움과 우울 등을 경험할 수 있다.

교사는 유아의 기관에 대한 두려움을 완화시키고 정서적 안정을 제공해야 한다. 사회적 기술이 부족하거나 행동상의 문제로 인해 또래들에게 거부당하거나 유아교육기관에 잘 적응하지 못하는 유아들의 심리적 적응과 또래관계 개선을 위한 노력이 필요하다.

[찾아보기] 영유아기의 정신건강 문제

• 자폐스펙트럼장애
• 애착장애(분리불안장애, 반응성 애착장애)
• 배설장애(유뇨증, 유분증)

2. 아동 · 청소년기 정신건강

1) 아동기 정신건강

아동기는 만 6~7세부터 12세까지의 초등학교에 다니는 시기로, 생활의 중심이 가정에서 학교로 옮겨 간다. 이 시기 아동들은 학교에서 인지적 기술과 타인과 협동하는 능력을 발달시켜 나가면서 지적 · 사회적으로 빠른 성장을 보인다. 공식적인 학업이 시작되면서 아동들은 학습 기술과 태도를 습득하게 되는데, 낮은 학업 성취, 또래와의 비교 등은 자신감 결여와 부정적 자아개념 형성, 위축, 부적절한 귀인으로 이어질 수 있다.

에릭슨에 따르면, 인지적 · 심리적 기능을 순조롭게 습득하고 부모와 교사의 지지와 격려를 받은 아동은 근면성이 발달하나 가정이나 학교에서 또래들과의 부정적인 경험이 많아지고 과업 실패가 빈번하고 지지받지 못하면 무능감을 느끼고 열등감으로 발전한다.

한편, 최근에는 과다한 학업, TV 시청, 인터넷 사용 등으로 활동수준은 낮아진 반면, 고열량 고지방의 인스턴트식품의 섭취가 증가하여 소아비만의 문제가 심각하게 대두되고 있다. 소아비만은 고혈압, 당뇨와 같은 성인병으로 이어질 가능성이 클 뿐만 아니라, 또래로부터 놀림당하거나 거부되는 등으로 인해 자존감이 낮아지고, 우울, 자살 생각 및 자살시도 등과 같은 심각한 사회적 · 정서적 어려움을 야기할 수 있다.

[찾아보기] "소아 비만, 불안 · 우울감 높이고 조기 사망 위험까지"

비만한 아이는 불안 · 우울감과 조기 사망 위험이 높다는 연구 결과가 나왔다. (……중략)

연구팀은 소아 비만이 당뇨병, 고혈압, 간 질환 같은 다른 질병을 유발해 사망 위험을 높이는 것으로 추측했다. 또한 비만한 어린이와 청소년은 차별에 쉽게 노출돼 심리적 문제가 발생할 위험이 높으며, 이로 인해 불안과 우울감을 높였을 것이라고 분석했다. 다만 정확한 원인에 대해서는 추가 연구가 필요하다고 덧붙였다. (……후략)

출처: 정혜영 기자 ⓒ 헬스조선 2020. 03. 19. (https://www.health.chosun.com)

2) 청소년기 정신건강

청소년기는 아동기에서 성인기로 전환되는 시기다. 청소년기의 연령에 대해서는 의견이 다양한데, 법적 측면에서도 명칭과 연령을 다양하게 사용하고 있다. 「청소년 기본법」의 경우 만 9~24세 이하를 청소년으로 규정하고 있으며, 「청소년 보호법」에서는 만 19세 미만에 해당한다. 청소년기는 성인 몸의 크기가 되고 2차 성징이 나타나면서 성적 변화가 급격해진다. 또한 지적 능력이 현격히 증가하여 추상적이고 이성적인 사고가 가능해진다.

특히, 이 시기는 자아정체감을 형성하는 것이 매우 중요한 발달과업이다. 정체성을 형성한다는 것은 자신이 누구인지, 자신의 가치가 무엇인지, 일생 동안 자신이 추구하고자 선택한 방향이 무엇인지를 정의하는 것으로, 이 과정을 통해 고등교육이나 직업세계를 준비하게 된다. 에릭슨은 청소년들이 정체성 위기(가치와 목표를 결정하기 전에 대안을 실험하는 것과 같은 일시적 고민기)를 경험하는데, 내적 자기 분석의 과정을 거쳐 성숙된 정체성에 이르게 된다고 보았다. 청소년기들은 정체성 위기가 부정적으로 해결되었거나, 자신의 능력과 요구가 사회와 일치하지 않을 때 정체성 혼미(identity confusion)를 경험하며 결과적으로 성인기의 심리적 도전에 성공적으로 대응하기 어렵게 된다.

또한, 청소년기는 자극추구 성향(sensation seeking)이 두드러지는 시기(정옥분, 임정하, 정순화, 조윤주, 2010)로, 대체적으로 자극추구 성향이 높은 사람은 강력한 외적 자극을 필요로 하며, 이러한 자극을 증가시킬 수 있는 활동에 참여하도록 동기화된다. 자극추구 성향이 긍정적인 방향으로 표출되기도 하지만, 청소년기에 나타나는 자극추구 성향은 일탈적이고 모험적인 특성을 포함하고 있어 음란매체의 접촉, 성행동 등의 부정적 방향으로 표출되는 경우가 있다(김정만, 2000; 이효빈, 2012). 최근 이런 자극추구 성향은 인터넷 및 스마트폰, SNS 중독 등과도 관련이 있는 것으로 보고되고 있다(이효빈, 최윤경, 2016 재인용).

청소년기의 또 다른 발달과업 중 하나는 또래관계를 형성하는 것으로, 이를 통해 지지와 안정을 얻을 수 있다. 사회적 고립은 청소년 비행이나 음주와 같은 문제행동, 우울과 같은 정서적 문제와 관련된다. 또래집단에 소속되고자 하는 욕구는 집단 규범에 대한 동조성으로 나타나게 되는데, 특히 비행 집단이 일반 집단에 비하여 또래 집단의 압력에 쉽게 영향을 받을 수 있다. 따라서 청소년이 건전한 또래관계를 형성하고 유지할 수 있도록 관심을 기울여야 한다.

한편, 청소년기에는 변화된 자신의 신체를 지각하고 새로운 신체상을 형성하게 되는데, 청소년기 자신의 신체에 대한 평가는 정체성 형성뿐만 아니라 성인기 이후의 자아개념 및 사회성 발달에 중대한 영향을 미친다(윤진 1993; 황진숙 외, 2005). 현대사회에서는 대중매체를 통해 소개되고 있는 이상적인 신체상이 매우 마른 체형으로 묘사되고 있어, 정상적 체형의 소유자라도 이상적 신체상과의 비교로 인해 왜곡된 신체상을 갖게 되어 거식증과 같은 부작용을 초래할 수 있다(박선환 외, 2017; 문혁준 외, 2020 재인용).

[찾아보기] 아동·청소년기의 정신건강 문제
- 행동장애(주의력결핍-과잉행동장애, 품행장애)
- 신체형 장애(틱장애, 소아섭식장애-거식증, 폭식증)
- 정서장애(아동·청소년 우울장애, 자살, 학교공포증)
- 자폐스펙트럼장애

---

3. 성인기 정신건강

1) 성인 초기 정신건강

청소년기가 언제까지인가에 대한 논란은 당연히 언제부터 성인기가 시작되는가와 맞물려 있다. 통상적으로 만 19세부터 40~45세까지를 성인기라고 하지만, 연령에 따른 구분보다는 자신의 행위에 대한 책임과 경제적 독립을 이룬 상태로 규정하기도 한다. 성인기는 신체적·심리적·사회적으로 성숙해지며 직업 선택, 결혼, 자녀 출산 및 부모 역할을 시작하는 시기로, 성숙한 개인인 동시에 사회인으로서의 역할 또한 중요해진다.

에릭슨은 성인 초기의 성공적인 적응을 위해서는 친밀감을 획득하는 것이 중요하다고 하였다. 사회적 관계가 확장되면서 가족, 친구를 벗어나 직장 동료나 이성 관계 등 다양한 상호작용이 이루어지는 시기로, 건전한 자아정체감을 기초로 타인과의 친밀감을 형성해 나가는 것이 이 시기의 주요한 발달과제라 할 수 있다. 이러한 과정에 실패할 경우 고립감과 소외감을 경험하는 등 정신건강에 부정적인 영향을 받을 수 있다.

소외감뿐만 아니라 타인과 지나치게 밀접한 관계 또한 정신건강을 위협하는 요인이 될 수 있다. 타인에 대한 의존이 심할 경우 배우자의 선택에 있어서도 집착하거나 의존할 수 있는 경향이 있는데, 이러한 관계는 이후의 삶의 질을 위협하는 요인이 되기도 한다.

성인기에 달성해야 하는 또 다른 중대한 과업은 직업을 선택하는 일이다. 직업의 선택과 준비과정에서 자신의 적성과 흥미를 파악하는 것이 중요하며, 직업에 대한 다양한 정보와 전문적 자질을 기르는 것이 중요하다. 취업의 어려움 혹은 실직은 경제적 어려움뿐만 아니라 성취감과 자신감을 상실하게 하여 정신건강을 위협한다. 결혼과 취업의 발달과업을 모두 성취하지 못한 청년들의 사회적 고립감 수준이 높으며, 취업 성취 여부보다는 결혼 성취 여부가 사회적 고립감에 더 큰 영향을 미친다(김재희, 박은규, 2016). 성인 초기의 정신건강은 이후 삶의 질에 큰 영향을 미치는 만큼 많은 관심이 필요하다.

[찾아보기] "코로나 때문에 꿈 포기했죠" …… 청년들의 '우울한 2020'

"직장 잃고 꿈 포기" …… 코로나19 직격타 받은 청년층

2020년은 '불확실의 해' …… 4명 중 1명 '극단 선택' 충동

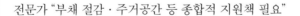

전문가 "부채 절감 · 주거공간 등 종합적 지원책 필요"

출처: 공지유 기자 ⓒ 이데일리 2020. 12. 29. (https://www.edaily.co.kr)

2) 중년기 정신건강

중년기의 범위 역시 명확하게 규정하기 어려우나, 대개 40~45세부터 60~65세까지를 중년기로 보고 있다. 이 시기는 자녀를 사회인으로 기

르고 직업을 통해 경제적 능력을 확장하는 등 개인 및 사회생활에서 절정에 이르는 동시에 많은 책임을 맡게 된다. 반면 신체적으로는 갱년기를 경험하면서 신체 기능이 급격히 쇠퇴하고 심리적으로 다양한 생활사건 스트레스로 중년의 위기를 겪으며 새로운 적응이 필요한 시기이기도 하다.

에릭슨은 이 시기를 생산성(generativity) 대 침체(stagnation)로 설명하였다. 생산성이란 자녀 성장기 동안 부모 역할, 직업적 성취, 여가 활동, 사회활동 등에 훌륭히 참여할 때 얻어지는 사회의 원동력으로, 자기 자신을 넘어 사회와 다음 세대에 대한 책임감을 갖고 보살핌을 제공하는 것이다. 성공적으로 과업을 성취한 경우 충만한 삶을 경험하지만, 실패한 경우 절망과 두려움 등을 동반한 침체를 경험한다.

한편, 한국 고유의 사회문화적 배경을 바탕으로 생겨난 문화 특유의 증후군인 화병(火病)은 단순한 국내 연구자들의 관심을 넘어 국제적인 관심을 받고 있다. 화병은 우울이나 유사 정신장애와 구별되는 고유한 독립된 증후군으로, 억울함, 화남, 분함 등의 정서가 핵심이며, 열감, 가슴 답답함, 숨 막힘, 치밀어 오름, 덩어리 뭉침 등의 특징적인 신체 증상과 우울, 불안, 불면증 등의 다른 정신장애와 공통적인 심리증상을 복합적으로 나타낸다(김종우, 권정혜, 이민수, 박동건, 2004). 원인으로는 한국 특유의 체면 중시, 가부장제와 유교 문화 속에서의 강요된 여성의 역할과 이로 인해 억울하고 분한 정서를 경험하여도 화나 분노를 억제하고 스트레스를 발산할 기회가 없다는 점 등이 지목되고 있다(김남선, 이규은, 2012).

[찾아보기] 중년기의 정신건강 문제
- 화병
- 우울
- 갱년기 장애

3) 노년기 정신건강

일반적으로 노년기는 65세부터 죽음에 이르기까지의 시기를 말한다. 평균수명이 길어지면서 그 시기가 매우 길어져 노년 전기(65~75세)와 노년 후기(75세 이상)로 구분하기도 한다. 평균수명 증가에 따른 노년인구의 증가는 건강한 노년기에 대한 관심을 불러일으키고 있으며, 노년기의 정신건강과 정서적 안녕(well-being)은 인생의 다른 시기만큼이나 중요하다. 최근 성공적인 노화에 대한 관심이 증가하면서 노년기 정신건강에 대한 관심이 증가하고 있다.

에릭슨은 인생의 마지막 단계에 경험하는 심리적 위기를 통합 대 절망으로 설명하였다. 노년기의 주된 관심은 지나온 시간들에 대한 반성이나 평가다. 지나온 삶이 나름대로 성공적이었다고 평가되면 자아통합을 경험하지만, 자신의 과거 인생이 모두 실패의 연속으로 평가된다면 되돌릴 수 없는 실패, 과거에 대한 끊임없는 미련, 죽음에 대한 공포 등으로 절망감을 경험하게 된다.

우리나라 65세 이상의 고령인구는 2019년 기준 총인구의 14.8%로 이 수치는 매년 증가하고 있다. 2025년에는 전체 인구의 20.3%, 2067년에는 46.5%로 고령인구가 지속적으로 증가할 전망이다(통계청, 2019). UN은 한 나라의 65세 이상 노인의 비율에 따라 7% 이상 고령화사회, 14% 이상 고령사회, 20% 이상 초고령사회로 규정하고 있으며, 우리나라는 이미 고령사회에 접어들었고 고령화가 더욱 가속화되고 있다.

노년기는 인생의 마지막 시기로서 개인은 다양한 상실과 변화를 경험한다. 신체건강의 악화, 인지기능 저하, 독립성의 상실, 사회적 역할의 상실, 친인척의 죽음, 외로움, 경제적 곤란 등은 개인의 정신건강을 위협하는 요인이 된다. 노인 인구의 약 15% 정도는 치매나 우울과 같은 정신장애를 경험하고 있는 것으로 보고되고 있으며(WHO, 2017), 사회적으로 노인문제가 더욱 다양해지고 심각해질 것으로 예상된다.

특히, 최근에는 노인의 자살 문제가 심각한 사회 문제로 대두되고 있다. 2018년 기준 연령대별 자살자 수는 50대가 2,812명으로 가장 많지만, 자살률(인구 10만 명당, 명)은 80세 이상(69.8명), 70대(48.9명), 50대(33.4명) 순으로 높게 나타났다([그림 5-1]). 61세 이상의 자살 동기를 살펴보면, 육체적 질병 문제가 41.6%, 정신적 · 정신과적 문제가 29.4%, 경제생활 문제가 11.9%, 가정 문제가 6.9%로 특히 다른 연령대보다 육체적 질병 문제로 인한 자살 비율이 높았다. 이와 같은 결과는 노년기의 신체적 건강과 정신건강이 밀접한 관련이 있으며, 사회적 · 심리적 · 신체적 측면에서 다각적인 예방과 지원이 필요함을 시사한다.

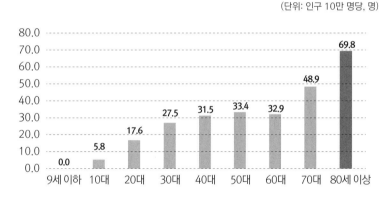

(단위: 인구 10만 명당, 명)

[그림 5-1] 2018년 연령대별 자살률

출처: 통계청(2018). 2018년 사망원인통계.

[찾아보기] 노인기의 정신건강 문제
- 노인 우울증
- 치매
- 자살

제6장

가족과 정신건강

📧 1. 가족발달과 정신건강

가족에 대한 발달론적 접근은 생성에서부터 소멸에 이르기까지 시간의 흐름에 따른 가족의 변화과정에 관심을 갖는다. 이 관점에서는 가족이 생성되어 그 성장이 한 단계에서 다음 단계로 넘어가는 것을 가족발달로 보고, 가족들이 각 단계에서 어떤 도전에 직면하는지, 이를 어떻게 해결하고, 그다음 단계로 어떻게 나아가는지 등에 관심을 갖는다.

1) 가족생활주기와 정신건강

가족발달론적 관점에서는 시간의 흐름에 따른 가족생활주기와 각 단계에서 수행해야 하는 발달과업에 관심을 갖는다. 가족생활주기(family life cycle)는 시간이 흐름에 따른 가족의 성장과 변화 과정을 단계별로 유형화한 것으로, 가족의 구조를 분석하고 변화 과정을 이해하는 데 유용하다. 이 관점에서는 가족생활주기의 각 단계별 발달과업을 효율적으로 완수할수록, 가족체계와 가족구성원들의 발달이 더욱더 성공적이라고 가정한다. 또한 각 단계에서 수행해야 할 발달과업에는 결정적 시기가 있으므로 적절한 시기에 발달과업을 수행하는 것이 중요하다.

가족생활주기는 단계별 가족 및 사회적 요구를 이해하고 가족이 수행해야 할 발달과업을 예측할 수 있도록 도움으로써 가족이 성장하는 데 있어 준거를 제시한다. 즉, 한 가족이 어느 단계에 속해 있는지를 아는 것은 가족성원들의 욕구, 가족발달과업의 수행능력과 수행 정도, 만족도, 실패감 등에 관하여 좀 더 깊이 있고 포괄적인 이해의 근거가 된다(송성자, 2002).

가족생활주기는 각 발달 단계의 구분에는 가족구성원의 변동, 자녀의 교육상태, 가정의 수입과 지출상태, 첫 자녀와 막내 자녀의 성장 등을 고려하여 학자에 따라 다양하게 구분되어 왔다. 대표적으로 듀발(Duvall, 1957)은 첫 자녀의 연령을 기준으로 8단계를, 유영주(1984)는 우리나라의 사회문화적 배경을 고려하여 6단계의 가족생활주기를 제시하였다(유영주 외, 2018 재인용).

[듀발(Duvall)의 가족생활주기]
- 신혼부부 가족(부부확립기, 무자녀)
- 자녀출산 및 영아기 가족(첫아이 출산~30개월)
- 유아기 가족(첫아이 2.5~6세)
- 아동기 가족(첫아이 6~13세)
- 청소년기 가족(첫아이 13~20세)
- 독립기 가족(첫아이가 독립할 때부터 마지막 아이가 독립할 때까지)
- 중년기 가족(부부만이 남은 가족~은퇴기)
- 노년기 가족(은퇴 후~사망)

[유영주의 가족생활주기]
- 형성기: 결혼으로부터 첫 자녀 출산 전까지의 약 1년간
- 자녀 출산 및 양육기: 자녀 출산으로부터 첫 자녀 초등학교 입학까지
- 자녀 교육기: 첫 자녀의 초등학교, 중학교, 고등학교 교육기

- 자녀 성년기: 첫 자녀가 대학에 다니거나 취업, 군 복무, 가사에 협조하는 시기
- 자녀 결혼기: 첫 자녀의 결혼으로부터 막내 자녀 결혼까지
- 노년기: 막내 자녀 결혼으로부터 배우자와 본인이 사망할 때까지

콜린(Collins et al., 2007)은 가족생활주기의 주요 세 가지 모델인 벡버와 벡버(Becvar & Becvar, 1993), 카터와 맥골드릭(Carter & McGoldrick, 1988), 듀발(Duvall, 1957)의 모델을 조정하여 〈표 6-1〉과 같은 8단계 가족생활주기를 제안하였다. 이 모델은 다른 생활주기 이론들에 포함되지 않은 부메랑 단계(Boomerang Stage)가 포함되어 있는데, 이 단계는 자녀가 독립기에 집에서 떠났으나 다시 원가족으로 돌아오는 시기를 의미한다. 질병이나 관계상의 문제, 경제적 어려움, 혹은 이혼 등과 같은 다양한 요인들이 있을 수 있으며, 부모와 성인 자녀의 관계를 새롭게 정비하는 것이 중요하다(제석봉 외, 2016).

〈표 6-1〉 8단계 가족생활주기에 따른 가족과업

단계		가족과업
1	신혼기 가족	• 관계에 충실하기 • 역할과 규칙 만들기 • 원가족으로부터 분리되면서 부부가 되기 • 구체적이고 개인적인 요구 타협하고 협상하기
2	어린 자녀가 있는 가족	• 자녀가 있는 부부 단위를 안정시키기 • 자녀와 애착관계를 형성하고 자녀를 가족 내로 통합시키기 • 가족들 간의 관계를 재조정하기
3	학동기 아동이 있는 가족	• 자녀들의 독립성을 허용하기 • 새로운 사회기관이나 사람들을 수용하기 위해 가족 경계를 개방하기 • 역할의 변화를 이해하고 받아들이기

4	청소년이 있는 가족	• 적절한 경계의 조정을 통해 청소년의 독립에 대한 요구를 다루기 • 개인의 자율성에 대한 새로운 정의에 적응하기 • 규칙 변화, 한계 설정, 역할 협상
5	독립하는 자녀가 있는 가족	• 학업이나 직장으로 집을 떠나 독립하는 젊은이들을 준비시키기 • 이러한 젊은이들의 자급자족을 받아들이고 촉진하기
6	부메랑 단계	• 젊은 성인 자녀들로 다시 가정에 돌아오는 자녀들을 수용하기 위해 가족이 재적응하기 • 부부문제 다루기 • 개인적이고 신체적인 공간에 대해서 재협상하기 • 역할 책임에 대해 재협상하기
7	중년기 가족	• 자녀 중심이 아닌 새로운 역할과 관계에 적응하기
8	노년기 가족	• 손자녀와 자녀의 배우자들에게 관여하기 • 노화에 관한 문제와 어려움 다루기 • 존엄성, 의미, 독립을 유지하기 위해 노력하기

출처: Collins et al., adapted from Becvar & Becvar (1993), Carter & McGoldrick (1988), Duvall (1957). (제석봉 외 2016, p. 26에서 재인용)

한편 오늘날에는 자발적 무자녀 가족, 한부모가족, 이혼가족, 재혼가족 등 가족 유형이 다양화됨에 따라 특정 생활주기에서 보편적으로 요구되거나 반드시 달성해야 하는 발달과업을 규정하기에는 어려움이 있다. 발달론적 관점이 전 가족생활주기에서 나타날 수 있는 문제점을 예측하여 예방할 수 있는 지침을 제공할 수 있으나, 오늘날의 복잡한 가족 시스템에 모두 적용하기에는 무리가 있다.

2. 가족 스트레스와 정신건강

1) 가족생활주기별 가족 스트레스

개인과 마찬가지로 가족체계는 다양한 스트레스를 경험한다. 가족 스트레스(family stress)란 스트레스원(stressor)으로 인한 적응 요구가 가족자원에 크게 부담을 줄 때 일어나는 긴장상태를 말한다(Hill, 1949; 유영주외, 2018 재인용). 가족이 경험하는 스트레스는 예측 가능한 규범적 스트레스와 예측이 불가능한 비규범적 스트레스로 구분할 수 있다(Anderson & Sabatelli, 2003; 제석봉 외, 2016 재인용). 규범적 스트레스는 결혼, 출산, 은퇴 등 가족생활주기의 발달 단계별 발달과업에 적응하는 과정에서 발생하는 것으로, 가족자원이나 대처 전략이 충분한 경우 비교적 심각한 위기를 초래하지 않는다. 반면, 비규범적 스트레스는 질병, 요절, 유산, 파산, 이혼, 실직 등 가족생활주기와 관계없이 갑자기 예기치 않게 발생하는 사건들에 의해 유발될 수 있다. 이는 가족이 통제 밖에서 이루어지며, 예측 불가능하기 때문에 가족에게 심각한 위기를 초래할 수 있다. 가족생활주기별 가족 스트레스 요인은 〈표 6-2〉와 같다.

2) 가족 스트레스 이론

힐(Hill, 1949)은 스트레스가 가족에게 미치는 영향을 알기 위해서는 스트레스 그 자체가 아니라 스트레스 사건에 대한 가족들의 반응과 대처를 살펴보는 것이 중요하다고 하였다. 그는 가족 스트레스에 관하여 [그림 6-1]과 같은 ABC-X 모델을 제안하였다. A는 가족체계에 변화를 가져다주는 생활사건인 스트레스원(Stressor)이며, B는 스트레스원을 극복할 수 있는 자원(Resources), C는 스트레스원에 대한 가족원들의 인지 및 평가(Perception), X는 위기상태(Crisis)를 의미한다. 이 모델에서는 A, B,

〈표 6-2〉 가족생활주기별 가족 스트레스

가족생활주기		가족 스트레스
가족 형성기	신혼기	신혼기 부부는 직장에서의 업무 양이 많고 강도가 높아 일 관련 스트레스를 많이 경험한다. 결혼으로 인한 지출 증가로 경제적 스트레스 역시 높다.
가족 확대기	자녀 영유아기	이 시기 가족은 임신과 출산 및 자녀 양육에 따른 가족 내 스트레스, 일-가족 스트레스를 경험한다. 자녀의 출생은 가족체계의 전환을 가져오는 중요한 사건으로, 부모 역할에 따른 부부간의 역할 재조정이 요구된다. 특히, 취업 여성의 경우, 일과 가정 양립에 있어서 일-가정 역할갈등을 경험할 수 있다.
	자녀 아동기	이 시기는 가족 내 스트레스와 일-가족 스트레스로 인한 갈등이 더욱 높아진다. 아동기 자녀를 둔 가족은 자녀 양육, 가사노동 등 가족 관련 요구(demands)가 증가하는 동시에 직업세계에서의 책임 또한 증가하게 된다.
	자녀 청소년기	이 시기의 가족은 자녀 학비 등 양육과 관련된 지출의 증가로 경제적 스트레스를 가장 높게 경험한다. 특히, 청소년기 자녀가 있는 가족은 전반적인 스트레스 수준이 높고 가족생활에 대한 만족도는 가장 낮다.
가족 축소기	자녀 독립기	첫 자녀의 독립에도 불구하고 다른 자녀들이 대학을 다니는 시기이므로 가계의 지출이 여전히 높아 경제적 스트레스가 많은 시기다. 자녀 독립기의 부부는 배우자 간의 상호작용 증가로 다시 친밀감을 증대시킬 수 있는 시기이지만, 자녀 양육기 동안에 유지되었던 소원한 관계가 지속될 경우 갈등이 더욱 깊어질 수도 있다.
	가족 해체기	노부부만이 남아 있는 이 시기에는 배우자나 친한 친구들의 질병이나 사망을 경험하게 된다. 또한 은퇴로 인한 근로소득의 감소와 노후생활에 대한 준비가 부족한 경우에는 경제적 어려움을 크게 경험한다. 특히, 평균수명이 남성보다 긴 여성 노인의 경우 배우자와 사별 이후에 빈곤 상태가 더 악화되는 경우가 많다.

출처: 문혁준 외(2020). 정신건강론(2판). 서울: 창지사, pp. 123-124 재구성.

C가 상호작용하여 X를 유발시키는 것으로 본다. 즉, 스트레스원에 대하여 이를 극복할 수 있는 자원이 부족하고 어려운 상황이라고 인지할 때 가족위기가 발생하며, 동일한 스트레스 상황이라 할지라도 가족 자원이 풍부하거나 강점을 지니고 있고, 가족구성원들이 사건에 대해 긍정적인 의미를 부여하거나 정의할 때 가족위기가 발생하지 않을 수 있다는 것이다.

　매커빈과 패터슨(McCubbin & Patterson, 1982)은 힐의 ABC-X 모델을 double ABC-X 모델로 발전시켰다. 이 모델에서는 ABC-X 모델에서 설명하고 있는 위기 전의 요인들에 위기 후 가족의 대처요인을 추가하여 가족 스트레스를 설명하고 있다. double ABC-X 모델에 의하면 가족 스트레스는 하나의 스트레스원보다는 누적된 스트레스원(aA)에 의해서 발생하는 경우가 더 많다. 또한 가족 스트레스를 이해하기 위해서는 이미 있었던 자원과 위기 상황에 대처한 새로운 자원을 함께 고려해야 하는데(bB), 가족이 스트레스 사건에 대처하는 동안 기존의 자원이 소진되거나, 새로운 자원을 습득, 발전시킬 수 있다고 본다. 인지(cC)도 초기 스트레스원 하나에 대해서만 이루어지기보다는 처음의 지각이나 해석뿐만 아니라 스트레스에 대한 반응을 어떻게 해석하는가와 같이 인지에 새로운 인지나 평가가 추가되어 이루어진다는 것이다. 결과적으로 위기 전과 위기 후의 ABC 요인들이 복합적으로 상호작용하여 가족이 적응하거나 부적응(xX)하게 된다.

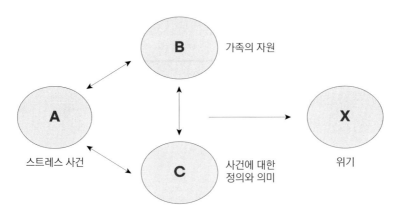

[그림 6-1] ABC-X 모델

출처: 제석봉 외(2016). 가족치료. 경기: 정민사, p. 67.

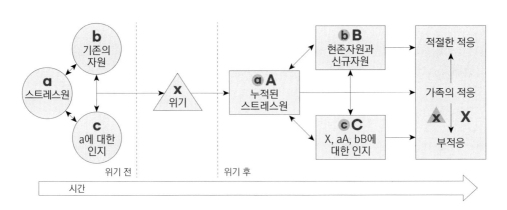

[그림 6-2] Double ABC-X 모델

출처: Hill, R. (1949). *Families under stress' Adjustment to the crisis of war and separation and reunion.*

제7장

유아교사의 정신건강

유아들에게 긍정적인 경험과 질 높은 교육을 제공하려면 교사들의 교육과 필요한 지식과 기술을 습득하는 것도 중요하지만 그들의 신체적 건강과 심리적 안녕감도 상당히 중요하다. 그러나 최근의 연구들은 교사들의 낮은 심리적 안녕감과 건강에 대해 우려를 나타내고 있다(Linnan et al., 2017; Whitaker et al., 2013). 특히, 유아교사의 정신건강과 관련된 여러 요인들 중 대표적인 요인으로 직무 스트레스, 심리적 소진에 대해서 알아보고, 이를 극복하기 위한 대안적 접근으로 긍정심리학에 대해 살펴보고자 한다.

1. 교사의 직무 스트레스와 심리적 소진

1) 교사의 직무 스트레스

앞에서 살펴보았듯이 스트레스는 정신건강에 영향을 미치는 주요 요인 중 하나다. 유아들의 정신건강에 영향을 미칠 수 있는 교사는 교실을 포함하여 여러 장면에서 다양한 문제들과 직면하게 된다. 교사로서의 직무를 수행하는 동안 교사가 경험하게 되는 불안이나 긴장, 욕구좌절 분노 및 우울증과 같은 부정적인 정서를 직무 스트레스(Kyriacou, 1987; 김민경, 2016 재인용)라 할 수 있다. Kyriacou(2001)는 교사가 직무 스트레스를 자존감이나 안녕을 해치는 작업환경을 자각하고 이를 감소시키기 위한 대처방안의 결과로 경험하는 부정적인 반응이라 하였다. 현재 통용되고 있는 교사의 직무 스트레스(job stress in teaching)를 예전에는 교사 스트레스(teacher stress)라는 용어로 사용되었다. 직무 스트레스는 유아교사로서의 직무를 수행함으로써 발생되는데, 예를 들어 과다한 행정업무 혹은 이로 인해 발생되는 잦은 야근 등이 그 원인이 될 수 있으며 직무수행 중 문제를 해결하지 못하거나 구성원들 간의 의사소통의 문제 등으로 야기될 수 있다.

유아교사가 직무 스트레스를 경험하게 되면 여러 가지 질병과 관련된 증상들을 경험할 수 있는데 맥박 및 혈압 상승, 심혈관질환 등의 신체중상과 우울, 좌절, 직무불만족 등을 야기할 수 있다. 더불어 유아교사의 직무 스트레스로 인해 유아교사 본연의 업무에 소홀해지게 되고 교육의 질이 낮아지는 결과를 유발하게 된다(이정현, 안효진, 2012). 즉, 직무 스트레스는 유치원이나 어린이집 교사가 개인 내적 요인과 환경적인 원인으로 인하여 교직을 수행함에 있어 교사의 능력을 발휘하는 데 영향을 미치며(정향림, 2005), 조직 차원에서는 결근, 이직, 조직 몰입을 저하하는 현상을 초래할 수 있으며, 개인 차원에서는 불안, 좌절, 위축, 의기소침, 자존감 저하 등의 심리적 증상과 두통, 위장병 등의 신체화 증상을 유발하기도 한다(이혜란, 김진이, 김소연, 2019). 또한 다른 직장으로 옮기려는 이직 혹은 다른 직종으로의 직업전환에 매우 큰 영향을 미친다(오연주, 한유미, 2005). 교사의 직무 스트레스를 유발하는 요인들은 〈표 7-1〉과 같다.

〈표 7-1〉 교사의 직무 스트레스 유발요인

요인	원인
행정적 지지	원장의 행정적인 지원 부족, 통찰력의 부족, 의사소통의 문제, 원장의 인식 부족
동료교사와의 관계	동료교사와의 상호작용 및 인간관계의 부적합
유아들과의 활동	유아 지도와 교수에 관한 부담
재정적인 안정	불충분한 보수
업무요인	과중한 업무

출처: 이인원, 김호년, 전정희, 김의석, 김영애(2012). 유아교육기관 운영관리. 경기: 양서원.

　직무 스트레스는 누구나 똑같이 경험하는 것도 아니며 동일하게 스트레스 요인에 반응하는 것도 아니다. 즉, 개인들이 스트레스를 경험하고 반응하는 데 차이가 있는데, 이러한 차이는 교실 내에서 교사뿐 아니라 유아들을 포함하여, 교사가 포함된 조직, 더 나아가 사회적으로도 부정적인 영향을 미칠 수 있다. 유아교사를 대상으로 한 직무 스트레스 대처방안에 관한 연구들은 직접적인 대처 혹은 대안 모색, 조언자의 충고 듣기 등과 관한 사회적 전략을 소개하고 있다. 교사들의 직무 스트레스는 교사의 개인적 특성에 따라서도 다른 대처를 하고 있음을 보고하고 있다. 적당한 스트레스는 교사에게 직무와 관련하여 적절한 긴장감을 유지하도록 하면서 일의 능률을 높여 주는 유스트레스(eustress)의 기능도 하지만 정도가 심하면 앞에서 제시했듯이 이직 혹은 다른 직종으로의 직업 전환에 영향을 미치기도 한다.

　스트레스는 피할 수 없는 것으로 스트레스가 미치는 영향은 개인적인 특성이나 성격, 사회적 지지에 따라 개인적 차이가 많다. 자신의 스트레스 상황을 전반적으로 파악할 필요가 있으며 다양한 대처방안을 모색하고 배워 나감으로써 스트레스를 극복해 나갈 수 있다. 따라서 교사 나름의 직무 스트레스가 무엇인지 어느 정도 수준인지를 가늠하면서 이를 해소할 수 있는 대처 방식을 모색하는 것이 중요하다. 운동을 하거나 원만한 인간관계를 갖기 위해 노력하거나 정서적 안녕을 꾀하기 위한 여가활동 및 종교활동과 같은 정신적 전략을 세우는 등의 적극적인 모색이 무엇보다 필요하다.

[찾아보기] 교사의 직무 스트레스 척도

선생님께서 느끼시는 직무 스트레스 수준은?

출처: 양효숙(2019). 유치원교사 직무 스트레스 측정도구 개발 및 타당화. 인천대학교 대학원 박사학위논문. (pp. 170-171 문항 수록, pp. 97-98 하위 요인별 문항)

[찾아보기] '찾아가는 학교 정신건강' 상담 서비스……
　　　　　　정신위기학생 · 교직원 지원

－교육부 등 관계 부처 합동 '온 국민 마음건강 종합대책' 발표

마음건강을 지킬 수 있도록 관계 부처와 협력해 생애주기별 · 생활터별 서비스 지원 강화

'위(Wee) 클래스' 확대, 전문상담교사 확충

상담 서비스를 자유롭게 이용하는 문화 조성 계획

출처: 신영경 기자 ⓒ 조선에듀 2021. 1. 14. (http://edu.chosun.com/)

2) 심리적 소진

소진(Burn-out)이란 사람을 대하는 전문직 종사자가 자신의 직무에 헌신적으로 전념할 때 나타나기 쉬운 증후군으로 정신과 의사인 프로이덴베르크(Freudenberg, 1974)에 의해 처음으로 개념화되었다. 유아교사들은 직무를 수행하면서 겪게 되는 여러 업무로 인해 야기되는 직무 스트레스로 심리적 소진을 경험할 가능성이 있다. 심리적 소진은 인간을 대상으로 한 직업인이 장기간의 스트레스나 과도한 에너지를 사용한 후에 겪을 수 있는 탈진(소모) 상태(한광현, 2008)를 의미한다.

마슬라치(Maslach, 1999)는 심리적 소진을 정서적 소모감, 비인간화, 성취감의 감소로 요인을 제시하였는데, 이영만(2016)은 이를 교사의 심리적 소진에 적용하여 다음과 같이 정의하였다. 즉, 교사의 심리적 소진이란 교사 개인의 정서적 자원이 고갈된 상태로, 학생들을 맞이할 때 정서적으로 환대할 수 있는 에너지가 부족하고(정서적 소모감), 학생들의 부족한 측면을 들추어내면서 냉담하게 대하고 자신이 싫어하는 사물처럼 대하며(비인간화), 학생을 가르치는 자신의 직무에 대해 실패감과 무력감을 경험함으로써(성취감의 감소) 학생과 관련된 일을 귀찮게 생각하거나 교직을 떠나려는 생각을 하게 되는 상태로 제시하였다.

이러한 심리적 소진은 유아와 교사 간의 관계에서 유아가 교사에게 요구하는 감정적 혹은 사회적 요구에 대해 관심을 적게 갖게 하는 등 교육의 질적 수준을 약화시킬 수 있다(윤혜미, 권혜경, 2003). 또한 유아교사가 신체적·심리적 소진을 경험하게 되면 일상적인 역할에서 벗어나 새로운 지식과 교수방법을 습득하고 보다 유능한 보육교사로 성장하기 원하나 노력하는 것이 어렵게 되고 결국 직무만족을 낮추게 된다. 즉, 유아교사의 소진이 유아들에게 심각한 영향을 미칠 수 있다. 교사의 소진이 교사 자신의 전문적 성장을 위해서만이 아니라 유아에게도 영향을 주며 이는 교육의 질과도 연관된다.

유아교사가 경험하게 되는 소진은 여러 요인과 관련되어 있는데, 교사의 연령이 낮거나 경력이 적을수록, 교사 대 아동 비율이 높고 근무시간이 길고 보수가 적을수록, 승진의 기회가 적을수록, 원장 및 동료교사들과의 인간관계에서 어려움을 겪을수록 소진을 더 많이 경험한다. 유아교사가 교사 직무에 대한 만족이 높을수록 소진을 덜 경험하며 직무 스트레스가 높을수록 소진을 더 많이 경험한다. 교사가 높은 자아존중감을 가지고 있고, 원장과 동료교사들, 더불어 부모들과 원만한 대인관계를 유지하고 낙관적인 태도를 지니고 있는 경우에 소진을 더 적게 경험한다고 한다(이정희, 조성연, 2011).

유·초·중등과 특수학교 교사들의 심리적 소진에 대해 실시한 메타분석 연구(이영만, 2016)에서 교사의 심리적 소진에 영향을 미치는 요인을 크게 위험요인과 보호요인으로 나누어 진행되었다. 심리적 소진에 영향을 미치는 요인은 〈표 7-2〉와 같다.

〈표 7-2〉 교사의 심리적 소진에 대한 위험요인과 보호요인(효과크기가 높은 순서)

위험요인	보호요인
완벽주의	회복탄력성
직무 스트레스	자아존중감
업무 부담	교직전문성
학생 행동문제	자기위로 능력
A형 성격	효능감
감정노동	정서지능
직무위험	임파워먼트

출처: 이영만(2016). 교사의 심리적 소진 관련 변인에 대한 메타분석. 교사교육연구, 55(4), 441-459 재구성.

〈표 7-2〉에서 제시된 바와 같이 심리적 소진에 가장 많이 주는 위험요인은 완벽주의 성향이었고 직무 스트레스를 비롯하여, 업무 부담, 학생

행동문제 등이 포함되어 있었으며 성격유형 또한 교사의 소진에 영향을 미칠 수 있다고 제시하고 있다. 심리적 소진을 완화시킬 수 있는 긍정요인으로는 회복탄력성과 자아존중감, 효능감, 정서지능 등이 있다.

    교사의 소진을 경감시키기 위해서는 다양한 접근이 필요하다. 특히, 심리적 소진에 대한 저항력을 길러 줄 수 있는 다양한 방법을 개인적으로 개발해야 함은 물론, 예비교사 또는 현직교사 교육 등을 중심으로도 개발될 필요가 있다.

[찾아보기] 선생님 사생활 어디까지 깨끗해야?
             교사 신생 터는 학부모 논란

SNS 발달로 학부모 교사 사생활 감시하는 경우가 늘고 있어

한 유치원 교사는 SNS에 담배 피는 사진 올렸다가 학부모로부터 항의 받음

일부 학부모는 담배나 욕설 외에 단순히 음주 사진을 올린 것에도 항의하는 것으로

출처: 김명일 기자 ⓒ 한경닷컴 2019. 12. 21. (https://www.hankyung.com/)

🔲 2. 교사 정신건강 증진시키기: 긍정심리학

    교사의 정신건강을 증진시키는 방법으로 긍정심리학을 소개하고자 한다. 최근 심리학에서는 정신장애의 예방에 대한 다양한 원인을 분석하는 질병 모델과 우울증, 조현병과 같은 정신질환을 극복할 수 있는

새로운 대안 모델이 제시되고 있다. 이 중 대표적인 것이 긍정심리학 (positive psychology)이다. 긍정심리학의 주창자는 셀리그먼(Seligman)으로 그가 1998년 미국심리학회장으로 취임하면서 "진정한 치료는 손상된 것을 고치는 것만이 아니라 우리 안에 있는 최선의 가능성을 이끌어 내는 것이어야 한다"라고 제안하면서 이러한 심리학의 방향성을 긍정심리학이라 명명하였다. 긍정심리학은 인간의 강점과 재능을 함양하고 행복을 증진시키고자 하는 노력이다(권석만, 2008).

이러한 긍정심리학에서 정신건강에 대한 질병 모델의 대안으로 성장모델(growth model)을 제시하고 있는데 이는 긍정적 정신건강을 지향하며 정신장애의 예방에 초점을 맞추자는 것을 의미한다. 긍정심리학자들은 인간의 강점이 정신장애의 발병을 억제한다고 한다(Keyes, 2002; Seligman et al., 1995). 셀리그먼은 아동과 성인들에게 학습된 낙관주의 교육 프로그램을 실시하였는데 이 교육을 받은 아동과 성인 집단이 모두 다른 집단에 비해서 우울증 발병률이 50% 정도 감소하였다고 보고하고 있다.

1) 유머감각

유머는 인간의 기질이나 체액을 뜻하는 'Humour'라는 말에서 유래했으며 남을 웃기는 말이나 행동으로 '우스개', '익살', '해학'으로 표현되기도 한다(조현지, 김욱영, 2005). 유머와 유머감각은 혼재되어 사용되고 있는데 유머감각은 익살, 미소, 웃음, 즐거움 등을 유발하며 유머를 감지하고 창조해 내는 능력, 어떤 일에 대해 즐거운 면을 보려고 하는 능력, 스스로도 즐거워하며 남을 즐겁게 하는 능력(이재선, 2005)이라 할 수 있다.

일반적으로 유머는 스트레스를 감소시키거나 완화시키는 역할을 한다. 또한 스트레스를 유발하는 상황들을 긍정적으로 인식하고 평가할 수 있다고 한다(Kirsh & Kuiper, 2003). 유머를 적절하게 사용하면 직무 스트레스가 감소되거나 완화될 수도 있다. 즉, 웃음과 최근 교사들의 유머와 관련된 연구가 활발히 진행되고 있는데 이는 유아들에게 많은 영향을 주는 교사들 유머는 교실에서 정서적으로 안녕과 행복감을 느낄 수 있는 요인이기 때문이다. 유머는 교사의 과다한 직무 혹은 직무 스트레스로 야기되는 다양한 상황들을 더 의연하고 즐거운 태도로 극복하도록 돕는다(권석만, 2008). 삶의 만족도와 주관적인 행복을 높이는 성격강점 중의 하나인 유머는 즐거운 삶을 이끄는 요인으로 작용한다.

유아교사가 유머를 사용함으로써 교육현장에서 오는 긴장을 해소시킬 수 있으며, 사람들과 긍정적인 관계 형성에도 도움을 줄 수 있게 된다. 또, 유머를 통해 타인의 감정에 대해 생각해 보는 조망수용 능력과 상호 주관성, 타인과의 의사소통 능력을 발달시킬 수 있고, 교사-유아의 관계를 친밀하게 하는 것은 물론 유아의 창의성 발달(오연경, 2007) 등에 영향을 준다. 성인의 경우 긍정 유머를 많이 사용할수록 심리적 안녕감이 높으며(민현기, 2008; 정재희, 2012), 유아교사의 경우에서도 이들의 순응적 유머가 높으면 긍정성과 행복감이 높은 것으로 보고되고 있다(황해익, 강현미, 탁정화, 2014). 따라서 이러한 유머감각은 교사의 행복감을 높이고 삶을 즐겁게 이끌어 주는 작용을 하는 것을 알 수 있다. 그리고 교육적 분위기 조성에도 영향을 주게 되어, 나아가 유아교육 결과에도 큰 영향을 미치게 된다고(Bollnow, 1971) 할 수 있다.

긍정적 정신건강을 지향하며 정신장애의 예방에 초점을 두는 긍정심리학의 입장에서 유머 또한 훈련 등을 통하여 향상시킬 수 있다고 보고 맥기(McGhee, 1999)는 이러한 측면에서 유머능력 향상 프로그램을 개발하였다고 한다(권석만, 2008). 그는 장난스러움이 유머감각의 바탕이라는 전제하에 장난스러운 시각과 태도를 구축하는 데 프로그램의 초점을 맞추었으며, 프로그램을 8단계로 설계하며 높은 단계로 갈수록 난이도 높게 구성하였다. 하위 단계에서는 일상생활에서 접하는 유머를 즐기는 것으로, 높은 단계에서는 유머를 스스로 만들고, 스트레스 상황에서 유희적인 내용을 찾아내는 일로 프로그램을 구성하였다.

국내에서도 유머 중재 프로그램을 개발 및 적용을 통하여 환자에게 불안과 우울이 경감되는 효과를 검증함으로써(김경희, 이명화, 1999) 훈련을 통한 유머감각 향상이 가능하다는 것을 제시해 주고 있다. 다음의 [찾아보기]는 유머감각을 알아보는 척도다.

[찾아보기] 나의 유머감각 평가 척도

선생님의 유머감각 수준은?

출처: 한정섭(2017). 조직구성원의 유머감각이 조직효과성에 미치는 영향: 긍정심리자본의 매개효과를 중심으로. 호남대학교 대학원 박사학위논문. (pp. 85-86 문항 수록, p. 46, 하위 요인)

[찾아보고 토론하기] 유머감각 향상 프로그램 개발해 보기

• 조별로 유머감각이 무엇인지 이야기해 보고 이를 향상시킬 수 있는 방안을 모색해 보세요.

---

2) 회복탄력성

회복탄력성(Resilience)이란 스트레스의 완충기제로서 이전의 적응이나 수행수준으로 회복할 수 있게 하는 선천적 능력을 말하는데, 이는 역경과 스트레스를 받는 상황에서 적절히 자기통제 수준을 유지하면 극복하여 중요한 삶의 사건을 견뎌 낼 수 있게 하는 힘이다(Tait, Birchwood, & Trower, 2004). 회복탄력성을 '탄력성', '심리적 건강성', '회복력' 등이

동의어로 사용되고 있다. 회복탄력성은 적응하기 어려운 환경에서도 개인과 환경 간 상호작용의 결과로 긍정적 적응이 되게 하는 스트레스 극복에 필수적 기능이라 할 수 있다(Ungar, 2006).

이러한 회복탄력성이 높은 사람과 낮은 사람의 뇌는 스트레스 상황과 같은 역경에 반응하는 방식이 다르다(김주환, 2019). 즉, 회복탄력성이 높은 사람들은 실수를 두려워하지 않으면서도 자신의 실수에 대해서는 스스로 민감하게 알아차리며 실수를 범한다 해도 실수로 인해 발생되는 피드백을 적극적으로 받아들이는 경향이 있다. 반면에 회복탄력성이 낮은 사람들은 실수를 지나치게 두려워한다. 동시에 실수는 덜 하지만 실수했을 경우 이를 민감하게 반응하지 않는다.

긍정적 역할로 발달정신병리학 분야에서 이에 관한 연구가 점차 증가하여 정신질환의 보호요인으로도 제안되는데 이 점이 정신질환에 취약한 사람들에게는 대단히 중요한 사실이다. 회복탄력성의 속성은 긍정적 자부심, 통제감, 튼튼함 등으로 동일한 스트레스를 경험한다 하더라도 모두가 병적으로 진행되는 것은 아니고 각 개인에게 내재된 회복탄력성의 수준에 따라 다르게 나타나, 회복력이 있는 사람은 스트레스를 경험한다 하더라도 질병으로 잘 이행되지 않는다(Drvaric et al., 2015). 대학생을 대상으로 정신증 고위험군과 건강한 사람들의 회복탄력성을 비교한 연구에서는 정상인에 비해 정신증 고위험군에서 회복력이 유의하게 낮은 것으로 확인되어 회복탄력성과 스트레스 간에는 역 상관관계가 있음을 보여 주었다(Marulanda & Addington, 2016).

회복탄력성이 자신이 처한 맥락을 해석하고 스트레스 상황을 해결하는 데 있어 중요한 요인임이 밝혀지면서 유아교사 대상의 회복탄력성 연구가 활발히 진행되어 오고 있다. 특히, 대부분의 연구들이 심리적 안녕감 혹은 교사들의 행복감 등과 관련한 변인 간 연구이고, 최근에는 그릿 등 현장에서 교사들의 안녕을 탐구하는 연구들이 활발히 이루어지고 있다.

[찾아보기] 회복탄력성 척도

내 마음의 근력은 어느 정도인지?

출처: 오주형(2020). 과학 영화를 활용한 회복탄력성 증진 프로그램 개발 및 효과 분석.
　　　인천대학교 교육대학원 석사학위논문. (pp. 59-62 문항 수록, p. 22, 하위 요인별
　　　문항 번호)

[찾아보고 토론하기] 회복탄력성 관련 영상

• SBS 〈그것이 알고 싶다〉-절망을 이겨낸 사람들의 7가지 비밀. 2009년
　2월 14일.

제3부
정신건강 문제와 장애

제8장

신경발달장애

신경발달장애(Neurodevelopmental Disorder)는 중추신경계 이상으로 발병되는 장애로서 뇌의 발달 지연이나 뇌손상과 관련된다. 신경발달장애는 전형적으로 초기 발달 시기에 나타나며 개인적·사회적·학문적·직업적 기능에 있어서 발달적 장해가 특징이다. 발달적 장해는 특정한 학습기술이나 정신과정의 실행적 기능(executive functions)의 통제능력이 상당히 제한적인 것에서부터 사회적 기술이나 지능이 전반적으로 장해를 보이는 등 매우 다양한 범위로 나타난다.

1. 지적장애

지적장애에 대한 정의는 다양한 기관에서 이루어져 왔다. 우선 미국 지적 발달 및 발달장애학회에서 제시한 지적장애의 정의는 지적 기준과 적응 행동에서 유의미한 제한성을 보이며, 이러한 장애는 18세 이전에 나타나는 것으로 규정하고 있다. 또한 DSM-5에서는 지적장애(Intellectual Disabilities)는 추론, 문제해결, 계획, 추상적 사고, 판단, 학문적 학습, 경험학습 등 전반적인 정신능력에 있어서의 결함을 주된 특징으로 하는 정신장애로 지적발달장애(Intellectual Developmental Disorder)라고도 부르고 있다. 이러한 정신능력의 장해로 인해 적응적 기능에 심각한 장해가 초래되므로, 지속적인 도움 없이는 의사소통, 사회적 참여, 학업적 혹은 직업적 기능 그리고 가정이나 지역사회 내에서의 개인의 독립적인 생활 등 일상생활의 여러 측면에서 자신의 독립성이나 혹은 사회적 책임과 관련된 여러 준거를 충족시키지 못하게 된다(DSM-5, 2013).

미국의 「장애인교육법(IDEA)」에서는 지적장애는 현저하게 낮은 평균 이하의 지적 기능과 함께 적응 행동의 제한성을 보이는 것으로, 발달기 동안에 분명히 나타나야 하며 아동의 교육수준에 부정적인 영향을 미치는 것으로 정의되어 있다. 이 정의는 세 가지 진단기준을 제시하고 있는데, 첫째, 현저하게 낮은 평균 이하의 지적 기능이 증명되어야 한다. 표준화된 지능검사를 실시하여 IQ 수준에 따라 이들을 판단하였을 때 일반적으로 평균보다 2 표준편차 아래인 경우(표준편차가 15인 지능검사인 경우 IQ 70에 해당)에 지적장애로 진단한다. 그러나 지능검사가 심리 측정학적 면에서 완벽하다고는 할 수 없으며, 또한 지적장애를 정의함에 있어 지적 능력만이 유일한 요소가 아니기 때문에 지능검사 점수의 기준을 70에서 75 사이로 융통성 있게 규정하고 있다(이소현, 박은혜, 2011). 둘째, 일상 생활기술에서 현저한 어려움을 보여야 한다. 셋째, 지적 기능과 적응 행동의 제한성이 발달기 동안에 분명히 나타나야 한다는 것인데, 이는 지적장애와 다른 장애(예: 외상성 뇌손상으로 인한 지적 기능의 제한)를 구별하게 한다(김진호 외, 2017: 105).

적응 행동에는 개인이 생활환경에 적응하는 데 필요한 기술로 의사소통, 자기관리, 사회성 기술 등이 포함된다. 즉, 사람이 일상생활을 하는 데 필요한 개념적 · 사회적 · 실제적 기술을 포함하는 모든 기술의 집합을 의미한다. 미국 지적 및 발달장애학회에 의한 적응 행동의 구체적인 예는 다음과 같다(김진호 외, 2017).

① 개념적 적응 행동: 말하기 · 읽기 · 쓰기와 같은 언어 사용, 셈하

기 · 시계 보기와 같은 수 개념 사용
② 사회적 적응 행동: 대인관계 맺기, 책임 있는 사회구성원 되기, 사회적 문제해결하기, 규칙과 법률 따르기, 자기 보호하기
③ 실제적 적응 행동: 옷 입기 · 화장실 사용하기 · 음식 준비하기와 같은 일상생활 활동, 건강관리, 지역사회 이동, 스케줄 따르기, 안전관리, 물건 구입, 전화기 사용

　지적장애는 적응적 기능에 근거하여 여러 수준으로 분류된다. IQ 수준보다는 적응적 기능에 의해 분류되는 이유는 이들에게 필요로 하는 지원의 수준을 결정하는 것이 적응적 기능 수준이기 때문이다. 적응적 기능 수준에 의해 분류가 이루어지는 또 다른 이유는 IQ 검사들의 타당도의 문제와 관련되어 있다. 실제로 IQ 범위에 있어서 낮은 영역의 타당도는 다소 덜 타당하다고 알려져 있다.

　지적장애를 진단하는 데 적응 행동이 중요한 요소로 간주되는 이유는 '6시간 정신지체(six-hour retard)' 개념에 의해서다. 학교 등 교육기관에 머물러 있는 6시간 동안에는 정신지체를 지니고 있는 것처럼 진단될 수도 있지만 학교 장면을 벗어나 집이나 지역사회에서 일상생활을 하는 데에는 아무런 문제를 보이지 않는 아동을 정신지체나 지적장애로 분류할 수 있는가에 대한 문제가 제기되면서부터다. 이에 따라 학업적 성취나 지능검사에서의 수행 수준만으로 아동을 지적장애로 진단할 것이 아니라 개인의 일상생활에서의 적응능력을 동시에 고려하여야 한다는 주장이 나타났다.

　지적장애는 현재의 심각성의 수준에 따라 경도(mild), 중등도(moderate), 중증도(중도, severe), 고중증도(최중도, profound)의 네 수준으로 분류된다. 과거에는 지능검사 점수에 따라 분류하였지만 현재에는 적응 행동 수준에 따라 분류하고 있다. 〈표 8-1〉은 지적 기능의 정도에 따른 지적장애를 분류한 것이다.

〈표 8-1〉 지적 기능의 정도에 따른 지적장애의 분류

정도 (IQ)	발달 특성		
	학령전기(만 0~5세)	학령기(만 6~20세)	성인기(만 21세 이상)
경도 지적장애 (50~55에서 70)	진단되지 않을 수도 있다.	기초적 학업 기술과 직업 전 기술을 배울 수 있다.	지역사회에서 살면서 직업을 가질 수 있다. 지적장애로 낙인찍히지 않고 지낼 수 있다.
중등도 지적장애 (35~40에서 50~55)	임상적 진단(예: 다운증후군)을 받을 가능성이 있다.	자조기술과 기능적 학업 기술을 배울 수 있다. 익숙한 환경에서는 독립적으로 행동할 수 있다.	감독하에 어느 정도의 기술을 요하는 일을 할 수 있다. 경쟁고용이 가능할 수도 있다.
중도 지적장애 (20~25에서 35~40)	운동발달이 늦다. 약간의 의사소통이 가능하다. 지체장애가 있을 수 있다.	개인적 필요를 스스로 돌볼 수도 있다. 의사소통을 배울 수도 있다.	직장과 주거환경에서 감독하에 기능할 수 있다.
최중도 지적장애 (20~25 이하)	반응이 별로 없다. 중복장애가 흔히 있다.	운동발달이 느리다. 기초적 자조기술을 배울 수 있다.	약간의 의사소통을 할 수 있다. 기초적 필요를 돌볼 수 있다.

출처: 이소현, 박은혜(2011). 특수아동교육(3판). 서울: 학지사, p. 82.

지적장애의 유병률은 전체 일반 인구의 약 1%이며 유병률은 연령에 따라 다르게 나타난다. 중증도 지적장애의 유병률은 1,000명당 약 6명 정도다. 지적장애를 발생시키는 원인은 다양한데 유전자 이상, 임신 중 태내 환경의 이상, 임신 및 출산 과정의 이상, 후천성 아동기 질환, 열악한 환경적 요인 등이 있다. 그러나 지적장애를 보이는 사람들 중에 정확한 원인을 파악하기 힘든 사례가 많으며, 원인을 명확히 파악하는 경우는 드물다. 지적장애 아동 중에 장애의 정도가 심각한 수준인 아동은 특정 질병이나 두뇌 손상에 기인한 생물학적 원인에 의한 경우가 많으며, 장애 수준이 경도인 지적장애 아동의 경우에는 환경적 요인의 영향을 고려하고 있다.

지적장애와 직접적으로 관련된 질병으로는 다운증후군(Down Syndrome), 페닐케톤뇨증(Phenylketonuria), 약체 X 증후군(Fragile X Syndrome), 프라더-윌리 증후군(Prader-Willi Syndrome), 윌리엄스 증후군(Williams Syndrome) 등이 있다. 다운증후군은 21번 염색체가 3중 염색체(trisomy)로 변형됨으로써 발생하는 장애로서 산모의 나이가 너무 많거나 적을 경우, 즉 20세 이하나 40세 이상일 경우 다운증후군 아이가 출생할 비율이 높은 것으로 보고되고 있다(이소현, 박은혜, 2011).

유전자 이상에 의해 발생되는 지적장애는 유전자 돌연변이, 약물 및 화학물질, 바이러스, 방사선 등에 의한 염색체 이상 등에 의한 것이 그 예다. 특히, 임신 중 산모가 알코올, 니코틴, 코카인, 아스피린, 헤로인 등과 같은 다양한 종류의 약물을 복용하였거나 매독, 인플루엔자, 독일 홍역, 전염성 간염, 툭소플라즈마증 등 감염성 질환에 걸렸을 때 지적장애 유아가 출생할 수 있다. 출산 과정의 이상이나 신생아기나 아동기 때의 신체적 질병과 뇌손상을 유발하는 사고, 납과 같은 독성 물질의 섭취 등도 지적장애를 발생할 수 있다. 또한 유아나 아동에게 지적 자극을 풍부하게 제공하지 못하는 열악한 사회적 환경도 아동의 지능 저하와 관련이 있을 수 있다(권석만, 2013).

■ 2. 특정학습장애

특정학습장애(Specific Learning Disorder)란 특정 학습 영역의 기술 습득의 장애를 의미한다. 미국의 「장애인교육법(IDEA)」에서의 연방 정의를 따르면, 특정학습장애란 구어나 문어를 이해하고 사용하는 것과 관련된 한 가지 이상의 기본 심리과정상의 장애로, 이 장애는 듣기, 생각하기, 말하기, 읽기, 쓰기, 철자 혹은 수학계산 등에서 결함을 보일 수 있으며, 지각장애, 두뇌 손상, 미세뇌기능장애, 난독증, 발달성 실어증 등과 같은 장애를 포함한다.

한편 미국의 국립학습장애연합회(National Joint Committee on Learning Disabilities: NJCLD)는 미국 「장애인교육법」에 의한 학습장애 정의의 문제점을 비판하고 다른 관점에서 특정학습장애를 다음과 같이 정의하고 있다(이소현, 박은혜, 2011).

> 학습장애는 듣기, 말하기, 쓰기, 추리 및 수학능력의 습득과 사용에 있어서의 심각한 어려움을 나타나는 다양한 구성의 장애 집단을 칭하는 일반적인 용어다. 이러한 장애는 개인 내적으로 발생하며, 중추신경계의 기능적인 것으로 인한 것으로 추정되고 있고, 일생에 걸쳐 나타날 수도 있다. 자기조절행동, 사회적 지각, 사회적 상호작용 등에 있어서의 문제가 학습장애와 함께 나타날 수도 있지만, 이러한 특성만으로는 학습장애로 판별되지 않는다. 학습장애는 기타 장애(예: 감각장애, 정신지체, 심각한 정서장애)나 외부적인 영향(예: 문화적 차이, 부적절하거나 불충분한 교수)과 동시에 나타날 수도 있지만, 이러한 기타 장애나 외부적인 영향의 결과로 발생하는 것은 아니다.

문제가 있어 보이는 학업 영역 기술은 아동의 생활연령에서 보통 기대되는 수준보다 훨씬 낮으며, 그로 인해 학업적·직업적으로나 일상생활의 수행에 있어서 심각한 방해가 초래된다. 그런데 학습장애 아동들이 보이는 학업적 능력의 손상은 학령기가 시작되어서야 발견될 수 있는데, 이는 대부분 시간이 제한된 시험을 본다든지 상당히 부담이 많은 숙제를 하는 경우 아동의 능력이 이에 따라 가지 못하므로 그때서야 결함된 능력이 분명히 발견될 수 있기 때문이다.

미국 「장애인교육법」에 의하면 학습장애 아동들은 일반지능과 학업적 성취 간의 현저한 차이, 즉 개인의 일반적인 지적 능력과 학업성취 간의 심한 불일치가 있는 아동만이 학습장애로 판별되어야 하며, 학습에 경미하거나 일시적인 문제가 있는 아동들은 학습장애로 판별되지 않는다. 그러나 일반적으로 지능검사의 IQ를 통해 학업적 성취 간의 불일치를 판별하는 절차는 지능검사의 타당성과 관련된 한계점 때문에 다소의 논란이 있다. 그리하여 집중적인 증거 기반의 학업적 중재에 아동이 얼마나 잘 반응하는지를 관찰함으로써 학습장애 여부를 판단하는 중재 반응(response to intervention: RTI) 모델을 통한 학습장애 판별이 권고되고 있다(김진호 외, 2017).

DSM-5에 의하면 특정학습장애로 진단되기 위해서는 다음 여섯 가지 증후에서 어려움을 보이는 증상들을 위한 중재가 제공되었음에도 불구하고 적어도 한 가지 증상이 최소 6개월 이상 나타나야 한다.

① 부정확하거나 느리고 노력이 필요한 단어 읽기(예: 부정확하게, 천천히, 망설이면서 단어를 크게 읽음, 빈번히 단어를 추측함, 단어를 소리 내어 읽는 것에 어려움을 보임)

② 읽은 것의 의미를 이해하는 것에 어려움을 보임(예: 정확하게 글은 읽기는 하지만 읽은 것의 계열성, 관계, 추론 혹은 보다 심층적인 의미를 이해하지 못함)

③ 철자법의 어려움(예: 자음 혹은 모음을 생략하거나 더하거나 대체함)

④ 글로 표현하는 것의 어려움(문장 내에서 문법적, 맞춤법의 실수를 많이 함, 문단의 구성이 빈약함, 글로 표현된 생각의 명료성의 결여)

⑤ 수감각, 수에 관한 사실, 산술적 계산의 숙달의 어려움(예: 수와 그 수의 크기, 관계들을 이해함에 어려움이 있음, 산술 계산에서 방향을 잃거나 절차를 변경함)

⑥ 수학적 추론의 어려움(예: 양에 관한 문제를 푸는 데 수학적 개념, 사실

혹은 절차를 적용함에 있어서의 심각한 어려움)

학습장애는 읽기, 쓰기, 산수 등의 기초적인 학습과 관련된 심리적 과정에 장애를 보이며 결함이 나타나는 특정한 학습 기능에 따라 읽기장애, 쓰기장애, 산술장애로 구분되며, DSM-5에서는 특정 학습장애를 읽기 장해형, 쓰기 장해형, 산술 장해형으로 구분하고 있다. 읽기 장해형에 있어서는 단어 읽기의 정확성, 유창성, 이해의 정도가 주요 관심 요소이며, 쓰기 장해형에서는 철자법의 정확성, 문법과 맞춤법의 정확성, 글로 쓰여진 표현의 명료성과 구성이 주요 관심 요소다. 산술 장해형에 있어서는 수 감각, 산술적 사실들의 기억, 정확하고 유창한 계산 능력, 정확한 수학적 추론이 주요 관심 요소다.

특수학습장애들이 보이는 특성으로는 듣기, 추론하기, 기억, 주의, 관련 자극의 선택과 집중, 시청각 정보의 지각 및 처리의 문제와 관련이 있다. 이러한 지각 및 인지 처리의 문제로 인해 읽기 문제, 쓰기 결함, 수학 성적 부진, 사회기술 결함, 주의력 결핍과 과잉행동, 행동 문제, 자존감/자기효능감 저하 등의 특성들이 나타난다(김진호 외, 2017).

학습장애는 매우 다양한 특성으로 이루어져 있기 때문에 한 아동이 학습장애의 모든 특성을 다 지니는 것은 아니다. 6개의 진단 항목 중 적어도 1개 이상에서 증상을 보여야 특정학습장애로 진단하는 DSM-5의 진단 준거에서도 알 수 있듯이 어떤 아동은 학습장애의 다양한 특성 중 한 가지 특성만을 보일 수도 있고 어떤 아동들은 여러 특성을 한꺼번에 보일 수도 있다. 학습장애 아동이 보이는 보편적인 특성들을 학습, 사회성, 행동 영역으로 나누어 살펴보면 우선, 학습 면에 있어서는 잠재력에 비해 낮은 학업 성취를 보이며, 교육에 대한 무반응, 가르치기의 어려움, 문제를 해결하지 못하는 등의 특성을 보인다. 사회성 측면에서는 미성숙함, 사회적 또는 비구어적 단서를 잘못 해석한다든지, 수줍음, 위축, 불안정성을 보인다. 행동적 측면에서는 주의집중이 어렵고 산만하며,

과잉행동과 충동성을 보이며 의존적인 특성을 보인다. 〈표 8-2〉는 학습, 사회성, 행동적인 측면에서 학습장애 아동이 보이는 보편적인 특성에 관한 것이다.

〈표 8-2〉 학습장애 아동의 학습, 사회성, 행동 측면에서의 보편적 특성

학습	사회성	행동
• 잠재력에 비해 낮은 학업 성취 • 교육에 대한 무반응 • 가르치기 어려움 • 문제를 해결하지 못함 • 학습능력의 불균형 • 수동적인 학습 스타일 • 빈약한 기초 언어 기술 • 빈약한 기초 읽기 및 부호 해독 기술 • 비효율적인 정보처리 능력 • 일반화하지 못함	• 미성숙함 • 사회적으로 수용되지 못함 • 사회적 또는 비구어적 단서를 잘못 해석함 • 잘못된 결정을 내림 • 괴롭힘을 당함 • 사회적 결과를 예측하지 못함 • 사회적 전통(예절)을 따르지 못함 • 거부됨 • 지나치게 순진함 • 수줍음, 위축, 불안정 • 의존적임	• 주의 집중의 어려움 • 산만함 • 과잉행동 • 충동성 • 빈약한 협응 • 정돈되지 못함 • 동기가 결여됨 • 의존적임

출처: 이소현, 박은혜(2011). 특수아동교육(3판). 서울: 학지사, p. 120.

특정학습장애의 유병률은 언어나 문화권 전반에 걸쳐 학령기 아동의 경우에 5~15%이며, 성인의 유병률은 잘 알려져 있지 않으나 대략 4%일 것으로 여겨진다. 특정학습장애의 발생 원인은 크게 생물학적 측면과 환경적인 측면으로 구분해 볼 수 있다. 생물학적 측면에서는 유전적인 원인을 들 수 있는데 일란성 쌍둥이가 이란성 쌍둥이에 비해 동시에 특정학습장애의 출현 비율이 높다는 것은 유적전 요인의 영향을 보여 주는

것이다. 유전적 영향력을 보여 주는 또 다른 연구에 의하면 읽기장애 혹은 산술장애가 있는 일차 친인척(first-degree relatives)을 지닌 사람들 사이에서 읽기장애 혹은 산술장애 아동이 나타날 상대적 위험성은 그러한 친인척이 없는 사람들보다 더 높게 나타난다(읽기장애의 경우 4~8배, 산술장애의 경우 5~10배). 가족 중에 난독증(dyslexia)을 지닌 가족사가 있다든지 부모의 읽기 기술 수준이 자식들의 문해능력이나 특정학습장애를 예측할 수 있다는 사실들로부터 이들 특정학습장애 출현에 있어서 유전적 요인과 환경적 요인 둘 다 중요한 역할을 하고 있음을 알 수 있다(APA, 2013, DSM-5). 출산과 관련한 다양한 변인도 학습장애의 출현에 영향을 줄 수 있다. 예를 들어, 출생 시에 외상을 받는다든지 혹은 산모가 임신기간 동안 충분한 영양을 섭취하지 못한 경우 태아의 뇌 성장이 충분하지 못하여 학습장애가 나타날 수도 있으며, 또한 산모가 임신기간 동안 금지된 약물이나 혹은 알코올이나 니코틴이 함유된 물질을 지속적으로 섭취한 경우 태아의 미세뇌기능 손상이 초래될 수 있으며 이는 출생 후 특정학습장애를 유발할 가능성을 높게 한다.

또한 뇌의 좌-우반구 비대칭성과 관련하여 특정학습장애의 출현을 설명하기도 한다. 특히, 좌반구 후측두엽(left posterior temporal lobe)의 측두평면(planum temporale)과 관련하여서는 난독증을 보이는 사람들의 대뇌 생물학적 구조가 일반인들과 다른 것으로 나타났다는 연구 결과가 있다(Hynd & Hiemenz, 1997; Morgan & Hynd, 1998). 일반적으로 측두평면은 우반구보다 좌반구가 큰 비대칭성을 보이는데(L > R), 난독증을 지닌 사람들은 좌우 측두평면의 크기가 동일한 대칭성을 가진다든지(L=R) 혹은 반대로 우반구의 측두평면이 좌반구의 측두평면보다 큰 형태(R > L)를 보이기도 한다는 것이다. 물론 이러한 주장을 명료히 할 수 있는 더 많은 증거들이 필요하지만, 이러한 연구 결과들은 대뇌 구조의 이상이 특정학습장애의 유발과 관련되어 있음을 알려 주는 것이다.

후천적 요인으로는 가정의 교육환경, 부모의 양육태도 및 교육수준, 지적 자극의 제공 정도 등이 특정학습장애의 유발에 영향을 줄 수도 있다. 또한 미숙 혹은 저체중 출산도 특정학습장애의 위험률을 높일 수 있다.

3. 자폐스펙트럼장애

자폐스펙트럼장애(Autism Spectrum Disorder)는 사회적 상호작용과 의사소통에서 장애를 보이며, 관심 분야와 흥미 영역이 매우 제한적이고 또한 반복적인 상동증적 행동을 나타내는 장애를 말한다. 자폐스펙트럼장애는 DSM-5에서 새롭게 사용하는 명칭이다. 기존의 DSM-IV에서 자폐증, 아스퍼거장애, 레트장애, 소아기 붕괴성장애, 비전형적 발달장애를 하나의 연속된 장애로 인정하여 자폐스펙트럼장애 용어로 통합하면서 사용하게 된 용어다. 실제적으로 자폐증, 아스퍼거장애, 레트장애, 소아기 붕괴성장애들은 증상의 심각도에 있어서만 차이가 있을 뿐 연속선상에 존재하는 하나의 장애를 나타내는 것이라는 연구 결과를 반영한 것이다. DSM-IV에서의 전반적 발달장애(Pervasive Developmental Disorder)의 대표적인 유형인 자폐증은 1943년 캐너(Leo Kanner)가 유아자폐증(early infantile autism)으로 명명하기 전까지는 주로 아동기 조현병으로 간주되었다(문혁준 외, 2020).

DSM-5에서는 사회적 의사소통 및 제한적·반복적 행동의 두 핵심 증상의 심각성의 정도에 따라 세 수준으로 구분하고 있다. 또한 지능의 손상, 의학적 유전적 상태나 환경요인 등의 수반 여부, 장애와 관련된 다른 신경발달장애 또는 정신행동장애, 운동장애의 여부 등에 따라 자폐스펙트럼장애를 세분화한다.

예를 들어, 심각성의 3수준(severe deficits)으로 판단되는 자폐스펙트럼장애 아동들은 언어적 및 비언어적 사회적 의사소통 기술이 심각하게(severely) 저하되어 있어 이로 인해 기능에 있어서 장해를 보이며, 또한 매우 제한적인 사회적 상호작용을 시도하거나 타인이 사회적으로 접근해 오면 최소한의 반응만을 보인다. 그러므로 이들은 사회적 의사소통과 제한된 반복적인 행동으로 '매우 많은' 도움과 지지가 필요(requiring very substantial support)하다. 심각성의 2수준(marked deficits)과 1수준도 타인의 도움과 지지가 필요하지만 장해의 심각성이 3수준에 비해 낮은 수준이어서 그에 상응하는 도움과 지지의 수준도 3수준에 비해 다소 낮은 편이다(2수준: requiring substantial support, 1수준: requiring support).

자폐스펙트럼장애 아동들이 보이는 가장 두드러진 외현적 특징은 대인관계를 형성하거나 타인과 의사소통을 하려는 의지가 없는 것처럼 보이는 것이다. 상대방이 건네는 말에 응대를 하지 않거나 무시해 버리는 듯한 행동을 보이는 부적절한 사회적 대응행동을 한다. 이러한 태도는 자연히 부모나 친구들과의 연령에 적합한 대인관계를 맺는 데 지장을 초래하게 된다.

자폐스펙트럼장애를 지닌 아동들은 흔히 9~12개월경에 나타나는 시선 따라가기나 24개월경에 나타나는 공동주의(joint attention)가 나타나지 않는다. 사회적 상황에 적절히 반응하지 못하는 사회적 기능 결함으로 인해 자폐스펙트럼장애 아동들은 친구관계 형성에 어려움을 보이며, 특히 타인의 생각을 추론해 내는 능력에 있어서 심각한 결함을 보인다. 마음의 이론(Theory of Mind)이라는 타인의 생각이나 정서를 추론하는 능력은 4세 정도이면 일반적으로 습득되는데 자폐스펙트럼장애를 보이는 아동들은 이러한 능력의 결함으로 인해 타인의 생각이나 감정을 추론하여 행동해야 하는 사회적 관계에서 부적절한 행동을 보이게 된다. 실제로 자폐스펙트럼장애 아동과 지적장애를 비교한 연구에서는 마음의 이론 과제에서 지적장애 아동들이 자폐스펙트럼장애 아동에 비해 정답률이 더 높게 나타난다.

또한 자폐스펙트럼장애를 지닌 아동들은 집행기능(executive function)이 떨어지며 중앙통합능력(central coherence)에 있어서도 장해를 보인다. 중앙통합능력이란 인지처리 과정이 정상적인 사람들은 여러 가지의 조각으로 입력되는 정보들을 하나의 통합체로 함께 묶어 전체적인 의미를 파악할 수 있기 위해 맥락을 활용하는 능력인데, 자폐스펙트럼장애 아동들은 조각으로 유입되는 정보들을 전체로 통합하여 의미를 찾기보다는 정보 자극의 각 부분에만 주의를 두는 경향이 강하다(정명숙, 박영신, 정현희, 2015). 자폐스펙트럼장애 아동들은 이 능력이 일반인과 비교해 부족하다.

특히, 어린 시기부터 부모와의 관계 형성에 어려움이 있으므로 자폐스펙트럼장애를 지닌 아동들은 연령에 적합한 언어발달을 이루기 힘들 수도 있으며 이는 나아가 의사소통의 문제를 유발한다. 부모와의 의사소통을 통해 습득하게 되는 언어능력의 저하로 자폐스펙트럼장애 아동들은 상대방과의 대화 시에 말소리의 높낮이를 조절해야 한다는, 즉 음성의 고저가 필요하다는 것을 알지 못하는 경우가 많다. 또한 말의 속도를 조절하는 능력이나 강조를 위해 어떤 부분에서는 억양을 사용해야 한다는 대화의 기본 요소들을 이해하지 못하는 등 정상 수준에서 벗어난 대화 방식을 지니고 있다. 또한 문법에 어긋나는 방식으로 자신을 표현하기도 하며, 간혹 틱장애 아동들이 보이는 반향증(echolalia)을 보여 상대방을 매우 당황스럽게 만들기도 한다.

자폐스펙트럼장애 아동들이 보이는 다른 특성으로는 매우 좁은 관심사와 반복적인 행동 특성이다. 이들은 흥미를 가지거나 몰두하는 대상이나 관심사가 매우 한정적이며 좁다. 예를 들어, 하루 종일 특정한 물건을 세거나 특정 내용을 암기한다든지이다. 또한 특정 활동이나 세밀한 부분에 지나치게 관심을 보이며, 자신이 정해 놓은 순서로만 활동을 고집한다. 예를 들어, 이들은 특정 장소에 갈 때는 자기가 정해 놓은 길로만 고집스럽게 다닌다. 특정한 소리나 자극을 지나치게 선호하거나 동일한 옷만을 입으려고 하는 행동들도 자폐스펙트럼장애 아동들이 보이는 전형적인 행동들이다.

이들은 주위 환경의 미세한 변화에도 상당히 저항적이며 신경질적 반응을 보이기도 하며, 또한 이상한 신체 자세나 괴이한 몸놀림을 상당히 오랜 시간 반복하기도 한다. 예를 들어, 자신의 손을 계속해서 돌리거나 몸을 앞뒤로 흔드는 행동을 반복하는 것이 하나의 예다.

일반적으로 자폐스펙트럼장애 아동들은 지적장애 아동들의 지적 수준과 적응 기능을 보인다. 그러나 일부 자폐스펙트럼장애 아동 중에는 특정 분야에서 대단히 우수한 기억력이나 예술적 능력을 발휘하기도 한다. 흔히 서번트(idiot savant)라고 불리는 이들은 자신이 관심을 가지거나 흥미를 지니는 영역(예: 미술, 음악 영역)에서 상당한 수준의 수행을 보인다.

자폐스펙트럼장애의 유병률은 전체 인구의 1% 정도이며 문화에 상관없이 일정한 비율로 나타난다. 여자 아동에 비해 남자 아동에게서 3~4배 더 높은 비율로 나타나며, 대부분 3세 이전에 발병한다.

자폐스펙트럼장애의 원인으로 유전적 요인이나 신경생물학적 요인이 있다. 일란성 쌍둥이가 이란성 쌍둥이보다 자폐스펙트럼장애의 일치율이 더 높다는 것은 자폐스펙트럼장애 발현에 있어 유전적 요인의 영향을 보여 주는 것이다, 또한 2~4세 사이의 자폐아동의 뇌가 일반 아동에 비해 다소 크다는 연구 결과(Courchesne, 2004)나, 사회 및 정서 행동과 연관되어 있다고 알려진 편도체가 자폐아동에게서 더 크다는 연구(Munson, Dawson, Abbott, et al., 2006)는 자폐스펙트럼장애 발생의 신경생물학적 원인을 설명하는 것이라고 할 수 있을 것이다. 또한 출생 전후에 태아가 환경적 독소 등에 노출된 경우 자폐스펙트럼장애를 보일 가능성도 있으며, 도파민과 세로토닌 수준 등의 신경전달물질의 이상도 영향을 미치는 것으로 알려져 있다.

자폐스펙트럼장애 아동의 치료에는 조작적 조건형성과 모방학습을 통한 행동치료나 놀이 치료가 효과적인 것으로 알려져 있다. 또한 항정신증 치료제 중 하나인 할로페리돌 등을 사용한 약물치료도 자폐스펙트럼장애의 증상 완화에 효율적이다.

4. 주의력결핍/과잉행동장애

　　주의력결핍/과잉행동장애(Attention-Deficit/Hyperactivity Disorder: ADHD)란 특정 과제에 주의를 집중하는 능력에 결함이 있어 산만하고 이로 인해 과잉행동이 초래되는 것을 말한다. 부주의(inattention)란 반항이나 혹은 주어진 과제를 이행하지 못해서라기보다는 과제가 주어졌을 때 빈둥거린다든지 지속적으로 주의 집중을 할 수 없거나 주의를 유지할 수 없다든지 혹은 산만하다든지 하는 인내력의 부족 상태를 이른다. 과잉행동(hyperactivity)이란 상황에 적절하지 못한 과도한 움직임을 보인다거나 지나치게 꼼지락거리거나 발을 구른다거나 혹은 너무 말을 많이 하는 등의 과도한 정도의 행동이 표출되는 것을 의미한다. 충동성(impulsivity)이란 사전에 생각해 보지 않고 성급하게 행동하는 것으로 그로 인해 본인이나 타인에게 해를 끼칠 수도 있으며, 즉각적인 보상을 기대하는 욕구이거나 혹은 만족감을 지연할 줄 모르는 특성이 반영된 것이라 할 수 있다. DSM-5에서는 ADHD를 주의력 결핍형, 과잉행동-충동형 및 혼합형의 세 가지 하위 유형으로 구분하고 있다.

　　일부 ADHD 아동들은 집행기능에 장애를 보이는 경우도 있다. 집행기능이란 목표지향적인 행동의 조정에 필요한 여러 인지과정으로 활동의 계획과 조직화와 관련이 있으며, 작업기억, 언어적인 자기조절, 행동 억제, 운동 통제가 포함된다(정명숙, 박영신, 정현희, 2015). 이러한 집행기능의 역할을 고려하면 ADHD 아동들의 부주의하고 산만하고 충동적인 특성을 이해할 수 있을 것이다. 부주의와 관련하여 일반적으로 주의력결핍/과잉행동장애 아동들이 부모나 교사로부터 지적당하는 행동들은 지시 사항에 대해 주의를 두지 않거나 다르게 행동한다든지, 잘 잊어버리고, 주어진 과제나 작업을 완수하지 못하며, 수업 중에는 백일몽을 꾸는 듯 멍하게 있다거나 돌아다니는 것 등이다.

　　낮은 집중력으로 인한 짧은 주의집중 기간, 충동성 및 과다 활동이 특징인 주의력결핍/과잉행동장애 아동 중에는 본인이 흥미로워하는 과제에는 지속적으로 주의를 집중할 수 있는 경우도 있다. 그러나 이들 아동들은 지능수준에 비해 학업적 성취가 저조하고, 학습장애, 의사소통장애 및 운동조절장애를 동반하는 경우가 많은데 이로 인해 동료들에게서 거부당하거나 소외될 가능성이 높다. 주의력결핍/과잉행동장애 아동들은 이러한 행동 특성으로 인하여 학교나 가정에서 지속적으로 지적을 받거나 처벌을 받기 때문에 자신에 대해 부정적인 자아상을 형성할 가능성이 높다. 때로는 부모나 교사들의 빈번한 지적에 대한 반항으로 공격적이고 반항적인 행동을 보이기도 하는데 실제로 이들의 절반 정도가 품행장애로 진단받기도 한다(권석만, 2013; 김이영 외, 2019).

ADHD 특성을 보이는 유아들은 걷기 시작할 때부터 과다한 행동을 보이는데 정상적이지만 다소 과하게 활동적인 영아들과 구별하기 힘든 점이 있으므로 ADHD 진단은 4세 이전까지 이루어지기 쉽지 않다. 그러나 아동이 초등학교에 입학하면 발견되기 쉬운데 부주의가 현저하게 나타난다. 대부분 ADHD 아동들은 청소년기에 이르면 과잉행동은 줄어드는 경향이 있으나, 부주의나 충동적 행동 특성은 지속적으로 남아 있으며, 대부분의 아동은 성인기에도 ADHD 특성을 보인다. ADHD가 청소년기까지 지속되면 품행장애로 변할 가능성이 높으며, 또한 품행장애 청소년의 절반 정도는 반사회적 성격장애를 나타낸다.

ADHD의 유병률은 대부분의 문화권에서 약 5%의 아동 및 2.5%의 성인에게서 나타난다. 성별에 따른 유병률의 차이는 연구마다 다소 차이가 나타나지만 대체로 영아보다 남아에게서 흔히 더 발병하는 것으로 보고된다(3~4배 정도). 이는 아마 남아에게서 나타나는 심한 공격성이나 반사회적 행동 혹은 품행장애가 여학생에 비해 더 높은 비율로 나타나기 때문인 것으로 추정할 수 있다.

주의력결핍/과잉행동장애의 발생 원인은 매우 다양한 요인이 작용한다. 유전적 요인, 미세한 뇌손상, 신경전달물질의 이상 등 생물학적 요인과 함께 부모의 성격, 양육방식 및 부적절한 환경 등 심리사회적 환경요인이 복합적으로 작용하여 ADHD를 유발하는 것으로 여겨진다. ADHD 아동의 형제자매 역시 ADHD가 발생할 확률이 높은데 일반인들과 비교하면 거의 2배 정도 높은 것으로 알려져 있다. 즉, 직계가족 간의 ADHD 발생빈도는 다소 높은 편이어서 ADHD가 높은 유전율을 보임을 알 수 있다. 시각과 청각 장해, 신진대사 이상, 수면장애, 영양결핍 및 간질 등은 ADHD 증상에 영향을 미칠 수도 있다.

한편 ADHD 아동들을 대상으로 하여 fMRI를 사용하여 대뇌를 분석한 연구에서는 ADHD 아동들은 전두엽의 혈류가 낮게 나타났는데 이는 전두엽 기능의 억제 기능이 저하되었을 가능성을 말하는 것으로 이로 인해 과잉행동이 나타난다는 가설도 제기되었다. 또한 개인의 기질이 ADHD와 관련이 있을 수 있으며, 행동 억제력이나 의도적인 통제력이 낮다든지 부정적인 정서성이 높다든지 혹은 새로운 것을 추구하는 것이 지나치게 고양되어 있는 경우에도 ADHD가 나타날 가능성이 높다(APA, 2013, DSM-5).

ADHD는 특정한 신체적 형태와 관련은 없지만, 심하지는 않지만 양안 과다격리증(ocular hypertelorism), 상당히 구운 아치형 구개(highly arched palate), 처진 귀 같은 작은 신체적 기형 발병률이 상대적으로 높을 수 있다. 또한 미묘한 운동(발달) 지연이나 연성 신경학적 징후(neurological soft sign)도 나타날 수 있다. 환경적 요인도 ADHD 발생에 중요한 영향을 미치고 있다. 출산 시의 체중과 ADHD의 관련성이 있는데 출산 시 저체중(1,500그램 이하)인 영아들에게 대부분 ADHD가 나타나지는 않지만 저체중 출산인 경우 ADHD 발생 가능성이 2~3배로 높아질 수 있다. 임신기간 동안의 흡연이나 음주, 다이어트, 아동학대, 방임, 태내기의 신경독소 노출(예: 납), 감염(예: 뇌염) 등도 ADHD의 발생 가능성과 관련이 있으며 또한 환경 독성물질에 대한 노출도 ADHD 발생과 관련이 있다(APA, 2013, DSM-5).

ADHD의 치료에는 약물치료가 대표적이다. 리탈린(Ritalin)과 같은 중추신경계 자극제가 ADHD 증상 치료에 효과적이라고 알려져 있다. 아동에 따라 약물의 효과나 부작용이 차이가 날 수 있으므로 ADHD 증상 완화에 효과적이라고 알려진 약물을 복용하고도 증상이 나아지지 않거나 부적용이 지속된다면 다른 약물로 대치하는 것이 필요하다.

ADHD의 치료에 약물치료만을 할 경우에 저조한 사회적 기술, 학습장애, 낮은 자존감이나 정서적 문제 등은 여전히 남을 수 있다. 약물치료와 병행하여 심리치료, 특히 행동치료 및 인지행동치료를 통해서 ADHD 증상을 완화할 수 있다. 아동 스스로가 자신의 인지적 과정에서의 부주의를 조절하고 정서적 충동을 통제하여 상황에 적절한 행동을 할 수 있도록 인지행동치료를 활용할 필요가 있다.

ADHD 아동을 위한 교육과 치료 프로그램에는 행동주의 원리가 광범위하게 적용되고 있다. 행동주의 원리에는 목표행동과 프로그램 보상이 분명하게 명시되어 있고 아동이 적절한 행동을 보일 때 체계적으로 강화를 제공하기 때문에 ADHD 아동의 문제행동의 수정에 매우 효과적인 방법으로 평가된다(오경자 외, 2013). 예를 들어, 부모와 교사가 ADHD 아동이 부모의 지시를 잘 따른다든지 수업 중에 주의를 지속적으로 한다든지 혹은 자신의 행동에 대해 자기조절을 적절히 하는 경우 토큰 경제시스템(token economy system)을 이용하면 바람직한 행동이 연속적으로 나타나 ADHD 증세가 완화될 수 있다.

인지행동치료 중에는 자기지시 훈련(self-instructional training)과 문제해결 기술 훈련(problem-solving skill training)이 중요한 핵심 기법이다. 자기지시 훈련은 ADHD 아동으로 하여금 자신에게 말을 하면서 행동을 조절하고 통제하는 방법을 가르치는 것이다. 또한 언어적 통제를 통하여 아동 자신의 문제의 특성을 파악하여 문제해결을 위한 적절한 방법을 선택하도록 도와주고 좌절에 대한 인내력을 발달시키게 함으로써 바람직한 문제해결 방식을 습득하게 할 수 있다(문혁준 외, 2020).

한편 ADHD 치료에 부모의 개입이 매우 중요한 위치를 차지한다. 부모훈련을 통해 부모가 아동의 ADHD 특성을 이해하고 긍정적인 방식으로 아동을 포용할 수 있게 되면 아동의 불복종이나 반항적 행동 혹은 충동적이고 부주의한 행동의 완화에 직접적인 영향을 미칠 수 있다. 이를 위해 ADHD 장애 아동의 부모는 효과적인 부모-자녀 간 대화 방법을 비롯하여 서로 간의 감정을 이해하는 방법 등을 교육받음으로써 긍정적인 관계를 모색할 수 있을 뿐만 아니라 ADHD 증세의 완화에 많은 공헌을 할 수 있게 된다.

5. 틱장애

틱장애(Tic Disorder)는 얼굴 근육이나 신체 일부를 갑작스럽게 움직이거나 이상한 소리를 내는 등의 급작스럽고 반복적인 이상행동이 나타나는 경우를 이른다. 틱이란 불수적으로 갑작스럽고 빠르게 그리고 반복적이고 불규칙하게 움직이는 상동적 근육의 움직임이나 발성이 나타나는 비목적적인 행동을 말한다. 일반적으로 틱은 환자 당사자에게는 저항하기 힘든 것으로 정도의 경중은 상황에 따라 다소 차이를 보인다. 예로, 모든 종류의 틱은 스트레스 상황에서는 정도가 악화되며 편안한 상태로 긴장이 이완된 상태나 어떤 활동에 집중할 때에는 정도가 다소 완화되는 경향을 보인다.

틱은 크게 운동 틱과 음성 틱으로 구분되며, 각각 단순형과 복합형으로 구분된다. 운동 틱(motor tic)은 입을 씰룩거리거나 눈을 계속해서 깜박거리거나 어깨를 지속적으로 들썩거리는 등, 머리, 눈, 입, 손 및 어깨 등의 신체 부위를 갑자기 움직이는 독특한 행동을 반복하는 증상으로 단순 운동 틱(simple motor tic)과 복합 운동 틱(complex motor tic)으로 구분된다. 단순 운동 틱은 하나의 근육 집단이 수축되어 나타나는 행동으로 머리를 휘젓는다거나 입을 크게 벌려 악을 쓰는 듯한 모습을 보인다거나, 혹은 어깨나 목을 갑자기 경련이 난 듯 움츠리거나 움직이는 행동을 말한다. 복합운동 틱은 수축되는 근육 집단이 여러 개인 경우로써 뛰어오르기, 발 구르기, 고개를 뒤로 젖히고 눈을 지속적으로 깜박이다가 코를 씰룩거리는 등 상당히 복잡한 형태의 행동을 보이는 경우를 말한다.

음성 틱(vocal tic)은 갑작스럽게 소리를 내는 행동으로 단순 음성 틱은 목에서 껄껄 소리를 낸다거나 코로 킁킁거린다든지의 행동이다. 복합 음성 틱은 이상한 단어나 구절을 반복해서 말한다든지 혹은 듣기 거북한 외설스러운 단어를 지속적으로 반복하는 행동을 말한다.

DSM-5에서는 틱장애를 뚜렛장애(tourette's disorder), 만성(혹은 지속성) 운동 또는 음성 틱장애[chronic(persistent) motor or vocal tic disorder], 일시성 틱장애(provisional tic disorder) 및 기타 틱장애로 구분하고 있다.

뚜렛장애(Tourette's Disorder)는 틱장애 중에서 정도가 가장 심한 유형으로 다양한 운동 틱과 하나 이상의 음성 틱이 동시에 존재한다. DSM-5의 뚜렛장애의 구체적인 진단 기준은 ① 복합 운동 틱과 하나 이상의 음성 틱이 질병이 발생하는 동안 일정 시기에 동시에 나타난다. 그러나 반드시 동시에 나타나야 하는 것은 아니다. ② 틱이 나타나는 빈도가 증가되었다가 감소되었다 하지만 처음 발병한 이후로 1년 이상 지속되어야 한다. ③ 최초 발병은 18세 이전이어야 한다. ④ 이 장해는 물질(예: 코카인)이나 다른 의학적 상태(헌팅턴 병, 바이러스 감염에 의한 뇌염)의 생리학적 효과에 의한 것이 아니어야 한다. 뚜렛장애의 운동 틱 증상이 나타나는 신체 부위는 고정된 것이 아니라 시간이 지남에 따라 다양한 부위에서 나타나는데 발생 빈도나 증상의 심각도도 변하는 것으로 알려져 있다.

보통 뚜렛장애가 나타나는 초기에는 틱 증상이 얼굴이나 목에 나타나고 점차로 몸통이나 신체 하부로 이동하면서 다양하게 나타난다. 뚜렛장애를 보이는 아동은 흔히 강박증적 사고와 행동을 동반하며, 주의 산만과 충동적인 경향성을 보이며, 또한 우울장애, 양극성장애 물질남용 장애 등을 보이기도 한다(APA, 2013, DSM-5). 틱 증상으로 인해 사회적 상황을 회피하고 우울감을 보이는데, 이러한 이유로 인해 사회적·학업적·직업적 기능에 심각한 장애를 초래한다. 틱은 걱정이 많거나 흥분 상태일 때 혹은 소진 상태일 때 악화되며 조용히 휴식을 취하거나 어떤 일에 집중하고 있을 때는 완화된다. 예를 들어, 학교에서 주어진 학습과제에 집중하는 경우 틱이 나타나는 빈도는 훨씬 줄어든다. 하지만 시험을 친다든지 흥분을 일으키는 활동에 참여하는 경우에는 틱의 증세는 악화된다.

틱장애를 지닌 아동은 간혹 다른 사람들이 내는 소리나 움직임을 보면 그대로 흉내 내는 수가 있는데 상대방은 그러한 행동이 의도적으로 행하는 것이라고 오해를 할 수 있게 된다. 뚜렛장애의 원인은 아직 확실히 밝혀지지 않았으나 유전적 요인이 강하게 시사되는 질병이며, 신경학적 혹은 해부학적으로 볼 때 도파민의 과잉활동에 의한다는 주장도 있다. 이러한 주장은 도파민 생산에는 기저핵을 이루는 구성 요소 중의 하나인 흑질(substantia nigra)이 관여한다는 가설로부터 생각해 볼 수 있으며, 실제로 기저핵의 이상은 헌팅턴병, 파킨슨병과 같이 운동조절 이상과 관련된 질병과 연관됨을 고려하면 DSM-5에서 운동장애의 하위 유형으로 분류되는 틱장애가 도파민 과잉 생산과 관련된다는 가설은 설득력이 있는 것처럼 보인다.

뚜렛장애는 아동기나 청소년기에 주로 발병한다. 틱은 아동에게 흔하며 대부분 일시적이다. 추정되는 뚜렛장애의 유병률은 1,000명당 3~8명 정도다. 남성이 2:1에서 4:1의 비율로 여성에 비해 흔하게 발병한다.

제9장

조현병 스펙트럼/양극성/우울장애

1. 조현병 스펙트럼 장애

조현병 스펙트럼 장애(Schizophrenia Spectrum Disorder)는 조현병과 유사한 증상을 보이며, 공통적인 원인적 요인을 지니는 것으로 추정되는 여러 형태의 정신장애를 이른다. DSM-5에서의 조현병 스펙트럼 장애는 증상의 경중에 따라 가장 경증인 분열형 성격장애 및 약화된 정신증 증후군부터 망상장애, 단기 정신증적 장애, 정신분열형 장애를 거쳐 가장 중증인 조현병과 분열정동장애로 구분된다.

조현병(Schizophrenia)은 망상, 환각, 혼란스러운 사고, 심하게 혼란스러운 행동이나 긴장증적 행동 그리고 음성 증상들(예: 감소된 정서표현이나 무의욕증) 중 2개 이상이 1개월 동안 상당 부분의 시간에 나타날 때 진단된다. 정신증(psychosis)에 있어서 가장 전형적이고 대표적인 장애가 조현병인데, 조현병 환자들은 현실검증력이 상당히 손상되어 있고 사고 과정이 비논리적일 뿐아니라 비현실적인 지각 경험을 호소하는 등 심리 상태가 매우 혼란스러운 경우가 대부분이다. 이들은 주위 사람들과 정상적인 인간관계를 맺는 것이 불가능할 수 있으며, 사회적 · 직업적 정상성을 이루기 매우 힘든 경우가 많다.

조현병은 망상(delusion), 환각(hallucination) 및 와해된 사고와 언어

(disorganized thought and speech)를 가장 주된 특징으로 하고 있다. 조현병의 주된 특징을 설명하면 다음과 같다(권석만, 2013).

첫째, 망상은 본인과 주변 세상에 대한 강렬한 그릇된 믿음이다. 틀린 추론에 기초한 세상에 대한 그릇된 신념으로써, 같은 문화권의 다른 이들에게는 분명히 이해 불가한 고정된 믿음으로 반증에도 불구하고 지속되는 개인적 신념이다. 일반적으로 조현병 장애를 보이는 사람들이 보이는 망상은 너무 기괴하여 보통 사람들이 이해하기에는 매우 힘든 내용들로 이루어져 있다. 조현병 장애를 지닌 환자들이 보이는 망상은 다양한 주제로 이루어져 있는데, 그 내용은 피해와 관련된 것, 관계적인 것, 신체적인 내용, 종교적인 내용, 과대적인 것 등이 있다.

둘째, 조현병을 특징짓는 다른 핵심 증상은 환각이다. 환각이란 외부의 자극 없이 일어나는 유사 지각 경험으로, 현저하게 왜곡된 비현실적 자극을 이른다. 이러한 환각은 환자가 느끼는 감각의 종류에 따라 환청, 환시, 환후, 환촉, 환미 등으로 구분된다. 그중 환청이 조현병 환자가 느끼는 가장 흔하고 일반적인 증상이다. 누군가가 자신에게 지시를 내리고 있다고 말한다든지 혹은 다른 사람들이 이야기하는 소리가 들린다든지 등이 전형적인 환청의 예다.

셋째, 혼란스러운 사고나 언어는 조현병의 또 다른 핵심 증상이다. 조현병 환자들의 언어는 지나치게 비논리적이므로, 즉 와해된 언어를 사용하므로 대화 시에 듣는 사람들이 이해를 못하거나 심한 경우에는 거의 대화가 불가능한 경우가 생긴다. 마치 수용성 실어증 환자들과 같이 지리멸렬한 언어를 사용하며, 본인이 의도하는 목표와 관계없는 이야기를 한다거나 혹은 말의 내용이 논리적인 체계 없이 횡설수설하는 경우가 일반적이다.

넷째, 긴장증적 행동을 포함하는 매우 비체계적이고 와해된 행동 역시 조현병의 핵심 증상이다. 이러한 행동은 특정의 목표지향적인 행동이 기대되는 상황에서 자신의 연령에 어울리지 않는 부적절한 행동이나 부적응적인 행동을 보이는 경우인데, 예를 들어 계절과 어울리지 않는 복장을 하고 다닌다든지 등의 행동을 보인다. 긴장증적 행동이란 특정의 자세를 상당 기간 동안 꾸준히 지속하는 것을 이른다. 한 팔을 든 채로 몇 시간씩 움직이지 않는다든지 등이 전형적인 예다. 이러한 긴장증은 누군가 본인에게 행하는 지시에 대해 저항(거부증)하거나 또는 괴이해 보이기까지 하는 자세를 유지한다든지 혹은 언어나 운동 반응이 전무한 (예: 함구증) 형태에 이르기까지 다양하게 나타난다.

다섯째, 음성 증상도 조현병 환자들이 보이는 핵심 증상이다. 음성 증상이란 정상적인 사람들에게서는 일반적으로 나타나는 적응적 기능이나 행동 특성이지만 조현병 환자들에게는 결여된 증상을 의미하는데, 감퇴된 정서표현(정서적 둔마)과 무의욕증, 무언어증, 무쾌락증, 혹은 비사회성 등이 이에 속한다(권석만, 2013; 김정미, 박희숙, 2019).

한편 양성 증상(positive symptoms)이란 망상, 환각, 와해된 언어 및 행동을 특징으로 하는 증상이다. 대체로 일반 정상인들에게는 발견되지 않지만 조현병 환자들에게 흔히 나타나는 증상이다. 양성 증상의 대표적인 것으로 망상을 들 수 있다. 망상의 종류는 다양한데, 예를 들어 피해망상(persecutorydelusion)은 환자 본인이 특정한 개인이나 혹은 어떤 조직(권력기관, 정보기관 등)에 의해 해를 입을 것이라는 믿음으로 가장 흔한 망상이다. 관계망상(delusion of reference)은 흔히 일상적으로 일어나는 일들이 자신과 관련되어 있다고 믿는 것으로 어떤 동작이나 말, 주변의 단서 등이 자신을 겨냥한 것이라고 믿는 망상이다. 과대망상(grandiose delusion)은 자신이 특출한 역량이나 능력을 지녔으며, 엄청나게 중요한 임무를 지닌 특별한 인물이라고 주장하는 망상이다.

조현병의 원인은 다양한데 크게 생물학적·심리적 요인, 가족관계 및 사회문화적 요인 및 취약성-스트레스 모델로 설명할 수 있다. 일반적으로 조현병 환자의 뇌실이 일반인에 비해 상대적으로 팽창되어 있다는 뇌 구조 이상에 관한 연구 결과가 있다. 또한 기능적으로 전두엽의 활동이 저하되어 있다는 연구 결과는 뇌의 구조와 기능의 이상이 조현병과 직접적으로 관련될 수 있다는 생각을 하게 한다. 특히, 도파민 과다 생성이 조현병을 유발할 수 있다는 도파민 가설은 아직 더욱 많은 검증이 이루어져야 하지만 현재까지 가장 설득력 있는 가설 중의 하나다. 도파민이 과다한 경우에는 조현병이 유발될 가능성이 높으며 도파민 생성이 미약한 경우에는 운동조절과 관련된 이상 증세, 예를 들어 파킨슨씨병 등이 나타날 수 있다. 실제로 파킨슨씨 환자에게 도파민 생성을 촉진하는 약을 처방할 경우 조현병 증세가 나타날 가능성이 있다는 연구 결과도 있다.

조현병 유발과 관련하여서는 가족관계나 사회문화적 요인 등 환경적 요인도 중요하다는 입장이 있다. 특히, 부모의 양육태도나 부모-자녀 간 및 부부간 등 가족구성원 간의 의사소통 방식이 조현병의 발생에 영향을 미치는 것으로 나타났다.

조현병의 치료에는 항정신성 약물치료, 전기충격치료(electroconvulsive therapy), 심리치료 및 행동치료적 기법인 토크경제(환표이용법, token economy) 등이 사용된다. 또한 사회적 기술을 학습하고 타인과의 상호작용을 제고할 수 있게 하는 사회적 기술훈련 등이 사용된다.

2. 우울장애

사람들은 일상생활에서 누구나 기분이나 감정의 변화를 겪는다. 기간적으로 볼 때 단기적으로는 아침과 저녁의 기분이 다를 수 있고 중단기적으로는 며칠, 몇 주 혹은 몇 달간 지속될 수도 있다. 그러나 이러한 기분이 일반적인 정도를 넘어 지속적일 때 기분과 관련된 심리적 장애에 대해 의심해 볼 필요가 있다. 기분과 관련된 심리장애 중 대표적인 것으로 우울장애(Depressive disorder)와 양극성장애(Bipolar disorder)가 있다.

우울장애는 일상생활에 대한 흥미가 현저히 감소하고 심각한 수준의 슬픔, 우울감, 혹은 절망감 등을 느끼는 것을 주요 특징으로 하며 가장 흔한 정신장애 중의 하나다. 우울장애는 슬픔, 공허감 등을 수반하는 신체적 그리고 인지적인 증상으로 인해 개인의 능력과 의욕을 저하시키는 등의 적응적 기능이 심각하게 저하되는 부적응적 증상이다.

우울장애로 진단된 아동들은 대체로 낮은 자존감을 보이거나 불면증을 호소하기도 한다. 또한 이러한 우울감이 신체화되어 신체의 구체적인 통증을 호소하기도 한다. 현저히 저하된 주의집중력으로 인해 학업성취도가 높지 않으며, 또한 사회적 관계에서도 적응적 행동을 보이지 못해 또래로부터 고립될 수도 있다.

DSM-5에는 주요우울장애(Major depressive disorder), 지속성 우울장애(Persistent depressive disorder), 월경전기불쾌장애(Premenstrual dysphoric disorder), 파괴적 기분조절장애(Disruptive mood dysregulation disorder)로 우울장애의 하위 유형을 구분하고 있다.

1) 주요우울장애

주요우울장애는 DSM-5의 진단기준에 제시되는 아홉 가지 증상 중 5개 이상의 증상이 2주 이상 나타나야 한다. 이러한 증상 중 지속적인 우울한 기분이나 흥미나 즐거움의 현저한 저하가 반드시 하나 이상 포함되어야 한다. 또한 우울증으로 인하여 직업적·사회적·학업적 및 기타 중요 기능 영역에서 손상이 나타난다. 물론 이러한 우울 증상이 약물(이나 물질 사용)이나 혹은 의학적 상태로 인한 생리적 효과가 아니어야 한다.

한편 우울증의 특징은 정서적 증상, 인지적 증상, 행동적 증상, 신체적 증상으로 구분하여 설명하기도 한다(김이영 외, 2019). 우울증 환자들은 우울한 기분과 함께 광범위한 영역에 걸쳐 관심과 즐거움을 상실한다.

일반적으로 우울증 환자들은 우울하고 희망이 없고, 기운도 없으며, 무가치하다고 느낀다(정서 증상). 또한 우울증 환자들은 자신이나 세상에 대해 부정적으로 생각하는 경향성을 보인다(사고 증상). 흥미나 즐거움의 상실뿐 아니라 생활 전반에 걸쳐 무엇이든 시작하는 것이 어려운데, 에너지 저하로 진행 중이던 업무나 과제를 완수하지 못하는 등 학교생활이나 직장생활에 있어 기능적으로 어려움을 보인다. 타인에 대한 관심도 없어지고 타인의 평가에도 무관심해지며, 자살에 대한 생각을 많이 하고 자살을 시도하기도 한다(행동 증상). 수면장애 혹은 식욕이나 체중 감퇴를 호소하기도 하며 때로는 반대로 식욕이나 체중의 증가를 호소하기도 한다(신체 증상). 지남력의 이상은 없으나 질문 등에 흥미가 없다. 집중력 저하와 건망증을 호소하기도 한다(인지 증상).

우울장애의 원인으로는 생물학적 요인, 사회·심리학적 요인 등을 들 수 있다. 생물학적 요인으로 대표적인 것으로는 신경전달물질인 노레피네프라인, 에피네프라인 및 도파민을 포함하는 카테콜라민의 결핍에 의해서 우울장애가 유발된다는 카테콜라민(Catecholamine) 가설이다.

뇌의 해부학적 입장에서 우울증을 분석하는 연구자들은 섭식행동, 체온 조절, 성욕 등을 관장하는 시상하부(hypothalamus)의 기능이 장해를 보이는 경우 우울증이 발생할 수도 있다고 주장한다. 해마와 편도체에 있어서 구조적 이상이 우울증과 관련이 있다는 주장들이 있다. 편도체는 정서기억과 관련이 깊은데, 특히 두려움과 공포에 민감하게 반응하는 부위다. 실제로 우울한 사람이 일반인에 비해 편도체의 활동과 혈류가 훨씬 많았다는 연구(Drevets, 2001)는 뇌 구조의 이상과 우울증의 관계를 경험적으로 보여 주는 결과라 하겠다(이봉건, 2013 재인용).

우울장애의 심리적 요인을 분석하는 연구자들 중 우울증의 인지이론을 주장하는 연구자들(Beck, 1976; Beck, Rush, Shaw, & Emery, 1979)은 우울장애를 일으키는 제1차적인 요인은 우울장애 환자가 보이는 부정적이고 비관적인 생각이라고 주장한다. 이들 연구자들에 의하면 우울장애 환자들은 부정적 · 자동적 사고를 하는 경향이 높다고 한다. 자동적 사고란 자신이 부적절하며 자신이 처한 상황은 절망적이라고 스스로 지속적으로 제시하는 고정된 불쾌한 사고로써, 어떤 생각을 지속적으로 반복하면 반복하는 것이 습관화되어 본인이 의식적으로 자각하지 않더라도 자동적으로 그 생각이 나는 것을 의미한다. 우울장애 환자의 경우, 자동적 사고는 부정적이고 비관적인 내용으로 이루어져 있으며, 이런 부정적 내용의 생각이 우울한 기분을 초래하고 나아가 부적응적 행동을 유발시킨다. 부정적 사고는 대체로 세 가지 형태로 표현되는데 흔히 인지삼제라고 한다(Beck, 2002). 인지삼제의 내용은 ① 자신의 경험, ② 자기 자신, ③ 자신의 미래를 부정적 방식으로 해석하는 것으로 이러한 인지삼제는 우울증을 보이는 사람들이 흔히 범하는 인지적 오류에서 비롯된다(이봉건, 2013).

인지적 오류(cognitive error)와 역기능적 신념(dysfuctional belief)은 인지적 관점에서 우울장애를 설명할 때 사용되는 주요 특징이다. 인지적 오류란 우울장애 환자들이 생활사건의 의미를 해석하는 과정에서 흔히 행하는 논리적 잘못을 뜻한다. 이들은 편향된 인지도식, 즉 역기능적인 인지도식을 지니고 있기 때문에 주변의 생활 사건에 대해 부정적으로 해석한다.

역기능적 신념은 우울장애 환자들이 지니고 있는 자신과 주변 환경에 대한 완벽주의적이고 경직된 신념을 가리킨다. 역기능적인 신념을 지닌 우울증 환자들은 자신들이 믿고 있는 신념들이 실제 현실적인 삶에서도 당연히 실현 가능한 것이라고 여기기 때문에 만약 여유롭지 않을 수도 있는 현실적 상황으로 인해 자신들의 오류적 신념이 실현되는 것이 방해를 받을 경우 이들은 심각한 수준의 실패감을 느끼며 나아가 인생 전체에 대한 철저한 패배감과 좌절감을 지니게 될 수도 있다.

우울장애 환자의 심리적 혹은 사회적 환경 역시 우울장애의 발생에 영향을 미치는데, 일반적으로 대처하기 힘든 스트레스 사건이나 환경적 요인은 개인으로 하여금 우울장애 발생에 취약하게 할 수 있다. 대체로 아동의 학대와 방임 등을 포함한 부모의 부적절한 양육방식을 비롯하여 일탈적 행동을 보이는 또래와의 상호작용 등 거주 환경의 취약한 사회적 지지 등도 우울증 유발의 주요 요인으로 작용한다.

우울장애의 치료는 약물치료와 함께 정신분석이나 인지치료와 같은 정신치료가 이루어진다. 약물치료로는 항우울제로 알려진 선택적 세로토닌 억제제(Selective Serotonin Reuptake Inhibitor: SSRI), 삼환계 항우울제(tricyclic antidepressants) 및 MAO 억제제(monoamin oxidase inhibitor) 등이 일반적으로 사용된다.

2) 파괴적 기분조절곤란 장애

파괴적 기분조절곤란 장애(Disruptive Mood Dysregulation Disorder)는 심각한 수준의 분노와 폭발하는 행동을 반복적으로 보이는 경우를 말한다. DSM-5에서의 파괴적 기분조절곤란 장애를 위한 기준으로 가장 주목할 만한 것은 상황이나 유발 자극의 기간이나 강도에 비교하여 상당히 현저하게 과중한 수준에서 언어적으로나(예: 언어적 격노) 행동적으로(예: 사람이나 재산에 대한 신체적 공격성) 표시되는 심각한 수준의 반복적인 분노폭발(temper outburst)이다. 이러한 분노폭발은 발달수준과는 다소 일치하지 않으며 평균 주 3회 이상으로 나타나야 한다. 또한 분노폭발이 일어나고 또 다음의 분노폭발이 일어나는 사이에도 거의 매일 하루의 대부분 지속적으로 짜증을 내고 화를 내는데 이러한 행동은 부모, 교사나 동료들과 같은 다른 사람들에 의해서도 관찰된다.

파괴적 기분조절곤란 장애로 진단되기 위해서는 12개월 동안 이러한 증상이 지속적으로 나타나야 하며, 집에서나 학교에서나 혹은 동료들과 함께 있을 때처럼 3가지 상황에서 적어도 2개의 상황에서 증상들이 나타나야 하는데 그중 적어도 한 가지 상황에서는 심각한 수준이어야 한다. 일반적으로 파괴적 기분조절곤란 장애의 진단은 관련 증상들이 10세 이전에 시작되어야 하며, 6세 이전이나 18세 이후에는 파괴적 기분조절 곤란 장애의 진단이 내려지지 않는다.

파괴적 기분조절곤란 장애는 DSM-5에서 처음으로 우울장애에 포함 되었으며, 아동과 청소년의 유병률은 2~5% 정도이며 남자아이가 여자 아이보다 발병할 가능성이 더 높다. 파괴적 기분조절곤란 장애의 발병 률은 연령의 증가와 함께 점차로 감소하는 경향성을 보인다.

파괴적 기분조절곤란 장애의 원인은 생물학적 요인과 심리사회적인 요인으로 설명할 수 있다. 생물학적 입장에서는 파괴적 기분조절곤란 장애는 뇌기능의 저하로 인해 발생하는 것으로 설명한다. 일반적으로 파괴적 기분조절곤란 장애를 보이는 아동들은 사회적 목표행동에서 자 신이 원하는 목표달성이 이루어지지 못하면 부정적인 감정반응을 보이 며 또한 공격적인 행동으로 자신의 의사를 표현하는 경향성이 있다. 사 회적 상호작용에 있어서 적응적 행동을 판단하는 뇌 부위는 안와전두피 질과 전측 대상회 피질로 알려져 있는데 파괴적 기분조절곤란 장애 아 동들은 이 부분의 기능적 저하로 인해 목표달성이 조절되지 않는 경우 심각한 수준의 좌절감과 함께 극단의 부정적인 감정을 표출하는데 이처 럼 부정적 감정을 억제하는 뇌 영역의 기능저하로 인해 분노폭발과 같 은 부적응적 행동이 나타난다.

파괴적 기분조절곤란 장애 아동은 타인의 얼굴 표정에 대한 인식과 해 석에 있어서 오류를 보이는 경향성이 있는데, 이러한 사회적 상황에 대 한 인식의 오류가 상황과 어울리지 않는 사회적 행동으로 나타날 수 있 다. 실제로 사회적 정보처리 모형(social information processing model)에 의하면 공격적인 아동들이 사회적 정보를 처리하는 방식이 일반 아동에 비해 사회적 상황에 대해 훨씬 부정적 판단을 하고 그에 따라 표출되는 행동도 사회적으로 용인되기 힘든 행동을 보인다(Dodge, 1986).

또한 부모의 양육태도를 포함한 가족의 역기능적 환경(부모의 정신장애, 이혼, 갈등, 형제의 일탈, 빈약한 사회적 지지)이 파괴적 기분조절곤란 장애를 유발할 수도 있다. 파괴적 기분조절곤란 장애의 치료는 놀이치료나 가족치료가 효과적인 것으로 알려져 있다.

▣ 3. 양극성장애

조울증이라고 지칭되었던 양극성장애(Bipolar Disorder)는 일정 기간 동안 우울증이 지속되다가 이 후 조증 증세가 나타났다가 또 우울증 증세가 나타나는 등의 우울증과 조증이 번갈아 일정 기간 나타나는 기분 관련 장애다. 양극성장애는 과도하게 기분이 고양된 조증과 우울증이 교대로 나타나며 기분이 극단적인 상태로의 변환을 특징으로 하는 정신 장애다.

일반적으로 조증(mania) 상태에서는 과민하고 흥분하기 쉬우며 자신감에 넘쳐 여러 가지 일을 벌리기도 한다. 말의 속도도 빨라지며 수면에 대한 욕구도 현저히 감소하며 활동적으로 일을 하지만 실제로 목표를 달성하는 일이 없는 경우가 많다. 억제력의 상실로 인해 사회적 행동에서 무례를 일으키기도 하고(예: 밤늦게 전화를 함), 때로는 자신의 고양된 기분이 방해를 받는다고 느끼면 쉽게 화를 내고 짜증을 낸다. 조증에 빠진 사람들 중 일부는 피해적 사고에 몰두하여 망상에 빠지기도 한다.

한편 조증보다는 정도가 가벼운 상태를 경조증(hypomania)이라 한다. 경조증 증상을 보이는 환자들은 사회적·직업적 기능 면에서는 심한 손상을 보이지는 않지만 생활기능면에서는 증상이 없을 때는 나타나지 않았던 명확한 변화가 나타난다.

양극성장애는 제1형 양극성장애(Bipolar I disorder)와 제2형 양극성장애(Bipolar II disorder)의 두 하위 유형으로 구분된다. 제1형 양극성장애와 제2형 양극성장애의 차이는 조증의 정도에 있어서의 차이로써 제1형

양극성장애에서는 조증 삽화(manic episode)가 나타나고, 제2형 양극성
장애에서는 조증보다 경미한 수준인 경조증 삽화(hypomanic episode)가
나타난다.

제1형 양극성장애는 심한 조증 상태와 심한 우울증 상태가 교대로 나
타나는 장애다. 이 장애의 진단을 위해서는 일주일 이상의 조증 삽화가
나타나야 한다. 물론 남용하는 혹은 치료를 위한 약물이나 기타 다른 물
질(substance)에 의한 직접적인 생리적 효과로 조증 증상이 나타난 것이
아니어야 한다. DSM-5의 양극성장애의 조증 삽화의 진단 기준은 다음
과 같다.

(1) 일주일 거의 매일 하루의 대부분에서 비정상적이고 지속적으로
고양되고 확장된 기분과 함께 목표지향적 행동과 에너지가 비정
상적이고 지속적으로 일정 기간 나타난다.

(2) 기분 장해가 나타나고 에너지와 활동이 증가하는 동안에 다음의
일곱 가지 증상 중 세 가지 이상에서 유의미한 증상이 나타난다.
① 확장된 자존심 혹은 웅대성, ② 수면 욕구의 감소, ③ 평상시보
다 말이 많아지고 계속해서 말하고 싶어 함, ④ 사고의 비약이나
사고에 대한 주관적 경험, ⑤ 주의가 산만하여 중요하지 않거나 관
계없는 외적 자극에 너무 쉽게 주의를 두는 게 보고되거나 관찰됨,
⑥ 목표지향적인 행동 혹은 심리운동적 동요(비목표지향적 행동)의
증가, ⑦ 고통스러운 결과에 대한 가능성이 높은 활동에 과도하게
몰두함.

(3) 이 기분 장해는 사회적 · 직업적 기능에 있어서 현저한 장애를 야
기하거나 자신이나 다른 사람을 위해하는 것을 방지하기 위해 입
원이 필요할 정도로 충분히 심각하여야 한다.

(4) 이 장해는 물질(약물남용, 치료약, 혹은 다른 처치)의 생리학적 효과
나 다른 의학적 상태에 의한 것이 아니어야 한다.

일반적으로 DSM-5에서는 조중 진단을 위한 두 번째 기준의 일곱 가지 증상 중 적어도 세 가지 이상에서 심각한 수준의 병리적 특성이 나타나야 양극성장애로 진단할 수 있다. 또한 제1형 양극성장애에는 최소 1회 이상의 조중 삽화와 주요우울 증상이 2주일 이상 유지되는 주요우울 삽화(major depressive episode)가 1회 이상 나타나야 한다.

제1형 양극성장애는 유전적 영향을 많이 받으며, 주요우울장애와 함께 자살 위험성이 가장 높다. 양극성장애 환자들이 자살을 많이 시도하는 시기는 주요우울 삽화가 나타나는 때다.

한편 제2형 양극성장애는 제1형 양극성장애처럼 조중 삽화와 우울 삽화가 교대로 나타나지만 조중 삽화의 심각도가 제1형 양극성장애에서 나타나는 수준보다 경미한 수준으로 나타난다. 즉, 경조중 삽화(hypomanic episodic)와 우울 삽화가 나타난다. 경조중 삽화는 분명 기분이 고양되고 어느 정도의 사고의 비약과 주의산만 등이 나타나지만 입원이 필요할 정도로 심각하지 않다. 제2형 양극성 장애로 진단되기 위해서는 과거에 조중 삽화가 한 번도 나타나지 않았어야 하며, 경조중 삽화와 주요우울 삽화가 1회 이상 나타나야 한다. 또한 경조중 삽화나 주요우울 삽화가 나타나는 이유가 조현병, 조현정동장애, 망상장애나 다른 정신증에 의해 더 잘 설명되지 않아야 한다. 뿐만 아니라 우울증과 경조중 사이에 나타나는 빈번한 심리상태의 변경으로 인해 야기된 우울 증상이나 예측 불가능성에 의해 임상적으로 상당한 고통과 사회적, 직업적, 혹은 다른 중요 기능 영역에서 장해가 유발되어야 한다.

양극성장애의 원인으로는 생물학적 요인과 사회문화적 환경요인 등이 있다. 생물학적 요인의 영향으로는 유전적 요인, 신경전달물질, 내분비적 요인 등 다양한 요인들이 고려된다. 양극성장애 환자들의 뇌 연구에서 norepinephrine, serotonin, dopamin 등의 신경전달물질의 기능이 원활하지 못하다고 보고되고 있다. 양극성장애 발병에 대한 인지적 입장에서는 양극성장애와 주요우울장애 발병의 주된 원인이 두 장애 모두

인지적으로 왜곡된 사고와 부정적인 (혹은 긍정적인) 자동적 사고에 기인
한다고 한다.

제10장

불안/강박/외상 및 스트레스-관련 장애

1. 불안장애

우리가 일상생활을 하면서 현실에서 접하게 되는 불안상태는 다양한 원인에 의해 나타난다. 위협적인 사건이나 사물에 접했을 때 우리는 불안을 느끼게 되고 정서적으로나 신체적으로 다양한 반응을 보인다. 일반적으로 현실에서 접하는 위험 요소에 대한 불안상태는 적응적인 심리적인 반응인데 이는 정상적인 불안이라고 할 수 있다. 이에 비해 현실적인 위험이 없는 상황이나 위험이 되지 않는 사물과 사건에 대해 불안을 느끼거나 혹은 위험의 수준에 비해 지나치게 과도한 불안을 느낀다든지 또는 불안 발생의 위협적 요인이 사라졌음에도 여전히 심한 불안을 느끼는 경우를 신경증적 불안 혹은 병적인 불안(pathological anxiety)이라고 한다(권석만, 2013).

불안장애(Anxiety Disorder)란 불안 반응이 부적응적인 양상으로 기능하는 경우인 병적인 불안상태로 인하여 심리적 고통을 지나치게 과도하게 느끼거나 그에 따른 현실적인 적응력이 심각할 정도로 낮은 경우를 이른다. DSM-5에서는 불안장애의 유형을 범불안장애, 특정공포증, 광장공포증, 사회불안장애, 공황장애, 분리불안장애, 선택적 무언증의 7개 하위 유형으로 구분하고 있다. 이 장에서는 범불안장애, 특정공포증, 분리불안장애에 대해서 설명하고자 한다.

1) 범불안장애

범불안장애(혹은 일반화된 불안장애, Generalized Anxiety Disorder)란 일상생활의 다양한 상황에서 경험하는 여러 형태의 사건이나 활동에 대해 과도한 걱정을 함으로써 지속적인 불안을 만성적으로 겪는 경우를 이른다. 일반적으로 범불안장애를 지닌 사람은 부동불안(free-floating)을 겪는데, 이들은 삶의 전반에 거쳐 다양한 주제에 관해 불안을 느끼며 이러한 불안은 마치 구름이 떠다니는 듯하여 한 주제에 대해 과도한 걱정이나 불안, 긴장을 하다가 또 조금 지나면 다른 주제에 대해 똑같은 불안을 느낀다. 그렇기 때문에 범불안장애를 지닌 이들은 일상생활에서 항상 긴장하고 불안해하거나 초조함을 느낀다.

DSM-5에서 범불안장애로 진단하기 위해서는 많은 사건이나 활동에 대한 과도한 불안과 걱정이 나타나며 이러한 불안과 걱정이 6개월 이상 나타나야 하고(진단기준 A), 당사자는 자신의 범불안적 증상에 대해 통제가 어렵다고 느끼며(진단기준 B), 불안과 걱정이 다음의 6개 증상 중 3개 이상(아동의 경우는 1개만)과 관련된다. ① 안절부절못하고 긴장되고 흥분한 느낌, ② 쉽게 피로해짐, ③ 주의집중이 곤란해지며 정신이 텅 빈 것 같음, ④ 성마름, ⑤ 근육의 긴장, ⑥ 잠이 들거나 잠을 지속하기 어렵고 만족하지 못하는 수면 등 수면장해가 나타남(진단기준 C). 불안, 걱정 혹은 신체적 증상으로 인해 임상적으로 심각한 고통과 사회적, 직업적, 혹은 다른 중요한 기능 영역에서의 장해를 초래한다(진단기준 D). 이 장해는 물질(약물남용, 치료약)이나 다른 의학적 상태의 생리적 효과로 인한 것이 아니어야 한다(진단기준 E). 이 장해는 다른 정신장애로 더 잘 설명되지 않아야 한다(진단기준 F).

범불안장애의 발병 연령은 주로 아동기나 청소년기—10대 중반에서

20대 초반—이며 여성이 남성에 비해 2배 정도로 범불안장애를 경험한다. 유병률은 3~12%까지 보고되고 있으며, 평생 유병률은 약 5%이다. 범불안장애는 만성적인 특성이 있으며 다양한 원인에 의해 심각성의 수준이 영향을 받지만 대체로 일상생활 속 스트레스의 정도가 심할수록 불안의 정도도 같이 악화되는 경향이 있다.

범불안장애를 위해서는 여러 치료 방법이 소개되어 있다. 약물치료로는 Benzodiazepine 계열의 약물이 흔히 처방된다. 범불안장애를 겪는 사람들에게 인지행동적 치료법을 적용하는 경우도 있는데, 이 치료법에서는 환자가 경험하는 과도한 걱정이 비현실적·비효율적이라는 것을 인식하게 함으로써, 과도한 걱정에 대한 믿음을 수정하게 하며 동시에 걱정과 불안을 조절하는 대처방법을 학습시킨다.

2) 특정공포증

공포증(Phobia)이란 특정 대상, 사건, 활동 또는 상황에 대한 비합리적 공포를 지속적으로 가지고 그러한 공포를 유발하는 대상, 사건, 활동 및 상황에 대해 회피적 반응을 보이는 장애를 의미한다. 일반적으로 우리는 혐오감을 유발하는 대상이나 상황에 대해 어느 정도의 공포를 지니고 있다. 공포가 비합리적이거나 과장되었을 때는 대상이나 사물, 사건에 대해 회피를 하며, 이로 인해 정상적인 생활에 지장을 초래하게 되는데 공포증의 가장 대표적인 특징 중의 하나다.

범불안장애가 일상생활의 다양한 상황에서 만성적 혹은 지속적 불안을 의미한다면 공포증은 특정한 대상, 사건, 상황에 국한되어 발생하며 회피행동이 동반된다. DSM-5에서는 공포를 유발하는 대상, 사건, 상황에 따라 크게 특정공포증, 광장공포증, 사회공포증으로 구분된다.

특정공포증이란 일상생활에서 접하는 특정한 상황, 대상, 사건에 대해 느끼는 비현실적이며 비합리적인 수준의 두려움과 회피행동이 지속적으로 나타나는 증상을 이른다. DSM-5에서는 특정공포증의 특징을 다음과 같이 표시하고 있다.

첫째, 특정한 대상이나 상황(비행하기, 높은 장소, 동물, 주사 맞기, 혈액을 보는 것)에 대한 현저한 공포나 불안(주의: 아동의 경우에는 공포나 불안이 울음, 짜증내기, 얼어붙음 또는 매달리기 등으로 표현될 수 있음).

둘째, 공포를 유발하는 대상이나 상황에 노출되면 거의 예외 없이 즉각적으로 공포나 불안을 야기한다.

셋째, 공포 대상과 상황을 적극적으로 회피하려 하거나 혹은 격렬한 공포와 불안을 지니고 참는다.

넷째, 특정한 대상이나 상황에 의해 제기되는 실제적인 위험과 사회문화적 맥락을 고려하면 공포와 불안의 정도가 과한 편이다.

다섯째, 공포, 불안 혹은 회피행동이 6개월 이상 지속적이어야 한다.

여섯째, 공포, 불안 혹은 회피행동이 임상적으로 유의미한 스트레스를 유발하거나 혹은 사회적, 직업적, 혹은 다른 중요한 기능 영역에 방해를 한다.

일곱째, 이 장해는 공포, 불안을 포함한 다른 정신장애 증후군에 의해서나 강박사고와 관련된 대상이나 상황, 외상적 사건을 기억나게 하는 것, 집이나 애착 대상으로부터의 분리에 의해 설명되지 않아야 한다.

특정공포증 환자들이 불안해하거나 두려워하는 특정공포증 유발 자극은 상당히 다양하다. 높은 장소에 대한 두려움인 고소공포증(Acrophobia), 폐쇄된 장소나 공간에 대한 두려움인 폐쇄공포증(Claustrophobia), 질병에 두려움인 질병공포증(Pathophobia) 등 다양한 종류의 특정공포증이 존재한다. DSM-5에서는 특정공포증의 하위 유형으로, ① 동물형(animal type, 예: 거미, 벌레, 개), ② 자연환경형(natural environment type, 예: 높은 곳, 폭풍, 물), ③ 혈액-주사-상처형(blood-injection-injury type, 예: 주사

기, 침습성 의료 절차), ④ 상황형(situation type, 예: 비행기, 엘리베이터, 폐쇄
된 장소)으로 구분하고 있다.

　공포증은 뇌의 여러 구조와 관련이 있다. 특히, 편도체(Amygdala)는
공포의 정서적 반응을 담당하는 기능을 하며, 정서와 스트레스와 관련
된 중요한 신경신호를 중재한다. 둘째로 해마(Hippocampus)는 불쾌 자
극과 반응행동에 대한 정보가 저장되어 있다.

　행동치료가 특정공포증 치료로서 가장 흔하게 사용된다. 그중 체계적
둔감법(systematic desensitization)이 가장 효과적인데, 이 방법은 특정공
포증 환자가 이완 상태에 있을 때 특정공포를 일으키는 유발 자극에 대
해 처음에는 아주 약한 정도로 노출시키고 이에 적응되면 점점 그 강도
를 높혀 노출시키는 방법이다. 또한 노출치료(exposure therapy)도 효율
적인 방법인데 특정공포 자극에 지속적으로 노출시킴으로써 공포 자극
에 적응하게 하는 것이다.

　특정공포증의 발병률은 DSM-5에 의하면 유아나 아동의 경우 5%이
며 13~17세 사이의 경우 약 16%다. 남자보다는 여자에게서 약 2:1의
비율로 더 흔하게 나타난다(Albano et al., 1996).

3) 분리불안장애

　분리불안장애(Separation Anxiety Disorder)는 애착 대상(주로 어머니를
포함한 주 양육자)과 분리되는 것에 대한 심한 정도의 불안을 나타내는
정서적 장애를 의미한다. 유아나 아동의 일반적인 발달수준과 비교했을
때 유아나 아동이 보이는 분리 상황에 대한 불안의 정도가 부적절할 정
도로 심하다면 이를 분리불안장애로 판정할 수 있다.

　일반적으로 유아나 아동들은 주 양육자와 이별하거나 분리되어야 할
경우 어느 정도의 불안을 보이지만 불안의 정도는 그리 심하지 않으며

곧 보통의 상태로 돌아온다. 그러나 분리불안장애를 보이는 유아나 아동은 분리나 이별이 예상되는 상황에서 불안을 과도하게 보이며, 또 과도한 불안이 지속되는 기간도 매우 긴 편이다.

분리불안장애를 지닌 아동은 주 양육자, 특히 어머니가 자신의 곁에 있어야 안심을 하고, 어머니가 보이지 않을 경우 심한 불안을 느낀다. 이러한 유아나 아동들은 학령기가 되면 부모와 분리될 때에 경험하는 과도한 불안 및 스트레스를 예측하여 등교 거부 등의 행동을 보이기도 한다. 분리불안장애의 진단기준을 DSM-5에서는 다음과 같이 기술하고 있다.

첫째, 애착 대상과 분리되는 것에 대하여 발달적으로 부적절하고 과도한 공포와 불안을 적어도 다음의 세 항목에서 분명히 나타난다.

① 집을 떠나거나 주요 애착 대상과 분리가 예상되거나 혹은 분리를 경험할 때 반복적이고 과도한 고통을 겪는다.

② 주요 애착 대상을 잃거나 혹은 그들에게 질병, 상해, 불행 혹은 죽음 등과 같은 일어날 수 있는 해로운 것에 대한 지속적이고 과도한 걱정을 한다.

③ 주된 애착 대상과 분리될 수 있게 만드는 원하지 않는 사건(예: 길을 잃음, 납치당함, 사고를 당함, 병에 걸림)을 경험하는 것에 대한 지속적이고 과도한 걱정을 한다.

④ 집을 떠나 밖으로 나가거나 학교, 직장 등에 가기를 지속적으로 싫어하거나 거부한다.

⑤ 집이나 다른 곳에서 주 애착 대상 없이 홀로 남겨지는 것에 대해 지속적으로 과도한 공포와 거부감을 나타낸다.

⑥ 주 애착 대상이 주위에 있지 않고서는 집에서 떨어진 곳에서 자거나 자러 가는 것을 지속적으로 꺼리며 거절한다.

⑦ 분리의 주제를 포함하는 반복적인 악몽을 꾼다.

⑧ 주요 애착 대상과 분리될 때나 혹은 분리가 예상될 때 신체적 증상
(예: 두통, 위통, 메스꺼움, 구토)을 반복적으로 호소한다.

둘째, 공포, 불안, 혹은 회피행동이 아동이나 청소년에게는 적어도
4개월 그리고 어른에게는 전형적으로 6개월 이상 지속되어야 한다.

셋째, 이러한 장애가 임상적으로 유의미한 스트레스를 유발하거나 혹
은 사회적, 직업적, 혹은 다른 중요한 기능 영역에 방해를 한다.

넷째, 이 장애가 자폐스펙트럼장애 아동에게 나타나는 변화에 대한 과
도한 저항 때문에 집을 떠나기를 거부하거나 정신증에 있어서 분리에
대한 망상이나 환각 등과 같은 다른 정신장애에 의해 더 잘 설명되지 않
아야 한다.

미국의 경우 12개월 이상 지속되는 분리불안장애의 유병률은 어른들
에게 있어서는 0.9~1.9%이며, 청소년은 1.6% 그리고 아동의 경우 4%
정도다. 분리불안장애는 아동기를 지나 청소년기나 성인기에 이르면 유
병률이 감소하는데, 12세 이하의 유아나 아동의 경우에 유병률이 가장
높다. 임상 장면에서는 남녀 동일한 비율로 나타난다.

대부분의 정신장애가 그렇듯이 분리불안장애 역시 개인의 유전적 기
질을 비롯하여 부모가 보이는 양육행동의 특성 및 인지행동적 요인 등
이 복합적으로 작용하여 나타난다. 부모와의 애착관계를 불안정 애착으
로 형성한 아동은 분리에 대한 두려움을 만성적으로 지닐 수 있으며, 과
잉보호적 양육태도 및 부모에 대한 의존적인 경향성이 높은 유아나 아
동일수록 분리불안장애를 보이며, 부모의 질병, 주 양육자의 출근, 이사,
전학, 부모의 잦은 다툼 등과 같은 불안 유발 사건들이 분리불안장애를
유발할 수 있다(권석만, 2013).

2. 강박 및 관련 장애

강박 및 관련 장애(Obsessive-Compulsive and Related Disorders)는 어떤 생각이나 충동이 본인의 의지와는 무관하게 의식에 자꾸 떠올라 그것에 집착하며 그와 관련된 행동을 반복하는 부적응 상태를 의미하며, DSM-5 에서는 강박 및 관련 장애의 하위 유형으로 강박장애, 신체변형장애, 수집광, 털뽑기장애, 피부뜯기장애 등을 두고 있다. 이 장에서는 강박장애에 대해 알아본다.

1) 강박장애

강박장애(Obsessive-Compulsive Disorder)는 강박사고와 강박행동을 주특성으로 한다. 강박사고(Obsessions)란 반복적이고 원하지 않는데도 지속적이고 반복적으로 의식에 침투하는 사고, 충동, 이미지 등을 의미한다. 강박사고의 내용은 다양한 종류를 보이는데, 흔한 예로는 근친상간을 포함하여 사회적으로 용인되지 않는 음란한 생각 등이다. DSM-5에서는 강박사고란 첫째, 강박 증상이 진행되는 어느 시점에서 경험하는 침습적이고 원하지 않는 반복적이고 지속적인 사고, 충동 혹은 심상으로, 대부분의 개인에게 심각한 불안과 고통을 야기하며, 둘째, 개인은 그러한 사고, 충동 혹은 심상을 무시하고 억압하거나 혹은 다른 사고나 행동(예: 강박행동을 함)으로서 중화하려고 시도하는 것으로 정의하고 있다.

강박장애자들은 이러한 강박사고를 떨쳐버리기 위해 다양하면서도 때로는 의례적 행동을 하게 되는데 이것이 강박행동(compulsion)이다. 강박행동은 강박사고에 의해 야기되는 불안, 긴장, 고통 등을 감소시키기 위해서 행하는 반복적이고 의례적인 행동이다. DSM-5에서의 강박행동이란 강박사고에 대한 반응이거나 혹은 엄격히 적용되어야만 하는 규칙에 의해 시행하여야만 한다고 느끼는 반복적인 행동(예: 손 씻기, 순

서 짓기, 확인하기)을 의미한다. 그러한 강박적 행동 혹은 정신적 활동은
불안과 고통을 예방하고 감소시키거나 혹은 어떤 무서운 사건이나 상황
을 예방하려는 목적을 지니지만, 그러한 행동과 정신적 활동은 그들이
중화하려거나 예방하려고 한 계획과는 실질적으로 연결되어 있지 않거
나 명백하게 과한 것이어야 한다.

 이러한 강박사고와 강박행동은 시간 소모적이어야 하며(예: 1일 1시간
이상), 사회적, 직업적, 혹은 다른 중요한 기능 영역에서 임상적으로 의
미 있는 장해를 유발하여야 한다. 또한 강박사고−강박행동 증상이 약물
에 의한 생리학적 효과나 다른 의학적 상태로 인한 것이 아니어야 한다.
또한 이 장애는 다른 의학적 증상으로 더 잘 설명되지 않아야 한다.

 강박장애의 하위 유형으로는 내면적 강박사고만을 보이는 순수강박
사고형, 내면적 강박사고와 함께 외현적으로는 타인들이 알아차릴 수없
는 강박행동이 나타나는 내현적 강박행동형, 그리고 강박사고와 강박행
동이 모두 나타나는 외현적 강박행동형이 있다.

 외현적 강박행동의 유형은 상당히 다양하며, 개인에 따라 다양하게 나
타나지만 공통된 주제도 있다. 예를 들어, 청결(cleaning, washing, 병균,
벌레 등의 오염물질에 대한 사고와 이에 따라 오염물질을 제거하기 위해 강박
적으로 씻는 행위), 대칭(symmetry, 대칭에 대한 강박, 반복, 순서, 강박적 숫
자세기), 금지된 것이나 터부와 관련된 생각(공격적, 성적, 혹은 종교적 강
박사고 및 관련된 강박행동), 해를 끼침(harm, 자신이나 타인에 대해 해를 끼
치는 것에 대한 공포 및 강박적 확인행동), 저장 혹은 수집행동(hoarding, 타
인을 해칠 것이라는 두려움과 같은 전형적 강박사고와 행동의 결과로써 나타
나는 것으로 심지어는 낡고 가치 없는 물건을 버리지 못하거나 모아 두는 것)
등이 공통적으로 나타나는 주제들이다. 이러한 공통된 주제는 여러 문
화권에 걸쳐 발생되며 성인들에게는 하나 이상의 주제들이 상대적으로
지속적으로 나타난다(DSM−5, 2013).

 또한 강박 증상을 보이는 사람들은 문을 잠근다든지 혹은 전깃불을 끈

다든지 어떤 일을 행할 때 계속해서 자기의 행동을 확인하고 난 뒤라야
안심을 하는 확인행동(checking), 책이나 옷장 정리를 할 때 자신이 정해
놓은 기준에 맞춰 강박적 수준에서 색깔별로 혹은 크기별로 분류를 한
다든지 또는 정확히 좌우 대칭이 되도록 물건을 배열하는 것을 지나칠
정도로 심하게 하는 정리정돈행동(arranging), 또는 신발을 한 번 만에 신
지 못하고 벗었다 신었다를 계속해서 여러 번씩 한 후에야 그만두는 반
복행동(repeating)을 지속적으로 한다.

 강박장애의 유병률은 12개월 동안 지속되는 경우에는 미국에서는
1.2% 정도이며, 국제적으로도 미국과 유사하게 1.1~1.8%로 나타난다.
아동기에는 남아에게서 보다 흔하게 나타나며, 성인기에는 여성이 남성
보다 약간 높은 비율로 나타난다.

 강박장애의 치료법에는 노출 및 반응방지법(exposure and response
prevention: ERP), 사고중지(thought stopping) 등의 행동치료적 기법이 있
다. 일반적으로 항우울제가 강박 및 관련 장애를 지닌 환자들의 치료
를 위해 가장 흔하게 사용되는 약물이다. 특히, 선택적 세로토닌 재흡
수 억제제는 강박장애에게도 효과적인 것으로 보고되고 있다(Soomro,
Altman, Rajagopa, & Oakley-Browne, 2008).

◾ 3. 외상-및 스트레스 요인-관련 장애

 일반적으로 우리는 삶의 노정 속에서 정서적으로 긍정적인 혹은 부정
적인 유인가를 지닌 수많은 사건들을 접하게 된다. 즐거운 사건이나 상
황에서는 행복해하고 기뻐하지만 상황이 힘들게 전개되어 우리들의 삶
에 고통을 줄 수도 있다. 이 중 일시적인 고통과 번뇌는 곧 잊혀져 일상
적인 생활로 복귀가 가능하지만 어떤 사건은 우리의 정서적 인내의 한
계를 넘어서는 강렬한 자극으로 다가와 정신적 한계 상황으로 몰아가기

도 한다. 이처럼 정서적으로 강한 충격을 받으면 그 충격으로 인해 일상
생활이 어려움을 겪게 되어 정상적인 판단과 사고능력이 저하되기도 한
다. 때로는 그러한 충격을 야기한 사건이나 상황이 종료된 후에도 정서
적으로는 오랫동안 불안정하게 되거나 심지어는 평생 힘든 심리적 상처
로 남기도 한다. 즉, 외상(trauma)으로 남게 된다. 외상이란 외부로부터
의 강렬한 충격적인 사건이나 상황에 의해 야기된 심리적 상처를 의미
한다.

　DSM-5에서는 외상-및 스트레스 요인-관련 장애의 하위 유형을 반
응성 애착장애(Reactive Attachment Disorder), 탈억제성 사회적 유대감
장애(Disinhibited Social Engagement Disorder), 외상후 스트레스장애
(Posttraumatic Stress Disorder), 급성 스트레스장애(Acute Stress Disorder),
적응장애(Adjustment Disorder) 등으로 구분하고 있다.

　외상후 스트레스장애에는 심각한 스트레스 요인에 대해 증가된 불안,
외상과 관련된 자극의 회피, 높아진 각성 수준 등의 극단적인 반응이 초
래된다. 일단 외상후 스트레스장애가 발병되면 만성적이 되기 쉬우며,
자살 생각 등이 흔하게 나타난다. DSM-5에서 외상후 스트레스장애의
증후군은 대략 네 가지의 범주로 묶을 수 있다(Kring & Johnson, 2014).

　첫째, 외상적 사건을 침투적으로 재경험함: 외상에 대한 반복적 기억
이나 그 사건에 대한 반복적 악몽을 꾸며, 외상을 기억하게 하는 자극물
에 대해 격렬하게 흥분하거나 혹은 현저한 신체적 반응을 보임(예: 헬리
콥터 소리는 전쟁참전 용사들에게 전쟁터를 상기시킴, 어둠은 강간에 대한 기
억을 상기시킴).

　둘째, 외상과 연관된 자극을 회피함: 외상을 기억하게 하는 것들을 회
피하려고 함(예: 지진이 왔을 때 밤새 혼자 묻혀 있었던 사람들은 집 내부나
건물 안에서 자려고 하지 않음).

　셋째, 외상 후 정서적·인지적 변화의 징후: 외상적 사건의 중요한 측
면을 기억할 수 없게 됨, 지속적인 부정적 인식(공포, 죄의식, 슬픔, 부끄러

움, 혼란스러움), 외상에 대해 자신이나 타인을 비방, 중요한 활동에 대한 흥미 및 참여의 결여, 긍정적 정서를 갖지 못함.

넷째, 증가된 각성과 반응의 증후군: 이러한 증후에는 성마름, 공격성, 잔인함, 혹은 자기파괴적 행동, 불면증, 주의집중 곤란, 과도한 경계심, 과장된 놀람 반응 등이 포함됨.

외상후 스트레스장애는 생후 1년 이후의 어느 연령층에서나 나타날 수 있다. 외상 후 3개월 이내에 외상후 스트레스장애와 관련된 증후가 일반적으로 나타나지만, 간혹 몇 달 혹은 몇 년 지연되어 나타날 수도 있다(지연된 표현, delayed expression). 외상후 스트레스장애의 유병률은 미국 내에서 12개월 이상의 유병률은 3.5%인 것으로 타나났다. 생애 전반에 걸쳐 남성보다 여성의 외상후 스트레스장애의 유병률이 높으며 지속기간도 길다. 아동기의 학대와 같은 외상적 사건은 자살에 대한 생각, 자살 시도 등 개인의 자살 위험율을 높이게 된다.

그런데 동일한 외상적 경험을 접하더라도 어떤 개인은 그 외상을 극복하지만 어떤 사람은 외상후 스트레스장애를 보인다. 이러한 차이는 외상적 사건에 대한 개인의 주관적 의미에 대한 해석의 차이에서 오는 것이다. DSM-5에서는 외상후 스트레스장애 발병의 위험요인(혹은 보호요인)을 외상 전 요인(pretraumatic factors), 외상 근접요인(peritraumatic factors), 외상 후 요인(posttraumatic factors)의 세 가지로 설명하고 있다.

외상 전 요인은 ① 기질적인 요소로써의 6세 이전까지의 정서문제(외상에 노출된 적이 있는지의 여부, 외현화 혹은 불안문제), 예전의 다른 정신장애의 유무, ② 환경적 요소로써의 낮은 사회경제적 지위, 낮은 교육의 정도, 아동기 곤란의 정도, 문화적 특성, 낮은 지능 그리고 ③ 유전적 · 신체적 요소들이 있다. 외상 근접요인은 외상의 심각성의 정도, 외상 당시 개인이 인지한 삶의 위험, 부상, 개인 간 폭력, 그리고 외상을 겪는 당시의 해리(dissociattion)의 정도 등이다. 외상 후 요인으로는 당사자의 부정적 평가, 부적절한 대처 전략, 만성 스트레스장애의 발달 등의 기질적 요소와 함께 반복적으로 외상의 기억을 불러일으키는 사건이나 상황, 불리한 생활 사건, 재정적 혹은 다른 외상-관련 사건들에 계속해서 노출되는 정도 등이다. 사회적 지지(예: 아동을 위한 가족의 안정성)는 외상 후의 결과를 중재할 수 있는 보호요인이다.

　외상후 스트레스장애는 편도체(amygdala)의 과도한 활동과 medial prefrontal cortex(중앙 전전두엽)의 미약해진 활동과 관련이 있다. 이 두 지역은 일반적으로 학습과 불안이나 소거와 관련 깊은 곳이어서 여러 불안장애와 관련되어 있다. 외상후 스트레스장애는 또한 기억, 특히 정서기억과 관련된 역할을 하는 해마(hippocampus)와도 연관되어 있다. 뇌영상 연구에서는 외상후 스트레스장애를 지닌 사람들의 해마의 크기는 외상후 스트레스장애가 없는 사람들과 비교해서 더 작은 것으로 나타났다(Bremner et al., 2003). 외상후 스트레스장애 환자들을 위한 치료법으로는 약물치료로서 선택적 세로토닌 재흡수 억제제가 효과적으로 사용되며, 인지행동적 치료로는 노출법이 사용된다.

　DSM-5에서는 6세 이하의 유아를 위한 외상후 스트레스장애의 진단기준을 성인의 것과 구별하여 제시하고 있다. DSM-5에서는 제시된 여러 기준이 적어도 1개월 이상 지속되어야 외상후 스트레스장애로 진단된다.

제11장

급식 및 섭식/배설/성불편감 장애

◼ 1. 급식 및 섭식장애

급식 및 섭식장애는 오랫동안 지속되는 음식물 섭취와 관련된 장애로 인해 개인의 건강과 심리사회적 기능이 심각한 손상을 초래하는 경우를 이른다. 급식 및 섭식장애를 지닌 사람들은 섭식 관련 행동의 장애로 인하여 음식을 소비하거나 섭취하는 행동에 변화가 생기고 이로 인해 신체적 건강이 심각한 수준으로 악화되며, 나아가 정신 사회적 기능도 현저히 방해를 받게 되어 사회적 적응에 어려움을 초래하게 된다. DSM-5에서는 급식 및 섭식장애의 하위 유형을 신경성 식욕부진증, 신경성 폭식증, 폭식장애, 반추장애, 이식증, 회피적/제한적 음식섭취장애로 구분하고 있다. 이 장에서는 신경성 식욕부진증, 신경성 폭식증, 반추장애, 이식증에 대해서 설명하고자 한다.

1) 신경성 식욕부진증

신경성 식욕부진증(Anorexia Nervosa)은 체중이 증가하는 것과 비만에 대해 지나치게 두려워하고 불안해함으로써 필요한 영양분을 위한 음식 섭취를 현저히 감소하거나 거부함으로 인해 체중이 비정상적으로 저하되는 경우를 이른다. 신경성 식욕부진증은 몇 가지 핵심 증상을 보이는데, 지속적인 음식물 섭취의 제한, 체중의 증가 혹은 비만이 되는 것에 대한 극심한 두려움, 혹은 체중 증가를 방해하는 행동의 지속, 그리고 체중과 체형에 대한 자기인식의 장애가 그에 해당한다(김정미, 박희숙, 2019).

DSM-5에서의 신경성 식욕부진증을 위한 진단기준은 다음과 같다. ① 요구되는 것에 비해 상대적으로 에너지 섭취가 제한적이며 이로 인해 연령, 성별, 발달적 궤적이나 신체적 건강의 맥락에서 볼 때 심각한 저체중이 된다. 심각한 저체중이란 최소한의 정상적인 수준보다 낮은 체중을 의미하며 아동과 청소년의 경우 최소한 기대되는 것보다 낮은 체중을 의미한다. ② 체중이 늘어나거나 비만이 되는 것에 대한 강력한 두려움을 지니거나 혹은 심각한 수준의 저체중임에도 불구하고 체중 증가를 방해하는 행동을 지속적으로 한다. ③ 자신의 체중과 신체적 형태가 경험되는 방식에 장애가 있으며, 자기평가에 있어서 체중과 체형이 지나치게 영향을 미치거나 혹은 현재의 저체중에 대한 시각성을 지속적으로 인지하지 못하고 있다.

신경성 식욕부진증 환자들은 체중 증가에 대한 불안함과 두려움으로 인해 자신의 체형이나 몸매에 대해 지나치게 걱정을 많이 하는 편이며, 자신이 실제로는 매우 말랐음에도 불구하고 자신의 몸매를 볼 때 매우 살이 쪘거나 뚱뚱하다고 인식하여 더욱더 음식 섭취를 거부하는 경향을 보이는 등 자신의 체중 조절에 대한 지나친 불안을 지닌다.

음식 섭취 조절을 위한 한 방편으로 대인관계가 위축되어 사회적 기능에 비정상적인 모습이 나타나며, 결국에는 사회적 고립을 초래하기도 한다. 음식 섭취에 대한 부모나 친구 등의 걱정에 대해 거부하거나 혹은 그들이 제공하는 음식물을 몰래 버리는 등 비사회적 행동들이 흔히 일어난다. 이들은 체중 조절을 위해 음식을 극히 소량만을 섭취하거나, 음식 섭취 양에 비해 과다한 운동을 한다거나 혹은 먹은 음식을 토해 내거나, 설사제, 이뇨제 등을 사용기도 한다. 이러한 비정상적인 섭식 행동은 건강을 해칠 수 있으며 또한 다양한 질병을 유발할 수도 있다.

신경성 식욕부진증을 유발하는 요인은 다양하다. 사회심리학적으로 볼 때 최근의 여성의 신체적 외모 판단 기준은 과거에 비해 상당히 달라져 있다. 르네상스 시대나 근대 혹은 가까이는 1960년대와 비교하더라도 현대의 여성이 희망하는 체형이나 체중은 과거에 비해 상당히 낮은 체중과 마른 체형을 이상적인 것으로 간주하는 경향이 높다. 특히, 매스컴이나 대중매체를 통해 소개되는 유명 연예인들의 몸매는 매우 날씬한 체형이다. 이러한 사회적 모델에 지속적으로 노출된 여성들은 그러한 마른 체형이 사회적으로 인정받는 것을 보고 자신도 그와 유사하게 되려는 모방적 행동을 하는 경우가 생기게 된다. 이러한 모방행동은 체중 증가와 비만에 대한 두려움을 가지게 하며 나아가 음식 섭취에 대한 공포와 이러한 두려움을 방지하기 위해 음식 섭취를 거부하는 병리적 태도를 지니게 할 수 있다.

또한 어린 여아들이 어릴 때부터 가지고 놀았던 장난감, 특히 바비 인형과 같이 비정상적으로 날씬한 몸매의 인형들을 경험한 여아들은 자신의 몸매를 인형의 체형에 맞추려고 할 가능성이 높아진다. 결국 이러한 비현실적인 유명 모델이나 인형에 지속적으로 노출된 결과로 정상적이고 표준적인 체형에 대한 잘못된 인식을 가질 수 있으며, 이러한 그릇된 초기 경험이 나중에 체중 증가와 비만에 대한 두려움을 유발하고 결국 신경성 식욕부진증의 원인으로 작용할 수 있다.

신경성 식욕부진증을 지닌 사람들은 음식을 섭취한 후에는 체중 증가에 대한 우려로 손가락을 사용하여 억지로 구토를 하거나 하제를 사용하여 먹은 음식이 체내에서 소화되는 것을 방지하려고 한다. 손가락을 사용한 억지 구토의 빈도가 잦아지면 구토와 함께 배출되는 위산의 작용으로 치아의 법랑 부분이 망가질 수도 있으며, 이는 치아 부식의 원인으로도 작용한다. 신경성 식욕부진증이 장기화되면 심리사회적으로도 우울증과 같은 내현적 정서문제가 유발될 수도 있으며 사회적 활동이나 인간관계에서도 대인 기피 등의 비사회적 행동이 나타날 수도 있다. 또한 신체적으로는 빈혈이나 골다공증과 같은 의학적 문제를 초래할 수도 있다.

신경성 식욕부진증 원인에 대한 인지적 입장에 따르면 신경성 식욕부진증을 지닌 사람들은 자신의 체형에 대해 편향되고 왜곡된 자아상을 지니고 있다고 주장한다. 이들은 자신의 몸매를 실제보다 훨씬 뚱뚱한 것으로 인식하는 경향성이 있다. 신경성 식욕부진장애를 지닌 사람들은 주위 사람들이 아무리 설득을 해도 소용이 없을 정도로 자신의 왜곡된 인지적 오류로 인해 과하게 뚱뚱하다고 여긴다. 이러한 신체에 대한 자기 오류적 인식장애는 결국 최소한 필요한 혹은 기대되는 음식물 섭취나 에너지 보충에 대한 저항적 태도를 유지하며 결국 심각한 수준의 건강이 위협받는 지경에 이르게 된다. 결국 실제적인 자기 이미지에 이상적인 이미지를 대비하여 생긴 왜곡된 평가가 신경성 식욕부진을 유발한다고 하겠다.

신경증 식욕부진증은 약간의 과체중이었거나 정상적인 체중을 지녔던 사람들이 본인이 희망하거나 혹은 주변 사람들을 따라하거나 혹은 권유로 시작한 다이어트를 시작하면서부터 일어나는 경향이 있으며, 부모의 이혼, 별거, 연인과의 이별, 개인적인 실패와 같이 심각한 스트레스를 겪고 난 후에 일어나기 쉽다. 대부분은 호전되거나 회복되지만 심한 경우에는 자살로 이어지는 경우도 있다(오경자 외, 2013).

신경성 식욕부진증은 일반적으로 청소년기에 흔히 발생하며 90%가 여성에게서 나타난다. 신경성 식욕부진증 환자의 대부분은 자신을 무력한 존재로 여기며, 자율성을 상실한 결과 본인 스스로 자신의 신체 기능을 조절할 능력이 결여되었다고 생각한다. 또한 신경성 식욕부진증 환자의 절반 이상이 우울증과 관련이 있는 것으로 나타났다(김정미, 박희숙, 2019).

2) 신경성 폭식증

신경성 폭식증(Bulimia Nervosa)은 단시간 내에 엄청난 양의 음식물을 섭취하는 폭식과 그로 인해 유발될 수 있다고 생각되는 체중의 과도한 증가를 방지하기 위해 구토 등의 행동이 반복적으로 나타나는 증상을 이른다. 이 증세를 보이는 사람들은 폭식 이후의 체중 증가에 대한 불안과 두려움으로 인해 손으로 구토를 하거나 관장약, 이뇨제, 설사약 등을 이용하여 체중을 감소하기 위한 보상적인 행동을 지속적으로 한다.

신경성 폭식증의 핵심적 특징은 다음과 같다. ① 반복되는 폭식으로 일정 시간 내에 대부분의 사람들이 유사한 상황하에서 유사한 시간 동안 섭취하는 것보다 확실히 많은 음식을 먹는 행위다. 폭식 증상이 나타날 때에는 섭취행동을 통제할 수 없다고 느낀다. ② 체중 증가를 방지하기 위해 부적절한 보상행동을 반복적으로 행하는데, 예를 들어 자기 스스로 구토를 한다든지 혹은 하제, 이뇨제, 기타 약물을 잘못 사용하는 것이다. 금식이나 지나친 운동도 이에 속한다. ③ 최근 3개월간 평균적으로 적어도 일주일에 1번은 폭식과 그에 대한 부적절한 보상행동이 나타난다. ④ 자기평가를 할 시에는 체형과 체중에 의해 지나치게 영향을 받는다. ⑤ 이 장해는 신경성 식욕부진증 동안에 분명히 나타나지는 않는다.

신경성 폭식증과 신경성 식욕부진증은 연관성이 높다. 신경성 식욕부진증을 보이는 환자가 자신의 체중 감소와 체중 조절을 위해 음식 섭취를 절제하다가 장기간 지속되는 굶주림으로 인해 음식에 대한 욕구가 오히려 더 강하게 나타나 폭식으로 발전하는 경우가 생긴다. 이 경우 음식 섭취의 통제감 결여에 대한 죄책감으로 인해 스스로 구토하거나 약물을 통한 강제적인 음식물 배출 과정이 동반되는 보상행동이 뒤따르게 된다.

신경성 폭식증 환자들도 엄청난 양의 음식을 단기간에 섭취한 후에는 자신의 음식물 섭취에 대한 통제 불능의 상태에 대해 대단히 후회하는 경향이 있으며, 이로 인해 신경성 식욕부진증의 경우와 유사하게 손가락을 이용하여 구토를 한다. 만약 빈번한 의도적인 구토가 이루어지면 신경성 식욕폭식증 환자들도 역시 치아의 법랑질 부분의 훼손으로 인한 치과적 문제가 나타날 수도 있다. 또한 빈번한 위산의 역류는 식도 손상을 가져오기도 하는 등 심각한 신체적 질병을 우려하게 될 수도 있다.

신경성 폭식증 환자들도 지속되는 음식물 섭취에 대한 통제 불능에 대한 회의감과 함께 자기효능감이나 자존감의 저하 혹은 무력감의 증가로 인해 우울증을 동반한 심각한 수준의 내현적 문제로 힘들어질 수도 있다. 심한 경우에는 이들도 자살이나 자해 등 극단적인 선택을 할 수도 있으며, 일부는 자신의 이러한 문제를 해결하기 위해 약물에 의존하다가 약물남용이나 약물의존 등의 부적응적 행동을 보일 수 있다.

신경성 폭식증의 원인으로는 생물학적으로나 사회심리학적 원인을 들 수 있다. 생물학적 요인으로는 세로토닌, 노르에페네프린, 엔도르핀의 비정상적인 활동이 신경성 폭식증과 관련이 있다고 여겨진다. 심리사회적으로는 유아기 때의 부모로부터의 분리의 어려움이 작용한 것으로 추정된다.

신경성 폭식증은 일반적으로 청소년기 혹은 성인기 초기에 시작하며, 남성의 유병률은 여성에 비해 약 1/10 수준이다. 신경성 폭식증도 신경성 식욕부진증처럼 주로 여성에게서 나타나며(약 90~95%), 청소년기나 초기 성인기에 시작하여(15~21세 사이가 가장 흔함 발병을 보임) 몇 년간 지속된다. 신경성 폭식증 환자의 일부는 심하게 저체중이 되어 결국에는 신경성 식욕부진증 환자로 진단되는 경우도 있다. 젊은 여성의 유병률은 1~1.5% 정도다.

3) 반추장애

반추장애(Rumination Disorder)는 음식 섭취 후 반복적으로 토해 내거나 되씹는 장애를 말하는데, 위장장애나 일반적인 의학적 상태(예: 역류성 식도염)로 인한 것이 아니라 정상적으로 기능하는 기간이 있고 난 후에 나타난다. 반추장애의 가장 대표적인 증상은 섭취했던 음식물이나 영양 물질을 반복적으로 그리고 지속적으로 역류하는 행동이다. 반복적으로 토해 내거나 되씹는 행동이 전형적으로 매일 나타나고 일주일 동안 적어도 수차례 발생하며 1개월 이상 반복되면 반추장애로 진단된다. DSM-5에서의 반추장애로 진단하기 위한 조건은 다음과 같다. ① 음식물 역류가 적어도 1개월 동안 나타나야 하며, 역류된 음식을 다시 씹고, 다시 삼키고, 또 뱉어낸다. ② 반복되는 역류가 관련된 위장이나 위식도 역류, 유문 협착과 같은 다른 의학적 상태에 기인한 것이 아니어야 한다. ③ 신경성 식욕부진증, 신경성 폭식증, 폭식증, 회피적/제한적 음식물섭취장애 동안 일어나지 않는 것이 분명해야한다. ④ 만약 이 장애가 다른 정신장애의 상황에서 발생하였다면 반추장애로 진단되기 위해서는 충분히 심각한 수준이어야 한다.

반추장애를 지닌 사람들은 구역질이 없는 상태에서도 소화된 음식물을 손쉽게 역류시킬 수 있으며, 역류시킨 음식물을 되씹은 후 다시 삼키는 행동을 보인다. 이들은 평소에도 배고파 하여 하루 섭취하는 음식물의 양이 적은 편이 아니나 음식 섭취 후 곧 토하는 행동을 지속적으로 하므로 그 결과로 체중 감소를 보인다거나 혹은 심한 경우에는 영양실조로까지 이르게 되는 경우도 있다.

반추장애의 발병 연령은 2~12개월 사이이며, 유아에게서 흔히 관찰된다. 반추장애의 유병률은 매우 낮으며, 여성에 비해 남성에게서 더 흔하게 나타나는 것으로 알려져 있다. 부모와 자식 간의 심각한 갈등과 이에 더하여 부모의 지나치게 무관심적인 양육태도가 반추장애의 촉발요인이 될 수 있고, 정서적 자극의 빈곤, 스트레스 과다 유발적 생활환경과 같은 심리사회적 문제 등도 그 원인으로 작용한다.

반추장애는 영양학적 개입과 행동치료적 중재가 필요하다. 또한 그 원인에서 알 수 있듯이 부모와의 관계가 원활히 조정되어야 하며, 이를 통해 정서적 안락함을 제공하는 것도 중요하다. 이를 위해 부모의 자식에 대한 정서적 연계의 중요성에 대한 인식을 제고시켜야 한다. 반복되는 역류에 부차적으로 나타나는 영양실조는 성장 지연과도 연관이 있으며 발달과 학습잠재력에 부정적 영향을 미칠 수 있다. 일부 반추장애를 지닌 사람들 중에는 음식물을 역류시키는 행동이 사회적으로 바람직하지 않다는 평가를 받기 때문에 음식물 섭취 자체를 의도적으로 하지 않으려는 경향을 보이기도 한다. 이로 인해 저체중이나 체중 감소에 직면하게 된다. 이러한 일련의 음식물 역류와 관련된 행동으로 인해 대부분 사회적 기능이 부정적으로 인식되며 이로 인해 사회적 관계도 약화될 가능성이 있다. 영양실조가 심해진 경우 사망에 이를 수도 있기에 구토 행위를 방지하기 위한 부모의 관심과 자식에 대한 식습관 교육은 매우 중요하며 나아가 반복적이고 습관적 음식물 역류 행동을 방지하기 위해 관련 분야의 의료적 도움을 받는 것이 필요하다고 하겠다.

4) 이식증

이식증(Pica)이란 영양학적 관점에서 볼 때 유익한 영양분이 없다고 판단되는 물질이나 혹은 먹어서는 안 되는 물질들을 섭취하는 행동이 적어도 1개월 이상 지속되는 증상을 이른다. 비영양성, 비음식 물질의 지속적인 섭취가 발달학적으로 적절하지 못하고, 또한 그 개인이 속한 사회에서 공인되는 사회적 관습이나 문화적 규범에도 적절하지 못할 때 이식증으로 진단된다. 또한 만약 이 장애가 다른 정신장애의 상황에서 발생하였다면 반추장야로 진단되기 위해서는 충분히 심각한 수준이어야 한다.

이식증은 신체적 기능에 심각한 장애를 일으킨다. 이식증은 손상된 사회적 기능과 관련된 다른 장애들과 함께 나타나지만, 사회적인 기능에 있어서의 장애에 대한 유일한 이유라고 할 수는 없다. 이식증의 대상이 되는 비영양성 물질의 종류는 페인트, 회반죽, 헝겊, 흙, 모래, 머리카락, 끈 등이 가장 흔한데 심한 경우에는 동물의 배설물이나 곤충, 자갈 등을 먹는 경우도 있다.

　피아제(Piaget)의 감각운동기에 해당되는 2세 이전의 영유아들은 비영양성 물질을 먹는 일이 비교적 흔한데 이러한 행동을 두고 이식증이라고 할 수 없다. 그러므로 이식증이라고 진단되기 위해서는 최소 2세 이상이어야 한다(김정미, 박희숙, 2019). 이식증은 아동기, 청소년기, 성인기 전반에 걸쳐 발생할 수 있지만, 아동기 때 가장 빈번히 발생한다. 지적장애, 자폐스펙트럼장애, 조현병 등을 동반하는 경우가 많은데, 특히 지적장애의 정도가 심할수록 이식증의 빈도도 병행하여 나타난다.

　이식증은 부모의 무관심이나 영유아의 발달지체와 연관이 되며, 가정의 심리사회적 스트레스 또한 원인으로 제기되고 있다. 또한 비타민, 무기질 결핍, 특히 철분 결핍이 주원인으로 보고되기도 한다. 이식증의 치료를 위해서는 부모가 유아나 아동이 섭취하는 것에 대해 관심을 가지고 섭취할 수 있는 것과 그렇지 않은 물질을 구별하여 섭취해야 하는 것을 교육시키는 등의 세심한 양육이 필요하다.

◼ 2. 배설장애

　배설장애(Elimination Disorder)는 일정 기간 동안 대소변을 가리는 행동에 장애가 있는 것을 의미한다. 영유아에게 있어서 대소변을 가리는 자기조절 능력의 발달은 일생의 큰 과업 중의 하나다. 대부분의 유아들은 4~5세에 이르면 대소변을 적절히 가리는 행동을 하게 된다. 아동은 보통 소변에 비해 대변을 먼저 가리며, 밤보다 낮에 먼저 가린다. 밤에 소변을 보는 경우가 가장 흔하고 가벼운 증상이며, 낮에 대변을 가리지 못하는 것이 가장 드물고 심한 경우다(문혁준 외, 2020).

그러나 적절한 대소변 행동이 나타날 나이가 되었음에도 불구하고 부적절한 시기와 장소에서 용변을 보는 행위를 배설장애라 이른다. 배설장애는 부적절한 장소에서 반복적으로 소변을 보는 유뇨증과 부적절한 장소에서 반복적으로 대변을 보는 유분증으로 구분된다.

1) 유뇨증

유뇨증(Enuresis)은 일반적으로 배변훈련을 통해 용변의 시기와 장소를 잘 이해하는 연령이 지났음에도 밤이나 낮에 침구나 옷에 반복적으로 소변을 보는 장애를 이른다. 유뇨증이 야간에 특히 심하게 나타나면 야간형 유뇨증[야뇨증, 단발 증상(monosymptomatic) 유뇨증]이라 하며, 주간에 주로 나타나는 경우에는 주간형 유뇨증[주간증, 요실금(urinary incontinence)]이라고 한다. 또한 주간형과 야간형이 함께 나타나는 주야간형 유뇨증[비단발 증상(monosymptomatic) 유뇨증]이 있다.

유뇨증은 의도적이든 비자발적이든 침대나 옷에다 부적절하게 소변을 반복적으로 보는 행동으로써 적어도 연속적으로 3개월간 그리고 적어도 매주 2회 나타나며, 이로 인해 사회적, 학업적(직업적) 혹은 다른 중요한 기능 영역에 있어서 심각한 고통과 장해가 나타날 경우에 진단된다. 또한 생활 연령은 5세 이상은 되어야 하며, 부적절한 소변 행위가 물질(예: 하제)이나 일반적인 의학적인 상태의 직접적인 생리적 효과로 인한 것이 아니어야 한다.

유뇨증은 내향적이고 불안정한 아동이나 불만이 많은 유아들에게서 흔하게 발생하며, 이로 인해 캠핑을 간다거나 친한 친구의 집에서 하룻밤을 지낸다든지 등의 사회적 활동이 제약되기도 한다. 유뇨증이 있다는 것을 동료 친구들이 알게 되면 그들로부터 심한 놀림을 받을 수 있으며 나아가 배척당하기도 하며, 이로 인한 자존감이 저하되는 등의 심리적인 불안정성을 보일 수도 있다.

　유뇨증은 일차성 유뇨증과 이차성 유뇨증으로 구분되는데 전자는 소변 가리는 행동이 생후에 한 번도 나타나지 않은 경우를 이르며, 후자는 소변을 가리는 행동이 적절히 나타난 이후에 다시 소변을 가리지 못하는 경우를 이른다. 일차성 유뇨증은 발달상의 미성숙이나 유전적 및 생물학적 원인에 주로 기인하며, 이차성 유뇨증은 동생의 탄생, 부모와의 불화, 이사, 환경으로부터의 심한 스트레스로 인한 심리적 요인에 주로 기인한다(문혁준 외, 2020).

　유뇨증의 원인은 아주 명확히 밝혀지지는 않았지만 유전적 요인, 심리사회적 스트레스, 부적절한 배변훈련 등이 주된 원인으로 제기되고 있다. 지연된 배변훈련이나 이완된 배변훈련이 유뇨증을 초래할 수 있으며, 부모의 이혼이나 무관심, 부정적인 형태의 양육태도 등 심리사회적 스트레스도 원인이 된다. 유전적으로나 생리학적으로는 소변 생산의 하루주기율적 리듬(circadian rhythm)의 발달이 지체되어 그 결과로 야간형 다뇨증 혹은 중앙 바소프레신 수용체의 민감성이 이상이 생기며 또한 방광의 과잉행동을 포함한 방관 능력의 기능성이 감소(불안정적 방광체계) 한 것과 연관이 있다(APA, 2013, DSM-5).

　유뇨증의 유병률은 5세의 경우 5~10%이며, 10세의 경우 3~5%이고 15세 이상인 경우 1%에 이른다. 유뇨증을 보이는 유아의 약 3/4 정도는 일차성 유뇨증으로 진단되며, 초등학교 이후에 발생하는 유뇨증의 절반 이상이 이차성 유뇨증으로 진단된다.

　유뇨증 치료를 위해서는 전자식 경보 장치를 사용하거나 혹은 방광훈련을 통한 행동치료적 기법이 효과적인 것으로 알려져 있으며, 이러한 행동치료법이나 놀이치료 등 다른 치료법이 효과가 나타나지 않으면 약물치료를 사용할 수도 있다.

2) 유분증

유분증(Encopresis)은 배변훈련을 통해 적절한 장소에서 대변을 볼 수 있을 것으로 예상되는 4세 이상의 유아가 대변 행동을 부적절한 장소에서 반복적으로 행할 때 진단되는 장애다. 이러한 부적절한 대변 행동을 4세(혹은 동등한 발달수준) 이상의 유아가 3개월간 매월 적어도 1번은 행할 경우에 유분증으로 진단된다. 또한 물질(예: 하제)이나 변비를 포함한 방법을 통한 것이 아닌 다른 의학적 상태의 직접적인 생리적 효과로 인한 것이 아니어야 한다. 일반적으로 유분증과 유뇨증은 동반되는 경우가 많다. DSM-5의 유분증의 하위 유형으로는 변비와 범람요실금을 동반한 하위 유형과 변비와 범람요실금이 동반하지 않는 하위 유형이 있다.

유분증은 유뇨증에 비해 발생 빈도가 현저히 낮지만 그로 인해 해당 유아와 그 가족이 받는 스트레스와 영향은 훨씬 심각하다. 유분증이 있는 유아는 부적절한 대변 행동으로 인해 자신에게 부정적인 평가가 이루어질 수 있는 상황을 회피하는 경향이 높다. 이들 유아들은 친구들로부터 놀림을 받기 쉬우며 배척당하기도 한다. 이로 인해 유분증 유아의 사회적 활동에는 제약이 따르기 쉬우며 자존감의 저하 등이 나타난다.

유분증은 최소한 4세 이전에는 진단이 내려지지 않는데, 5세 유아의 약 1% 정도가 유분증이 있으며 여아보다 남아에게 더 흔하게 발생한다. 주로 낮에 발생하여 유아 자신과 부모에게 엄청난 스트레스가 된다.

유분증은 항문 근육 조절능력의 발달 지연으로 인해 발생할 수 있다. 또한 지나치게 엄격하고 강압적인 그리고 일관성 없는 배변훈련의 결과로 나타날 수도 있다. 적절한 시기의 배변훈련의 부재도 하나의 원인이다. 또한 동생의 출산을 비롯하여 유아가 감당하기 쉽지 않은 생활 속의 심한 심리사회적 스트레스가 유분증을 유발할 수 있다는 주장도 있다. 특히, 배변훈련 과정 중 부모와의 갈등이 유분증을 초래할 수 있으므로 배변훈련의 중요성을 부모들은 인식할 필요가 있다.

3. 성불편증

성불편증(Gender Dysphoria)이란 개인이 자신에게 할당된 생물학적 성에 대해서 정서적으로나 인지적으로 불만을 느끼는 장애로서, 자신이 경험하거나 표현된 성별과 자신에게 할당된 성별 간에 불일치를 수반하는 고통을 나타내는 장애다. 물론 이러한 불일치를 느끼는 모든 이들이 고통을 받지는 않지만 호르몬 처치나 수술과 같은 물리적 중재가 가능하지 않은 경우에는 많은 이들이 고통을 받는 것으로 알려져 있다. 성불편증은 DSM-IV에서는 성정체감장애에 해당되는데, 성정체감장애가 정체감 그 자체에 중점을 두었다면 성불편증은 임상적 문제로 불편감(불쾌감)에 초점을 두고 있다.

이러한 불편감, 불쾌감으로 인해 성불편증 환자들은 자신의 생물학적 성과는 반대의 성에 대한 강한 동일시를 보인다. 예를 들어, 남자아이가 바비 인형 등을 가지고 인형놀이를 지속적으로 선호하고 여아의 옷을 입으려고 억지를 부린다거나 혹은 여자아이가 남자아이들에 의해 선호되는 역할놀이를 계속해서 고집한다거나 하는 등이다. 이들 중 일부는 실제로 반대의 성이 되기를 원하여 수술 등의 물리적 처치를 받는 경우도 있다.

DSM-5에서는 아동의 성불편증 진단기준과 청소년 및 성인의 성불편증 진단기준을 구분하여 제시하고 있다. 아동이 성불편증으로 진단되기 위해서는 다음의 기준들에 부합하여야 한다. 우선 개인이 경험하였거나 표현되는 성과 주어진 성 사이에 현저한 불일치가 있으며, 다음 항목 중 6개를 적어도 6개월간 나타내야 한다. ① 다른 성이 되기를 강력히 원하거나 자신은 다른 성(혹은 자신에게 지정된 성과는 다른 어떤 대안적인 성)이라고 주장함. ② (주어진 성이) 남아인 경우, 여아의 옷으로 바꿔 입거나 여아 옷으로 가장하는 것을 강력하게 선호하며, (주어진 성이) 여아인 경우, 전형적인 남성복을 입기를 강하게 선호하거나 전형적인 여성 옷을 강하게 거부함. ③ 가장놀이나 상상놀이에서 다른 성역할하기를 강하게 선호함. ④ 전형적으로 다른 성이 사용하거나 즐기는 장난감, 게임, 활동을 강하게 선호함. ⑤ 다른 성의 놀이 상대가 되는 것을 강력히 선호함. ⑥ (주어진 성이) 남아인 경우, 전형적인 남아의 장난감, 게임, 활동을 강하게 거부하며 또한 거친 놀이를 강력히 회피함. (주어진 성이) 여아인 경우, 전형적인 여아의 장난감, 게임, 활동을 강하게 거부함. ⑦ 자신의 성적 구조를 강하게 싫어함. ⑧ 자신이 경험한 성과 일치하는 1차 그리고/혹은 2차 성적 특성을 강하게 원함. 또한 이러한 상태가 임상적으로 중요한 고통 혹은 사회, 학교 혹은 다른 중요한 기능 영역에 있어서의 장해와 관련되어 있어야 한다.

　성불편증의 유병률은 생물학적인 남성의 경우에는 .005%에서 .014%에 이르며 생물학적인 여성의 경우에는 .002%에서 .003%에 이른다. 아동의 경우에 남녀 비율은 2:1에서 4.5:1이며, 청소년의 경우에는 남녀 거의 동등한 비율을 보인다. 성인의 경우에는 남자가 우세한 편으로 1:1에서 6.1:1의 비율을 보인다. 성불편증으로 인해 개인이 느끼는 고통은 부모와 주변 환경이 지지적 분위기인 경우에는 그다지 심하지 않을 수 있으나 지지적 분위기의 정도가 낮은 경우에는 학교 가기를 거부하거나 우울증, 불안, 물질남용 등의 장해가 초래될 수 있다(APA, DSM-5, 2013).

　성불편증의 원인으로는 유전적 혹은 생리학적 요인 및 환경적 요인이 있다. 유전적 요인이나 생리학적 요인으로는 태내기의 유전적 결함이나 태내기의 호르몬 이상에 의해 성불편증이 발생할 수 있다는 주장이 있다. 아동의 부모 중 동성의 부모가 부재하거나 혹은 반대 성의 부모의 역할과 기능이 상대적으로 강하게 나타나 반대 성의 부모의 행동을 학습한 결과로 성불편증이 나타난다고 한다.

제12장

파괴적, 충동조절 및 품행장애

■ 1. 파괴적, 충동조절 및 품행장애

파괴적, 충동조절 및 품행장애(Disruptive, Impulse-Control, and Conduct Disorder)에는 정서와 행동에 대한 자기통제의 문제가 연루되는 장애들이 포함된다. DSM-5에 명시된 다른 장애들도 정서나 장애의 조절 문제를 포함하기도 하지만 파괴적, 충동조절 및 품행장애는 타인의 권리를 침해하는 행동(예: 공격성, 자산의 파괴)이나 사회적 규준이나 권위를 지닌 사람들과 심한 갈등을 초래하게 하는 행동들을 포함하고 있다는 점들이 독특한 특성이라 하겠다. 파괴적, 충동조절 및 품행장애에서 나타나는 정서 및 행동의 자기통제의 문제의 원인은 장애마다 매우 다르게 나타나며, 또한 한 종류의 장애에서도 개인에 따라 다양하게 나타날 수 있다. DSM-5의 파괴적, 충동조절 및 품행장애의 하위 유형으로는 적대적 반항장애, 간헐적 폭발성 장애, 품행장애, 반사회적 성격장애, 방화증, 도벽증, 기타 관련 장애 등이 있다.

파괴적, 충동조절 및 품행장애의 하위 유형 장애들에게 있어서 대체로 두 가지 유형의 자기통제의 문제가 연루되어 있다. 하나는 행동통제의 문제이고, 다른 하나는 정서조절의 문제다. 예를 들어, 품행장애의 경우에는 타인의 권리를 침해하거나 혹은 준수하여야 하는 주요 사회적 규범들을 위반하는 것과 같은 '행동'을 심각히 통제하지 못하는, 즉 '행동적 통제'의 문제와 관련되어 있다. 이들이 보이는 많은 행동 증상(예: 공격성)은 분노와 같은 정서를 조절하지 못하는 결과로 인한 것이다. 반면에 간헐적 폭발성 장애는 개인 간 사회적 상호작용이나 혹은 사회적 스트레스원에 대하여 적절하지 못한 분노가 폭발하는 등의 '정서적 조절'이 심각하게 어려운 경우다(APA, 2013, DSM-5).

파괴적, 충동조절 및 품행장애는 여성에게서보다는 남성에게서 더 흔하게 나타난다. 이들 장애는 유아기나 청소년기에 최초로 발병하며, 성인기에 이르러서 나타나는 경우는 매우 드물다.

1) 적대적 반항장애

적대적 반항장애(Oppositional Defiant Disorder)는 사회적 규범에 대해 불복종적이거나 혹은 부모나 교사 등 사회적으로 권위를 지닌 인물들에 대해 반항적인 행동을 지속적으로 보이는 장애를 이른다. DSM-5에서의 적대적 반항장애의 세 가지 중요 행동적 지표로 분노/짜증 기분, 논쟁적/반항적 행동 및 보복, 복수심을 들고 있다. 첫째, 분노와 짜증 기분 영역에서는 가끔 발노하거나 민감하거나 짜증을 내며 그리고 분개한다. 둘째, 논쟁적이고 반항적 행동 영역에서는 권위 있는 사람들과 논쟁을 자주하며(유아의 경우 부모와 논쟁), 권위 있는 사람들의 요청이나 규범을 준수하는 것에 도전하거나 거부한다. 의도적으로 타인을 괴롭히며 자신의 실수나 비행에 대해서 타인을 비방하기도 한다. 셋째, 보복성이나 복수심 영역에서는 지난 6개월 내에 적어도 2번 앙심을 품거나 보복적이어야 한다.

적대적 반항장애를 보이는 유아들은 분노폭발이 빈번히 나타나며 주위 사람들에게 짜증을 잘 낸다. 이들은 또래에 비해 지나치게 논쟁적이고 말싸움을 걸기 좋아하며, 고의적으로 타인의 기분을 상하게 한다. 자신들의 이러한 행동으로 나타나는 결과에 대해서는 자신의 잘못이나 실수로 생각하지 않고 오히려 타인을 비난한다. 또한 다른 사람들을 비난함과 동시에 그들에 대한 보복을 시도하여 타인에 대한 복수심을 그대로 드러낸다.

적대적 반항장애로 진단되기 위해서는 이러한 행동적 특성들이 6개월 이상 지속되어 학교나 가정에서 문제를 발생하여야 하며 품행장애의 진단 기준에 미흡하면 적대적 반항장애로 분류된다. 학령기 아동의 20% 정도에서 이러한 반항적 특성들이 나타나며 발병이 조기인 경우에는 심지어 3세경에도 나타날 수 있으나 보통 초등학교에 입학하는 시기에 시작하는 것이 전형적이며, 여아보다는 남아에게서 빈번히 발생한다.

적대적 반항장애 아동들은 품행장애 아동들이 보이는 심한 신체적 공격이나 기물파괴 등의 파괴적 행동은 나타나지 않는다. 적대적 반항장애 아동들은 낮은 자존감, 변동이 심한 기분, 실패와 좌절에 대한 내성 부족의 특성을 보이며, 부모, 교사 및 친구와의 관계에서 빈번한 갈등이 유발되고 이러한 갈등은 사회적 관계에서 반항적 행위로 나타나며 그로 인해 그들과의 관계는 더욱 악화된다(박상희 외, 2014). 그러나 대부분의 아동·청소년들이 성장하면서 자신의 부모들과 어느 정도의 갈등을 빚고 본인들이 원하는 바나 자기주장을 하며, 때로는 반항적인 행동이 나타날 수도 있기 때문에 적대적 반항장애를 진단하는 것은 쉽지 않은 일이다. 그러므로 적대적 반항장애를 진단할 때에는 아동의 발달 단계와 그 연령 시기의 일반적인 심리적·행동적 특징들을 이해하고 신중히 접근하여야 한다.

적대적 반항장애의 발병 원인으로는 부모-자녀 간의 갈등을 중요 요인으로 보고 있다. 적대적 반항장애는 가정 외의 장소, 즉 유치원이나 학교에서는 나타나지 않을 수도 있으며, 양육자가 자주 변경되거나 애정적인 보살핌이 부족하거나 결여된 경우나 혹은 엄격하거나 일관적이지 못하거나 방임적인 가정에서 자란 유아나 아동에게서 많이 나타난다

(문혁준 외, 2020).

일반적으로 적대적 반항장애를 지닌 유아나 아동들의 부모들은 권위, 권력, 지배욕, 자율성에 대한 관심이 높다고 알려져 있다. 지배성이 강하고 권위와 권력 욕구가 강한 부모가 독립성과 자주성이 높은 자식들을 양육하는 경우 부모-자식 간의 기질적인 차이로 인해 적대적 반항장애의 특성이 자식들에게서 나타날 수 있다. 청소년기는 발달적으로 볼 때 독립적 자기과업 완수, 자아정체성의 확립, 자기결정권에 대한 강한 의지들이 나타나는데 여전히 부모의 강압적인 외부적 압력이나 제한 등은 이들로 하여금 적대적이고 반항적 행동을 유발시킬 가능성이 높다. 적대적 반항장애는 적어도 부모 한쪽이 기분장애나 주의력결핍/과잉행동장애, 반사회적 성격장애, 적대적 반항장애, 품행장애를 갖고 있을 경우 발병률이 높다(박상희 외, 2014).

행동주의적 입장에서는 적대적 반항장애에서 나타나는 여러 행동들은 일차적 지지 집단인 가족 내에서나 혹은 지역사회 내의 주요 영향력 있는 인물들의 행동에 대한 모방학습을 통해 습득되고 강화나 보상 등을 통한 조작적 조건형성을 통해 강화될 수 있다(권석만, 2013).

적대적 반항장애는 연령의 증가와 함께 자연적으로 사라질 수도 있으나 품행장애로 발전될 수도 있다. 적대적 반항장애를 치료하고 지도하기 위해서는 적대적 반항장애를 보이는 유아만을 대상으로 할 것이 아니라 유아의 가족 전체가 치료에 참여하는 가족치료가 바람직하다. 가족치료 중에 가족이 문제 유아를 대하는 자세나 태도 및 방식을 지켜보고, 유아와 가족구성원 간의 소통방식에 대해 분석한다. 만약 유아와 가족 간의 상호작용의 방식에 있어서 부모 편에서도 문제를 보인다면 부모교육을 통해 부모의 태도나 양육방식을 교정하는 것이 필요하다.

적대적 반항장애를 예방하기 위한 초기의 기본적인 방법은 영유아기에 양육자와 영유아 간의 안정된 애착을 형성하는 것이다. 부모-자녀 간에 형성된 안정애착을 바탕으로 하여 부모가 민주적인 양육방식으로 자녀를 양육한다면 자녀가 적대적 반항장애로 발전할 가능성은 극히 드물 것이다. 행동주의적 관점에서의 적대적 반항장애의 치료는 바람직한 행동을 보일 경우에 강화물을 제공하여 그러한 행동이 지속적으로 나타날 수 있게 하거나 반항적 행동을 보이는 경우에는 타임아웃을 포함한 제거성 벌을 이용하는 행동수정 기법이 효과적이다.

2) 간헐적 폭발성 장애

간헐적 폭발성 장애(Intermittent Explosive Disorder)는 공격적 행동을 유발하지 않는 주관적 촉발자극에 대해 충동적인 공격 행동을 통제하거나 조절하지 못해 심각한 수준의 파괴적 행동이 간헐적으로 혹은 가끔 발생하는 장애를 이른다. 이들이 보이는 공격적인 행동의 강도는 자극 사건이나 심리사회적 스트레스 사건에서 일반적으로 예견되는 강도보다 현저히 높게 나타난다. 빈번한 언어적 공격, 비파괴적이고 해를 가하지 않는 신체적 공격성을 3개월간 일주일에 2회 이상 보일 때에 간헐적 폭발성 장애로 진단된다(김정미, 박희숙, 2019).

충동적인 공격 행동은 언어적 공격 행위를 포함하여 재산 파괴와 사람이나 동물을 공격하거나 때리거나 상해를 입히는 행동 등 심각하고 파괴적인 행동이다. 충동적인 공격적 폭발적 행동은 반복적이며 급성으로 발병하며 전형적으로 30분 이하로 지속되며 친하거나 친분관계가 있는 사람에 의해 유발된 사소한 촉발자극에 대한 반응으로 발생한다. 이러한 폭발적 행동을 하기 전에 심한 긴장 상태를 경험하며 공격적 행동을 하고 난 뒤에는 즉각적으로 안도감을 느낀다.

간헐적 폭발성 장애를 지닌 사람들은 자신들의 공격적 행동이 표출된 후에는 후회를 하거나 혹은 심리적으로 매우 혼란스러워하기도 한다. 비록 폭발적 분노 표출 행위가 미리 계획된 것이 아닌 충동적이거나 혹은 분노로 인해 유발된 행동일지라도 이로 인해 직업적·학업적·사회적 상황에서 매우 심각한 곤란을 겪으며, 그 결과로 이혼, 대인관계에서 발생하는 문제, 직장 해고, 학교 부적응, 법적인 문제가 초래되기도 한다.

간헐적 폭발성 장애의 유병률은 미국의 경우 2.7%로 보고된다. 간헐적 폭발성 장애는 젊은 사람들(예: 35~40세)이 보다 나이 든 연령(50세 이상) 집단에 속하는 성인에 비해 유병률이 높은 편이다.

간헐적 폭발성 장애의 발병요인으로는 환경적 원인과 유전적 요인이 있다. 환경적 원인을 살펴보면, 생애 첫 20년 동안 신체적 및 정서적 외상(trauma)을 지닌 사람들은 간헐적 폭발성 장애를 보일 위험성이 더 높다. 유전적 요인으로는 간헐적 폭발성 장애를 지닌 사람들은 뇌 전체 또는 구체적으로 대뇌변연계(전대상회)나 안와전두피질에서 세로토닌 분비 이상이 있는 것으로 보인다. 기능적 자기공명 이미지 스캐닝(fMRI) 연구 결과에 의하면, 간헐적 폭발성 장애를 지닌 사람들은 건강한 사람들에 비해 분노 자극에 대한 편도체의 반응이 더 크다고 한다(APA, DSM-5, 2013).

3) 품행장애

품행장애(Conduct Disorder)는 타인의 권리를 침해하거나 준수하여야 할 사회적 관습과 규범을 위반하는 행동을 반복적으로 하는 것을 말한다. 물건을 파괴하거나 타인을 해치는 등 지나치게 폭력적이고 공격적인 행동 표출을 주된 특징으로 하는 품행장애는 크게 네 가지의 문제행동으로 나타나는데 사람과 동물에 대한 공격, 재산파괴, 사기나 절도 및 중대한 규칙 위반이 그에 해당된다(APA, 2013, DSM-5).

품행장애를 지닌 사람들은 폭력, 방화, 도둑질, 거짓말, 가출과 같은 폭력적이며 무책임한 행동을 통해 다른 사람을 고통스럽게 하는데, 이들은 대체로 공감능력과 감정이입 능력이 일반적으로 낮은 수준을 보인다. 품행장애 아동들은 해석이 모호한 상황에서는 상대에 대한 의도를 실제보다 훨씬 더 적대적이고 위협적인 것으로 해석하기 때문에 그들에 대한 반응에 있어서도 훨씬 공격적이고 적의적인 형태로 나타나며, 또한 그러한 자신들의 행동을 정당한 것이라고 간주하는 경향성이 있다.

　DSM-5에서 품행장애로 진단되기 위해서는 타인의 권리와 주요 연령에 어울리는 사회적 규범과 규칙을 위반하는 행동이 지속적이고 반복적으로 나타나야 한다. 구체적인 진단 준거는 DSM-5에서 제시된 4개 영역의 15개 항목 중에서 적어도 3개의 항목에 해당되는 행위가 지난 12개월 동안 나타나고, 그중 한 항목은 지난 6개월 동안 나타나야 한다. DSM-5에서의 품행장애의 진단을 위한 구체적인 내용으로 크게 4개의 영역으로 나누어진다. 우선 사람과 동물에 대한 공격으로 자주 타인을 괴롭히거나 위협을 하며 총이나 칼 같은 무기를 사용하여 타인의 신체에 해를 입히기도 한다. 또한 동물에게 잔인한 짓을 하기도 한다. 다음으로 재산의 파괴인데 심각한 수준의 상해를 일으킬 목적으로 불을 고의로 지른다든지 타인의 재산을 의도적으로 파괴하는 것이 이에 속한다. 또한 사기 혹은 절도 영역으로 타인의 집, 건물이나 자동차를 부순다든지 물건이나 호의를 얻거나 혹은 자신에게 주어진 의무를 회피하려고 자주 거짓말을 한다. 마지막으로, 중대한 규칙 위반 영역으로 부모의 금지에도 불구하고 외박을 하거나 학교에 무단결석을 한다. 품행장애 아동들은 냉담한 태도를 보이며 자신의 폭력 행동에 대해 처벌을 감소하거나 회피하기 위해 거짓으로 자신이 뉘우치고 있거나 혹은 죄책감을 느끼고 있다고 거짓말을 하기도 한다. 때로는 자신이 한 잘못된 행동에 대해서 다른 사람의 탓으로 돌리기도 한다.

　빈번한 결석, 가출, 공공 기물 파손 행동을 하며 또래보다 이른 나이에 흡연, 음주, 약물남용 등을 보이며, 이러한 이유로 품행장애 아동들은 학교 적응에 실패하거나, 휴학, 퇴학, 법적 문제에 연루되기도 한다. 품행장애 아동들이 보이는 문제행동들에 대해서 부모나 교사 혹은 성인들이 지적하거나 처벌을 하면, 반성의 태도를 보이기보다는 오히려 반항심과 분노와 증오를 강하게 표출하기도 한다.

품행장애를 지닌 아동들은 보통 적대적 반항장애 아동과 같이 좌절과 실패에 대한 인내력이 부족하고, 외부 자극에 대해 민감하게 반응하며, 폭발적인 기질을 지니고 있다(박상희 외, 2014). 품행장애의 유병률은 2%에서 10% 이상 사이이며 중앙치는 4%이다. 품행장애는 인종과 민족성이 상이한 여러 나라에 걸쳐 매우 일관성 있게 나타난다. 유병률은 아동기에서 성년기로 가면서 증가하며 여성보다 남성에게서 더 높게 나타난다. 품행장애 증상이 조기에 시작되고 또한 표출되는 문제행동이 상당히 빈번한 경우는 예후가 좋지 않다. 아동기의 적대적 반항은 품행장애의 전조로 생각되기도 하며, 적대적 반항장애처럼 품행장애는 대부분 성인이 되면 상당히 호전되지만 성인기까지 이러한 행동이 지속되는 경우 반사회적 성격장애로 발전될 수도 있다.

품행장애의 원인은 다양한 요인들이 복합적으로 작용하여 나타나는 것으로 추정되는데, 부모의 양육방식이나 생활환경 등의 환경적 요인이 가장 영향력 있는 요인으로 주목받고 있다. 부모의 양육방식에서 주 양육자의 보살핌과 훈육의 부재, 권위주의적이고 강압적인 훈육 분위기, 일관성 없고 가혹한 양육태도, 부모의 거부와 무관심, 성인으로부터의 신체적 학대 등은 아동을 공격적이고 반사회적으로 키워 품행장애로 이끌 가능성을 높일 수 있다. 또한 부모의 이혼이나 별거, 주 양육자의 빈번한 교체와 같은 불안정적인 가족 구조나 영유아의 까다로운 기질 등도 품행장애 발병에 주요 영향 요인이라 할 수 있다. 또한 아동의 주위 환경이 품행장애 원인으로 작용하는데, 경제적 빈곤, 폭력적 주변 환경, 대중매체를 통한 지속적인 폭력적 장면에로의 노출도 품행장애의 발생 가능성을 높일 수 있다.

대체로 사회경제적 수준이 낮은 집안의 부모들은 교육수준이 낮으며, 그리하여 낮은 실업률과 경제적 곤란을 겪게 되며, 이로 인해 가정생활이 원만하지 않게 되며 나아가 가정교육의 혼란은 아동으로 하여금 분노를 제어하게 힘들게 만들거나 충동적이고 공격적인 성향으로 이끌 수 있다. 이는 자연적으로 아동의 도덕적인 윤리의식의 발달을 방해하며 타인에 대한 공감능력이나 감정이입 능력을 저해하는 결과로 나타날 수 있다.

　품행장애의 치료는 다른 장애 치료와 동일하게 약물치료나 심리치료 등의 의학적인 치료와 함께 가족상담, 부모교육, 지역사회와 교육기관에서의 협조 등이 포함된 다각적인 방법을 통해 이루어진다. 아동의 품행문제의 정도가 경미한 경우 상담을 통해서 증상이 완화될 가능성도 있으나, 정도가 심한 경우에는 약물치료나 인지치료가 필요하다. 만약 부모와 품행장애 아동 간의 갈등이 심각한 수준으로 되어 부모의 조언이나 충고가 오히려 품행장애 아동의 공격적이고 반사회적이며 논쟁적인 행동을 더욱 악화시킬 가능성이 있다면 품행장애 아동의 부모는 교사나 정신건강 전문가의 중재를 요청하는 것이 문제행동의 사태가 더욱 그릇된 방향으로 진행되는 것을 예방할 수 있다.

제13장

성격장애

성격(Personality)이란 한 개인의 본질적인 특징을 정하는 특유의 인간 품성이다. 성격은 개인이 진정 어떤 사람인가를 나타내는 것이며, 비교적 일평생 동안 큰 변화 없이 비교적 일관되게 나타나는 행동 양상과 태도, 대응반응, 습관 등에 대한 예측이 가능한 일반적인 경향성을 의미한다(임혁, 채인숙, 2020).

개인의 성격은 특정 연령 시기에 마주치는 심리사회적 위기를 극복해야 다음 단계로 발전하게 되며(Erikson, 1950), 주어진 특정 시기의 과업을 원만하게 수행하지 못하는 경우에는 성격적 발달이 중단되어 고착되거나 퇴행하며(Freud, 1940/1964), 그 결과 인지적·정서적·도덕 및 사회적 기능에 병리적인 비적응적 행동 또는 정신질환이 나타난다(김이영 외, 2019; Erikson, 1950; Freud, 1940/1964).

성격장애란 왜곡된 성격구조로 인하여 사회적·직업적 활동에서 자기의 능력을 발휘하지 못하거나 주변 환경에 적응하지 못하여 대인관계에서 문제를 야기하는 등 개인이 속한 사회적 준거나 규범 및 사회문화적 기대로부터 일탈된 행동을 야기하는 지속적인 내적 경험과 행동 양식을 의미한다. 성격장애로 진단되기 위해서는 몇 가지 기준을 충족시켜야 한다. 다음은 일반적인 성격장애 진단을 위한 DSM-5의 진단기준이다.

① 개인의 문화권에서 기대되는 것과 상당히 일탈된 내적 경험이나 행동이 지속적인 유형으로 나타난다.

② 그러한 지속적인 유형이 완강하고 또한 광범위한 개인적, 사회적인 상황에 걸쳐 만연해 있다.

③ 그러한 지속적인 유형으로 인해 임상적으로 유의미한 고통 혹은 사회적, 직업적 및 다른 중요한 기능 영역에 있어서 장해를 초래할 수 있다.

④ 유형은 상당 기간 안정적이며 발병의 시작은 적어도 청년기나 성인 초기까지 거슬러 올라갈 수 있다.

⑤ 다른 정신장애에 의해 설명되지 않아야 하며 약물이나 치료약 등의 물질의 생리학적 효과이거나 혹은 다른 의학적 상태에 의한 것으로 볼 수 없어야 한다.

DSM-5에서는 성격장애를 크게 A군 성격장애(Cluster A Personality Disorder), B군 성격장애(Cluster B Personality Disorder), C군 성격장애(Cluster C Personality Disorder)의 세 가지 군집(cluster)으로 구분하고 있다. A군 성격장애에는 ① 편집성 성격장애, ② 분열성 성격장애, ③ 분열형 성격장애의 세 가지 하위 유형 있다. B군 성격장애에는 ① 반사회적 성격장애, ② 경계선적 성격장애, ③ 연극성 성격장애, ④ 자기애적 성격장애의 네 가지 하위 유형이 있다. C군 성격장애에는 ① 회피성 성격장애, ② 의존성 성격장애, ③ 강박성 성격장애의 세 가지 하위 유형이 있다.

A군 성격장애 환자들은 괴상하고 별난 성격을 지니고 있으며, 일반적으로 자신의 느낌에 대한 책임을 거부하고 그 책임을 타인에게 전가하며 타인을 의심하고 불신하는 등 사회적인 퇴행과 인간적인 상호 관계 회피를 보인다. B군 성격장애는 정서적이고 극적인 성격특성을 보인다. 또한 변덕스럽고 자신만이 독특하고 주요하다고 생각하는 경향이 있으며, 사회적 규범에 순응하지 않으며 반사회적 행동을 지속적으로 한다.

C군 성격장애 환자들은 불안과 두려움을 많이 느끼는 특성을 보인다. 이들은 사회적 퇴행을 초래할 정도로 수줍어하며, 자신의 중요한 생의 부분에 대한 책임까지 타인에게 전가하는 경향성을 보인다(김이영 외, 2019). 이 장에서는 DSM-5의 성격장애 중에서 일부 성격장애를 소개한다.

◾ 1. 편집성 성격장애

편집성 성격장애(Paranoid Personality Disorder)는 타인의 행동이 악의에 찬 동기를 가지고 있다는 등의 강한 의심과 불신을 하는 성격장애다. 항상 타인의 행동에서 숨겨진 동기와 의미를 찾으려고 노력하며 자신을 괴롭히고 착취하며 해를 끼치며 기만한다고 예상하고 그 증거를 찾으려 한다. 이런 특성으로 인해 주위 사람들과 지속적인 불화와 갈등을 일으킨다.

편집성 성격장애를 지닌 사람들은 과도한 의심과 적대감으로 인해 반복적인 불평, 격렬한 논쟁, 냉담하거나 공격적인 행동을 보인다. 모욕이나 상처를 주는 말, 경멸을 용서하지 못하며 분명하지도 않은 말을 가지고 자신의 성격이나 평판을 좋지 않게 하는 것으로 지각하고 화를 내고 반격한다. 정당한 이유 없이 배우자의 정절에 대해 집요하게 의심을 갖고 질투로 인한 의심을 입증하려고 사소한 상황 증거를 수집하기도 한다. 이 경우에 속하는 사람들은 주로 고루한 고집쟁이, 부정행위 수집가, 배우자에 대한 병적 질투심을 갖는 자, 소송을 좋아하는 괴짜 등으로 대별된다.

2. 분열형 성격장애

분열형 성격장애(Schizotypal Personality Disorder)는 사회적 고립, 기이한 생각과 행동에 의한 사회적 부적응 상태에 이르는 성격장애다. 분열형 성격장애 환자는 특이한 지각과 사고 과정을 지니고 있어 기괴한 환상이나 유아기 시절의 선입관, 착각, 피해의식, 이인증, 마술적 사고, 관계망상 등을 보이며, 사회적 기능과 직업적 기능에 한계를 가져와 사회적으로 고립된 상태가 되기 쉽다(김이영 외, 2019). 분열형 성격장애는 과거에는 단순형 조현병(simple schizophrenia)이라고 불리기도 하였으며, 다른 성격장애보다 심각한 사회적 부적응을 경험하며, 심한 스트레스를 받으면 일시적으로 정신증적 증상을 보이기도 한다.

분열형 성격장애의 발병 원인에 대해 정신분석학적 입장에서는 유아기의 부모와의 불안정한 애착관계에 기인한다고 하며, 인지적 입장에서는 자신과 무관한 일을 자신과 연결시켜 생각하는 개인화, 정서적 느낌에 따라 상황의 의미를 판단하는 정서적 추론 등의 독특한 사고와 인지적 왜곡이나 인지적 오류에 기인한다고 한다(권석만, 2013).

3. 반사회적 성격장애

반사회적 성격장애(Antisocial Personality Disorder)는 사회의 규범이나 법을 준수하지 않고 무책임하고 폭력적이며 반사회적인 행동을 지속적으로 보이는 성격장애다. 생활 전반에 걸쳐 타인의 권리를 무시하고 침해하는 행동을 반복적으로 나타내어 정상적인 사회생활이 어려울 수 있다. 비이성적, 비도덕적, 충동적, 반사회적 또는 범죄적 행동, 죄의식 없는 행동 등을 만성적으로 보이며, 거짓말, 사기, 싸움, 폭력, 무책임, 양심의 결여, 죄책감의 결여 등이 특징이다. 이들은 지적 능력의 장애나 사고장애를 보이지는 않으나 지나치게 자기중심적이고, 감정이입 능력의 결여로 인해 냉소적이며 타인의 감정, 권리, 고통 등에 무감각하다.

　반사회적 성격장애로 진단되기 위해서는 15세 이전에 이미 품행장애로 진단받았던 적이 있어야 하며, 적어도 18세 이상이어야 한다. 반사회적 성격장애를 지닌 사람들은 사회적 규범에 대한 준수능력이 현저히 저하되어 있으며, 반복되는 거짓말을 일삼고 충동성으로 인해 폭력적인 호전성과 공격성을 보인다. 이로 인해 직업적 적응에 실패하며 나아가 가족의 부양이 힘들며, 또한 반사회적 행동의 일환으로 지역사회의 문화시설을 파괴하는 등의 사회적 적응에 심각한 부적응을 보인다.

　반사회적 성격장애의 원인에 대한 설명으로 정신역동이론에서는 유아기 때 부모의 애정 결핍과 무관심 등에서 시작되어 가본적 신뢰감의 상실로 나타나며 이러한 측면이 반사회적 성격 형성에 중요 요인으로 작용한다고 본다. 또한 부모의 강압적이고 지나치게 권위주의적 양육태도 역시 성격 형성에 부정적 요인으로 작용할 수도 있다. 특히, 부모가 보여 주는 억압적이고 강압적인 태도는 모방을 통해 유아나 아동이 학습함으로써 유아나 아동 역시 타인에게 억압적이고 강압적인 태도를 형성할 수 있다. 반사회적 성격장애의 평균 유병률은 0.2~3.3%이다.

◼ 4. 경계선적 성격장애

　경계선적 성격장애(Borderline Personality Disorder)는 정서, 행동 및 대인관계의 불안정과 주체성의 혼란으로 생활 전반에 걸쳐 변동이 심한 성격장애다. 경계선적 성격장애를 지닌 사람들은 불안정성을 보이는데 주요 기분 변화, 불안정한 자기상과 충동성 등이 포함된다. 또한 지나친 충동성으로 인해 자살 시도를 하는 등의 자해행동을 빈번히 행하는 경향이 있다.

경계선 성격장애 환자들은 평소에도 기분의 변동이 심각하여 사회적 관계가 불안정하며 의존과 증오심을 동시에 지니고 있고 통제력이 결여되어 매우 돌발적이고 충동적이다. 애착 대상으로부터 유기되는 것에 대한 강렬한 공포를 지니고 있으며 이러한 상황이 예상되면 사고, 감정, 행동에 심각한 수준의 동요를 보인다. 이들은 극단적 수준의 분노를 표출하고 논쟁적이며, 자신의 문제의 책임을 타인에게 전가하려는 경향성이 높다.

경계선적 성격장애를 보이는 사람들은 인간관계에서 심각한 수준의 갈등을 종종 경험한다. 이들의 또 다른 특징은 타인과 감정을 공유하는 능력이 미약하다는 것이다. 실제로 이성과의 교제를 하는 경우에 몇 번 되지 않는 만남을 통해 상대방의 인격과 능력을 과할 정도로 이상화한다. 상대방이 당황할 정도로 관계를 급하게 진전시키다가 상대방의 태도가 자신의 기대와 차이가 나면 상당히 노여워한다. 그러다가 상대 연인으로부터 버림받을 수 있겠다는 생각에 다시 집착하는 경우가 많다. 경계선 성격장애를 지닌 사람들은 타인으로부터 유기되는 것에 대한 강한 두려움을 지니고 있으며, 실제로 이들은 현실이나 상상 속에서 버림받지 않기 위해 엄청난 노력을 한다(Sherry & Whilde, 2008). 경계선 성격장애를 보이는 사람들은 극적인 정체감 혼란을 경험하기도 하며 자신들이 느끼는 이러한 정체감 혼란이나 만성적 공허함으로 인해 자해를 시도하거나 자살을 하기도 한다.

경계선적 성격장애를 지닌 사람들에 대한 이해의 틀로 정신역동이론에서는 유아나 아동이 생의 초기에 그들의 부모와 어떠한 부모-자식 관계를 형성하였는지에 관심을 두고 있다. 유아기 초기에 부모로부터 사랑과 관심을 흡족히 받지 못할 경우 자존감이 상실되거나 누군가에 의존하려는 경향성이 증가하고 또한 애착 대상으로부터의 분리에 대한 대처능력이 부족해질 수 있다. 이러한 초기의 부정적인 부모와의 관계가 유아기의 분리-개별화 단계에 고착을 초래하여 정상적인 인간관계를 맺지 못하게 할 수도 있다.

한편 세로토닌이 충동성이나 자살들과 연관이 있다는 가설은 경계선 성격장애에 대한 신경생물학적 입장을 나타낸다. 인지적 입장에서는 세상에 대한 부정적인 믿음, 왜곡되고 독특한 신념 및 흑백논리 등의 인지적 오류를 경계선 성격장애의 원인이라고 본다.

📺 5. 연극성 성격장애

연극성 성격장애(Histrionic Personality Disorder)는 타인으로부터 자신에 대한 관심을 지속적으로 끌고 싶어 과도한 노력과 지나친 감정표현을 하는 성격장애다. 히스테리성 성격장애라고도 불렸던 연극성 성격장애를 보이는 사람들은 지나치게 감정적이고 지속적으로 타인의 이목 집중을 통한 관심의 대상이 되기를 추구한다. 그리하여 일상생활에서의 행동이 마치 연극 무대에서나 할 수 있는 연극 배우와 같은 태도나 행동을 스스럼없이 행한다. 타인의 애정과 관심을 끌기 위해 지나친 감정표현이 생활 전반에 걸쳐 나타나는데, 이들은 대체로 외향적, 자기중심적, 자기과시적이며, 허영심이 많다.

타인의 관심과 주의를 집중시키기 위해 과장된 표현을 하지만 실제로는 의존적이고 무능하며 지속적인 인간관계를 맺는 데 어려움을 갖고 있다. 연극성 성격장애를 지닌 사람들은 자신이 주인공이어야 한다는 생각에 사로잡혀 특정 상황에서 자신이 주된 관심자가 아니라고 여겨지면 심각한 수준의 불편함을 느끼며 자신 이외의 다른 사람이 관심을 받으면 그 사람에 대해 시기와 질투 나아가 강렬한 분노를 표출하기도 한다. 이들은 신체적 질병이나 정신적 피로감 등을 지나치게 과장적으로 표현함으로써 주의 사람들로부터 관심을 끌려고 노력한다. 심지어는 목표 달성을 위해서 육체적 외모를 활용하기도 하며 성적 유혹을 통해 자신의 목적을 이루기도 한다.

연극성 성격장애를 지닌 사람들은 상대방과의 대화에서 인상적인 분위기를 남기려고 노력하지만 실제로는 내용의 구체성이 결여되어 있으며, 상대방이 보여 주는 얼굴 표정이나 행동을 통해 상황을 파악하려는 피암시성이 상당히 강하게 나타난다. 자신에 대해 타인들이 어떻게 평가하는지에 대해 상당히 집착하며 그 결과 타인들이 쉽게 알아보게 하기 위해 밝은색 옷차림을 즐겨 한다. 이들이 보이는 또 다른 대인관계 특징은 상대방이 자신을 거부하거나 거절할 것에 대한 두려움에 의해 자신의 원하는 바를 이룰 수 있도록 상대방을 조정하는 기술이나 책략(예: 자살 위협 등)이 뛰어나다. 연극성 장애의 유병률은 미국 일반 인구의 1.84% 정도이며, 남성보다 여성에게 흔히 더 빈번하게 진단된다.

◼ 6. 자기애적 성격장애

자기애적 성격장애(Narcissistic Personality Disorder)는 자신의 능력, 재능, 성취도, 중요성 등 자신에 대한 매우 과장된 평가로 인한 특권의식을 지니고 타인들로부터 존경과 찬사를 받고자 하는 과대망상적 욕구로 인해 사회적인 부적응을 초래하는 성격장애다. DSM-5에 의하면 자기애성 성격장애를 지닌 사람들은 다양한 맥락에서 드러나는 웅대성, 존경의 욕구, 감정이입의 결여 등을 주된 특징으로 한다. 과장된 수준으로 자기의 중요성에 대한 느낌을 지니는 것이 대표적인 예라고 할 수 있다. 일반적으로 모든 사람들은 자기 자신에 대한 긍정적인 자존감과 자긍심을 가지고 있다. 그러나 자기애적 성격장애 환자들은 이러한 일반적인 수준을 넘어서 자신을 과대평가하며, 타인에 대해 지나칠 정도로 무시하거나 과도한 자기중심적 사고와 행동을 보인다.

자기애성 성격장애를 지닌 사람들은 자신의 입신양명, 직업적 성취 혹은 신체적 우월성이나 외모의 수려함에 대해 과다하게 자신감을 지니며 이로 인해 주위 사람들에게 끝없는 관심과 칭찬을 요구하거나 기대한다. 자기는 이 세상에서 존재 가치가 상당한 아주 특별한 사람이므로 그러한 대접을 당연히 받아야 한다고 생각한다. 이런 연유로 자기애성 성격장애를 지닌 사람들은 대인관계에서 원만한 관계를 가질 수 없으며, 심한 경우에는 타인에 대해 굉장히 착취적인 행동 양식을 보이기도 한다. 자기애성 성격장애를 보이는 사람들은 자신들의 행동과 태도가 타인들에게는 오만방자하고 무례하다는 것을 인식하지 못하는 경우가 많으며 비현실적인 특권의식에서 비롯된 자아상으로 인해 자신의 업적이나 성취에 대해 타인들의 과도한 찬사를 기대하거나 실제로 강요하기도 한다. 자신에 대한 타인의 비판에 매우 민감한 반응을 보이는데 대수롭지 않은 일에도 심각한 수준의 모욕감, 수치심, 분노 등의 과장된 반응을 보인다. 일반적으로 이들은 감정이입 능력이 결핍되어 있고 타인에 대해 잔인하고 착취적인 행동을 할 때도 죄책감을 느끼거나 후회하지 않으며, 칭찬에 대한 욕구, 웅대성, 공감의 결여가 주된 특징이다.

자기애성 성격장애 환자의 유병률은 1% 미만이며, 이 성격장애로 진단된 사람들 중 절반 이상이 남성이다. 자기애성 성격장애의 원인에 대해 정신분석학에서는 부모로부터의 일방적인 애정을 받으면서 자신에 대한 중요성을 인식하게 되는 유아기적 혹은 일차적 자기애가 고착되어 성인기에 이르러서도 이성이나 타인을 대상으로 하지 않고 자신을 사랑하는 병리적 특성의 자기애라고 해석한다. 인지적 입장에서는 자기의 웅대성에 관한 왜곡된 신념이나 사고체계(예: 나는 타인에 비해 매우 우월적인 특성을 지닌 사람이기에 모든 사람들은 나를 존경해야만 한다.)를 지니고 있고, 주위에서 유입되는 다양한 정보들 중에서 자신의 오류적 신념에 근거하여 자신이 바라는 바와 합치되는 것만을 취사선택함으로써 현실과 괴리가 있는 자신에 대한 긍정적인 이미지를 보강하게 되며, 나아가 병리적 수준의 성격장애로 변하게 된다.

■ 7. 의존성 성격장애

의존성 성격장애(Dependent Personality Disorder) 환자들은 스스로 독립적인 기능을 발휘하지 못하고 타인에게 지나치게 의존하거나 돌봄을 받으려는 행동을 보인다. 의존적 성격장애를 지닌 사람들은 자신의 능력과 판단에 대해 확신할 수 없으므로 타인의 의견, 충고에 거부하거나 반대하지 않으며 심지어는 자신에게 매우 의미 있고 중요한 결정도 자신 스스로 하지 못하고 타인에게 의존한다(Bornstein, 2007). 어떤 일을 혼자 완수하지 못하여 항상 주변 사람들에게 의존하며 도움을 요청한다. 의존적 성격장애를 지닌 사람들은 타인이 자신을 지속적이고 과도하게 보살펴 주기를 바란다. 그러므로 이들은 자신에게 도움을 베풀고 있는 부모, 배우자, 연인을 비롯하여 지지적 입장을 취하는 사람들에게 지나치게 순종적이며, 실제로 그들로부터의 조언이나 충고 없이는 일상적인 일에 있어서 어떠한 결정도 내리지 못하는 경향을 보인다. 또한 자신을 건사하지 못할 것 같은 두려움과 불안 때문에 친인척이나 가까운 지인들에게 필사적으로 도움을 요청한다.

그러나 이들이 보이는 타인에 대한 과도한 의존행동은 충고나 조언을 주는 사람들의 입장에서는 과도한 부담으로 여겨져 거리를 두게 되기도 한다. 이 경우 의존적 성격장애를 지닌 사람들은 친밀하고 의존적인 관계가 붕괴되는 것을 방지하기 위해 더욱더 순종적이 되며 심한 경우 병리적일 정도의 헌신적인 자세를 취하게 된다. 이 경우 의존 상대가 착취적인 경향성이 있으면 일방적으로 이용당하게 되어 힘든 생활을 하기도 한다.

제4부
현대사회와 정신장애

제14장

성폭력, 자살, 재난

■ 1. 성폭력과 정신건강

1) 성폭력의 개념과 특성

심리적·법적·의료적 상담을 통해 인간 중심적 성문화를 정착시키고 성폭력 피해자의 인권을 회복하고자 하는 한국성폭력상담소(2020)의 상담통계 현황에 따르면, 2019년 성폭력 상담 1,294회(912건) 중 92.1%가 여성 피해자였으며, 지인에 의한 피해가 87.6%라고 한다. 또한, 9.5%는 친족에 의해서도 이루어지며, 7~13세에 피해가 가장 높다고 한다. 성폭력은 피해자의 신체에 해를 가하는 행위일 뿐 아니라, 정신건강에 심각한 문제를 야기한다. 1994년 1월 5일, 「성폭력특별법」 제정 이후, 성폭력 예방에 대한 관심이 증가하였고, 그에 따라 피해자 보호 및 지원에 대한 방안도 꾸준히 마련되고 있다.

성폭력이란 폭력행위의 일종으로 "성추행, 언어적 희롱, 음란전화, 성기노출, 성적 가혹행위, 음란물 보이기, 음란물 제작에 이용, 윤락 행위 강요, 인신매매, 강간미수 등 상대방의 의사에 반하여 가하는 성적 행위로 모든 신체적·언어적·정신적 폭력을 포괄하는 광범위한 개념"(권진숙, 김정진, 전석균, 성준모, 2017: 315)이다. 이는 "성폭력특별법에 의해 처벌이 되는 강간, 유사강간, 추행, 상대의 의사와 상관없이 타인의 신체를 촬영하고 유포하는 행위, 통신매체를 이용한 성적 행위 등과 「남녀고용 평등과 일·가정 양립 지원에 관한 법률」, 「국가인권위원회법」 등에 의해 보호되는 직장 내 성희롱의 유형"까지 포함한다(최희철, 천덕희, 2017: 329). 이러한 성폭력은 피해자의 심각한 정신건강 문제를 야기하기에 피해자의 보호와 가해자에 대한 강력한 처벌이 잘 이루어져야 한다.

2) 성폭력 가해자의 정신병리

어린 시기 성폭력 상황에 노출당한 피해자의 경우 무의식에 영향을 미쳐 분노, 증오, 자괴감 같은 부정적 감정을 생성하고, 폭력적 성향을 길러 또 다른 가해자가 된다고 한다. 성폭력 가해자들은 자신을 중심으로 생각하는 경향이 있으며, 자신감이 결여되어 있고, 타인에 대한 공감능력이 부족하다. 따라서 성폭행 피해자도 자신처럼 즐겼다고 생각하고, 성폭행을 통해 자신의 존재감을 확인하고자 하며, 타인의 고통이나 괴로움을 전혀 느끼지 못하는 경우가 많다.

성폭력 가해자가 성도착증(paraphilia)을 가지거나 정신질환자일 땐 더욱 심각한 상황이 벌어질 수 있다. 성도착이란 흔히 변태성욕이라고도 불리며, "성애(性愛)의 대상에 관한 도착과 사정(射精) 또는 유사한 생리적 현상을 동반하는 성적 쾌감(오르가슴)을 얻기 위한 왜곡된 성행위"(권진숙 외, 2017: 366)를 말하는데, 이 왜곡된 성행위에는 동의하지 않은 이들에 대한 비주류적인 성애활동, 다양한 종류의 성적 환상을 포함하고 있기 때문에, 피해자에게 심각한 신체적·육체적 고통을 안겨 준다.

반사회적 성격장애에 해당하는 정신질환자의 경우에는 성적 욕망과 공격성에 대한 통제력이 부족하기 때문에 피해자를 사망에 이르게까지 한다. 이들은 조급하고 충동적인 성향을 지니고 있을 뿐 아니라, 타인의 견해가 자신과 다를 수 있다는 것을 받아들이지 못하며, 대인관계에서 인지적 왜곡이 많으며, 일반인에 비해 정서처리 및 정보처리가 부정확하기 때문에 자신의 만족을 위해 성폭력과 살인을 죄책감 없이 저지른다. 정신질환자의 발병 원인은 유전적 기질이라는 이론이 가장 유력하지만, 대부분의 정신질환자들이 우울하고 폭력적인 상황에서 성장하였다는 기록과 따뜻한 가정에서의 성장은 이러한 유전적 기질이 발현되는 것을 막아 준다는 연구를 종합한다면 정신질병의 발현은 주변 환경의 변화를 통해 충분히 방지할 수 있을 것으로 보인다.

3) 성폭력 피해자의 증상

성폭력은 외상성 사건 중 하나로 포함될 정도로 심각한 정신적 충격과 광범위한 후유증을 남기며, 피해자가 자살을 고려할 정도의 파괴력을 가진다. 피해자의 개인적 특성과 성향에 따른 차이는 있으나, 광범위한 후유증에는 불안과 강박감, 무력감, 우울증, 수치심, 죄책감, 분노감, 배신감, 적개심, 복수심, 부정, 해리, 왜곡된 사고, 환각, 심인성 통증, 자해, 섭식장애, 수면각성장애, 거절에 대한 공포, 친밀공포, 과잉책임, 통제행동 등 셀 수 없을 정도의 증상들이 포함된다. 다음은 성폭력 피해자들이 흔히 겪는 증상을 정서적, 사고, 지각, 신체 및 행동, 대인관계 등으로 분류한 것이다(최희철, 천덕희, 2017).

(1) 정서적 영역에서의 증상
성폭력 피해자의 정서적 영역에서 나타나는 증상은 불안과 두려움, 무기력, 우울 증상, 분노, 양가감정, 죄책감 등이다.

첫째, 불안과 두려움은 성폭력 피해를 당한 여성들이 경험하는 대표적인 후유증으로 성폭력 피해 장면과 관련된 장면에서 민감한 반응을 보이며, 성폭력을 당하는 동안 받은 죽음에 대한 두려움 때문에 사소한 일에도 심하게 놀란다.

둘째, 무력감과 우울 증상이 나타난다. 성폭력 피해자는 자신의 신체가 더럽다는 생각에 하루에 수십 번 이상 목욕을 하기도 하고, 자신의 순결을 잃었다는 상실감 때문에 자신에 대한 혐오감을 느끼고 무기력에 빠지게 된다. 의욕상실, 무가치감 등으로 인해 우울감에 빠지면 수면 및 식사장애, 신경쇠약 등의 증상이 나타나게 되고, 또다시 의욕상실, 무가치감 등을 느끼게 되는 악순환에 빠지게 된다.

셋째, 분노 및 양가감정이다. 성폭력 피해자는 가해자에게 강한 분노를 느끼게 된다. 그러나 평소에 친분이 있었던 사람이 가해자인 경우, 그에 대한 애정과 분노를 동시에 느끼게 되어 내적 갈등을 겪기도 한다.

넷째, 죄책감과 낮은 자아존중감이다. 성폭행의 원인을 자신에게 돌림으로써 죄책감을 느끼기도 하며, 성폭행을 당했다는 수치심으로 인해 자아존중감이 낮아지게 된다. 이러한 낮은 자아존중감은 자포자기적 삶의 태도를 만들기도 한다.

(2) 사고 영역에서의 증상

성폭력 피해자의 사고 영역에서 나타나는 증상은 부정, 해리(disassociation), 왜곡된 사고다. 첫째, 성폭력 피해자는 자신의 처한 상황을 부정하여 현실을 직시하지 않으려고 한다. 성폭력 사건에 대해 떠올리는 것을 싫어하거나, 성폭력의 피해를 대수롭지 않게 생각하기도 하고, 자신이 당한 일에 대해서 숨기려고 한다. 둘째, 성폭력 피해자들은 자신은 성폭력을 당한 적이 없다고 생각하거나 성폭력이 자신의 일이 아니라 다른 사람의 일인 것처럼 생각하기도 한다. 이 증상이 심해지면 성폭력을 당한 현실의 자신과 그런 일이 일어나지 않은 상상 속의 자신을 분리하는 해리성 장애가 나타나기도 한다. 셋째, 성폭력 피해자들은 성폭력 사건을 왜곡하여 피해를 더 크게 생각하는 왜곡된 사고를 한다. 왜곡된 사고가 심해지면 정신병리로 발전하며, 이 경우 무분별하고 문란한 성행동을 하는 경우도 있다. 왜곡된 사고에는 다음과 같은 생각들이 있다(권진숙 외, 2017: 372).

- 성폭력을 당한 것은 나의 책임이었다.
- 가해자가 나를 사랑했기에 성관계를 가진 것이며, 나를 성폭행한 것이 아니다.
- 모든 남성은 성폭행범이다.
- 나는 순결을 잃었으니 살 만한 가치가 없다.
- 이 세상에는 나를 도와줄 사람이 아무도 없다.

(3) 지각 영역에서의 증상

성폭력 피해자들은 환각이나 환청을 경험하기도 하는데, 울음소리, 웃음소리 등이 들리기도 하고, 무엇인가 시야에 갑자기 나타나는 것처럼 보인다거나, 누군가 자신의 몸을 만지는 느낌이 들기도 한다.

(4) 신체 및 행동적인 반응

성폭력 피해자들의 증상이 신체 및 행동적 반응으로 나타나는데, 첫째, 두통, 복통, 방광염, 경련, 목통증, 후두염, 피부질환, 골반 등의 통증을 포함한 심인성 통증을 경험한다. 자신의 신체에 대한 감각을 통제하는 것이 감정을 통제하는 것보다 덜 고통스럽기 때문에 신체에 집중하려고 한다. 그러나 신체 증상은 심리적인 요인에 기반하기 때문에 무의식 속의 상처를 해결하지 않는 이상 근본적인 치료가 되기는 어렵다. 둘째, 음식을 거부하거나, 섭취하더라도 토해 버리는 섭식장애로 나타나기도 한다. 이러한 증상은 죄책감이나 수치심이 무의식적 자기비난의 형태로 나타나면서 스스로를 벌하고자 하기 때문일 수도 있다. 셋째, 불안과 공포로 인해 수면이상증(parasomnias)의 하나인 수면각성장애를 겪는다. 자신이 수면주기를 통제하지 못해 급작스럽게 잠이 들거나 악몽에 시달리기도 한다. 넷째, 성폭력 피해자들 중 자신의 신체에 상처를 내서 자신이 존재감을 느끼고자 하는 자해가 30% 정도 나타난다고 한다.

(5) 대인관계에서의 증상

성폭력 피해자들은 대인관계에서도 어려움을 겪는 경우가 많다. 첫째, 거절에 대한 공포가 있다. 그들은 사람들이 자신을 싫어할지도 모른다고 생각하기 때문에 자신의 감정이나 욕구 표현은 자제하고 타인에게 맞추기만 한다. 즉, 타인으로부터 거부당하는 것을 방지하기 위해 부당한 것이거나 본인이 싫어하는 것이라 할지라도 타인의 요구를 거절하지 않는다. 둘째, 친밀공포가 있다. 피해자들은 친밀한 관계로 발전하는 것을 두려워하여 많은 사람들과 거리를 두는 관계를 유지한다. 친밀한 관계로부터 배신당한 경험으로 인해 친밀하게 지낼수록 자신에게 피해를 줄 수 있다고 믿기 때문이다. 셋째, 과잉책임이 있다. 자신이 책임질 필요가 없는 부분까지 자신이 책임을 지려고 하는 경향이 있다. 예를 들어, 아버지에게 성폭행 당한 사실을 어머니가 알게 되면 상처 입을까 봐 숨기고 혼자 해결하려는 경우다. 넷째, 통제행동이 있다. 성폭력 피해자들은 자신이 방심하는 사이에 성폭력이 일어났으며, 또 일어날 수 있다고 믿기 때문에 주변 환경을 항상 통제하려고 한다. 대인관계에서도 마찬가지로 자신이 통제하지 못하는 상황이 나타나게 되면 긴장하거나 관계를 단절하려는 경향이 생긴다.

(6) 기타 성폭력 피해의 후유증

성폭력 피해자는 사건 이후 남성혐오와 섹스혐오가 생길 수 있으며, 남성의 경우 조루나 발기불능, 여성의 경우 불감증, 성행위 기피 등의 증상을 호소한다. 이와 반대로 문란한 성 욕구가 생겨나는 경우에는 친근감의 표시로 자신과의 성관계를 허용하기도 하고, 자신의 몸이 더럽혀졌다는 생각으로 인해 자신의 몸에 혐오감이 생겨 성매매에 종사하기도 한다. 또한 성폭력 이후 불안감과 우울감을 해소하기 위한 방법을 찾다가 알코올 중독이나 약물남용에 빠지는 경우도 있다.

(7) 소아 성폭력 피해아동의 증상

성폭력을 당한 아이들은 자신감 상실, 우울증, 분노 등의 정신적인 고통에 시달린다. 낯선 사람에 대해 극심한 공포를 느끼기도 하고 자신을 보호해 주지 못한 사람들에게 실망감을 나타내거나 공격적인 행동을 보이기도 한다. 신체적 증상으로는 악몽에 시달리거나 야뇨증이 나타나기도 한다. 〈표 14-1〉은 성폭력을 당한 아동들의 신체적 증상 및 행동 변화를 나열한 것이다.

〈표 14-1〉 소아 성폭력 피해 아동의 신체적 증상 및 행동 변화

- 성기나 비뇨기와 관련된 질병이나 두통, 위장장애와 같은 신체적 질병의 징후
- 자주 씻음
- 자신이 좋아하는 음식을 거부하거나 음식 자체를 거부
- 낯선 사람에 대한 지나친 공포
- 갑작스러운 극도의 수줍음
- 선호하는 오락, 텔레비전 프로그램, 활동 등을 즐기지 못함
- 혼자 있는 것에 대한 극도의 공포 혹은 부모에게 매달림
- 잠들기 어려움
- 어둠에 대한 갑작스러운 공포
  - 악몽 및 오줌 싸는 행동
  - 전에 하던 행동이나 기술 수준으로 되돌아감
  - 유치원이나 학교생활에 변화가 옴
  - 아동들이 갖는 안정감 상실
  - 정상적인 시간표에 부적응
  - 기억의 일부를 상실하거나 때로 무언가에 사로잡히고 고민이 있는 것처럼 보임
  - 우울 및 자살 경향
  - 가출 또는 안절부절못한 감정 증대와 분노의 폭발
  - 아동들은 다양한 방식으로 성적 폭행에 대해 말하려고 시도함
  - 울거나 소리치거나 마구 짓밟거나 무례한 말을 함으로써 자신의 행동에 관심 끌기 시도

출처: 권진숙 외(2017). 정신건강사회복지론. 경기: 공동체.

◘ 2. 자살과 정신건강

1) 자살의 개념과 특성

2019년 우리나라의 사망자는 295,110명이며, 이 중 13,799명이 자살로 사망하였다. 2011년 10만 명당 31.7명을 기록한 이후로 지속적으로 감소하였으나, 2017년 24.3명을 기점으로 2018년 26.6명, 2019년 26.9명으로 다시 증가하고 있는 추세다(통계청, 2019). 우리나라의 자살률은 경제협력기구 1위를 차지하며, 자살률이 높은 리투아니아가 가입한 2017년을 제외하면 2003년 이후 지속적으로 1위를 유지하고 있다. 특히, 10대와 30~40대 등의 젊은 연령층에서 크게 증가하고 있어 사회적인 문제의 하나로 인식되고 있다.

자살이란 자신의 생명을 자신의 의지로 끊어 버리는 행위로서 "자살 행위로 인해 죽음을 초래하는 경우로 죽음의 의도와 동기를 인식하면서 자신에게 손상을 입히는 행위"(세계보건기구: WHO)라고 정의된다. 정신 분석가인 프로이트(Freud)는 "자신을 향해 있는 죽음의 본능(thanatos)의 활동 요소가 극적으로 표현되는 것"으로, 융(Jung)은 "생의 의미를 상실했다고 사무치게 느끼는 사람에게 정신적인 재생을 갈구하는 소원"으로 자살을 정의하였다(권진숙 외, 2017 재인용).

『자살론(Le suicide)』(1897)에서 자살을 "자신의 행위가 어떠한 결과를 낳으리라는 것을 알면서 희생자 자신이 행하는 적극적 또는 소극적 행위로부터 직접적 또는 간접적으로 초래되는 죽음"(임혁, 채인숙, 2020 재인용)으로 정의한 사회학자 뒤르켐(Durkheim)은 자살을 이기적 자살, 이타적 자살, 아노미적 자살, 숙명론적 자살로 구분하였다. 이기적 자살(egoistic suicide)은 한 개인이 자신이 속한 사회와 상호 관계를 맺지 못하고, 자신을 제외한 누구에게도 의지하지 못하고 고립되어 있을 때 발생한다. 이타적 자살(altruistic suicide)은 이기적 자살과 달리 개인과 집단이 강하게 유착되어 있을 때 발생하며, 대부분 집단의 이익을 위하여 개인이 희생되는 형태로 나타난다. 아노미적 자살(anomic suicide)은 경제적 파산이나 발병 등 급격히 변화하는 자신의 처지나 상황에 적응하지 못할 때 발생한다. 숙명론적 자살(fatalistic suicide)은 노예나 포로, 원치 않는 결혼 등 사회나 문화의 강력한 속박 아래 자신의 삶이 스스로에 의해 통제될 수 없다고 느낄 때 발생한다(임혁, 채인숙, 2020).

2) 자살의 원인과 징후

자살을 시도하는 사람들의 동기는 세 가지 원인으로 나뉜다. 첫째, 유전 및 생물학적 원인이다. 가족 내에서 자살한 사람이 존재하는 경우, 심리적인 고통을 해결하기 위하여 자살을 선택하는 청소년이 더 많다고 한다. 이정균, 김용식(2000)에 의하면 51쌍의 일란성 쌍둥이 중 둘 다 자살한 경우가 9쌍, 한 사람만 자살한 경우는 1쌍으로, 자살의 원인 중 유전적인 원인의 가능성을 배제할 수 없다. 둘째, 사회문화적 원인이다. 우리나라의 청소년들은 성적으로 인한 스트레스, 가정의 불화와 학교 내 괴롭힘 등으로 인해 많은 고통을 겪고 있으며, 성적과 대학입시에 대한 부모님의 기대와 압박으로 인해 자살까지 선택하는 경우도 많다. 셋째, 심리적 원인이다. 정신의학자들이 바라보는 자살은 스스로 향한 공격성이 행동으로 옮겨지는 경우라고 한다. 자살은 상실감, 고통, 좌절, 자존심 손상 등으로 인해 자신을 비하하고 자신을 무가치한 사람이라고 인식하거나 사회가 자신을 무가치한 사람이라고 인식하여 자포자기식의 자살도 있다. 애정결핍이거나, 연인의 관심을 받고 싶거나, 연인과의 이별을 막기 위한 수단으로 자살을 선택하는 경우도 있는데, 이러한 유형의 자살 시도자들은 충동적이고 편집성이 강한 것으로 나타났다.

자살의 60% 정도가 기분장애와 함께 나타나며, 조현병, 알코올 중독, 약물중독, 인격장애 등과도 관련이 있을 수 있으며, 정신과 환자의 자살은 일반인에 비해 3~12배가 높다고 한다. 정신장애로 인한 대부분의 자살이 표준화된 사망률(Standardized Mortality Ratio: SMR)과의 관련성이 높은 것으로 나타났다(최희철, 천덕희, 2017).

〈표 14-2〉 자살과 질병과의 연관성

질병 유형	표준화된 사망률	질병 유형	표준화된 사망률
이전 자살 시도	38.4%	에이즈	6.58%
섭식장애	23.1%	알코올 남용	5.86%
주요우울증	20.4%	간질	5.11%
진정제 남용	20.3%	소아정신질환	4.73%
혼합 약물 남용	19.2%	대마초 남용	3.85%
양극성장애	15.0%	척수손상	3.82%
아편 남용	14.0%	신경증	3.72%
강박장애	11.5%	뇌손상	3.50%
공황장애	10.0%	헌팅턴 무도병	2.90%
조현병	8.45%	암	1.80%
성격장애	7.08%	지적장애	0.88%

출처: 최희철, 천덕희(2017). 정신보건사회복지론. 경기: 양서원, p. 325 재구성.

자살을 계획하거나 시도하고자 하는 사람들에게는 여러 징후들이 나타나는데, 우울감이나 무력감이 심하게 나타난다거나, 죽음에 대해 자주 언급한다거나 신변을 정리한다거나 등이 대표적이다. 구체적인 자살의 징후는 〈표 14-3〉에 나타나 있다.

〈표 14-3〉 자살의 징후

- 자살이나 타살 충동, 심각한 자살/타살 의도를 보인다.
- 자살이나 상해의 위협, 타인을 학대한 가족력이 있다.
- 과거에 자살을 시도한 바 있다.
- 자살에 대한 구체적인 계획을 세우고 있다.
- 최근에 죽음, 이혼, 별거로 인하여 사랑하는 사람을 상실하였다.
- 가족의 일부가 상실이나 학대, 폭력, 또는 클라이언트가 경험한 성적 학대로 인하여 불안정한 상태다.
- 특히 충격적인 이별을 경험한 그 날에서 벗어나지 못하고 있다.
- 정신병력이 있다(약물치료를 중단했을 수도 있다.).
- 약물이나 알코올 남용의 경험이 있다.
- 최근에 신체적·심리적 충격을 겪었다.
- 의학 치료의 실패, 만성 통증, 장기 질환을 경험한 적이 있다.
- 혼자 살고 있거나 외부와 단절되어 있다.
- 우울한 상태이거나 우울증에서 회복 중 혹은 최근에 우울증으로 입원한 적이 있다.
- 소중한 소유물을 나누어 주거나 개인적인 물품들을 정리한다.
- 무감동, 위축, 고립, 안절부절, 공황, 불안, 사회적 행동이나 수면, 식사, 학습, 업무습관의 변화와 같이 행동이나 기분이 갑작스럽게 변화한다.
- 지속적인 무력감과 절망감을 경험한다.
- 이전의 신체적·정서적·성적 학대 경험에 대해 집착하고 괴로워한다.
- 정상적인 정서적 행동으로 볼 수 없는 분노, 공격성, 외로움, 죄의식, 적대감, 애도, 낙담 중 '심각한 수준의 정서가 한 가지 이상'이다.
- 경제적 손실로 위협받고 있다.
- 망상적 사고를 보인다.
- 성적 관심을 처리하는 데 어려움이 있다.
- 계획하지 않은 임신을 했다.
- 가출하거나 수감된 적이 있다.
- 대화 중에서나 글에서 또는 책, 예술작품, 그림 등에서 우울함이나 죽음, 자살에 관한 주제나 내용이 등장한다.
- 자신이 사라진다고 해도 아무도 그리워하지 않을 것이라는 말을 하거나 암시를 준다.
- 만성 혹은 급성 스트레스를 겪고 있다.

출처: 김미영, 권신영, 이무영(2016). 정신건강론. 서울: 창지사, pp. 131-132.

3) 자살 예방과 치료

자살을 계획하거나 실행하고자 하는 징후가 보이는 경우 주변 사람들이 지속적인 관심을 바탕으로 그들을 관찰하고 전문가의 도움을 요청할 필요가 있다. 자살 위험자에 대한 치료는 네 가지 접근법으로 분류된다. 첫째, 문제해결식 접근이다. 이 치료법은 ① 문제 목록 작성, ② 문제의 우선순위 정하기, ③ 브레인스토밍으로 해결책의 가능 범위 확정, ④ 구체적 해결책 선정, ⑤ 선정한 해결책의 세분화, ⑥ 세분화된 단계의 어려움의 예상 및 명확화, ⑦ 각 단계 사이의 진전을 체계적으로 검토하며 진행하기를 통해 문제해결 능력을 향상시키는 치료법이다. 둘째, 인지행동치료다. 이 치료법은 자살 위험이 있는 사람이 건설적인 계획을 세우고 자신의 행동과 사고를 관찰함으로써 자신에 대해 알고, 자기의사 표현을 분명히 하도록 도와주는 치료법이다.

셋째, 변증법적 행동치료다. 이 치료법은 자살 위험을 가지고 있는 경계성 인격장애 환자들을 위해 개발되었다. 명상법이나 대인관계 기술들을 익히게 함으로써 자신의 감정을 조절하고 극단적인 행동을 통제할 수 있도록 하는 데 초점을 둔다. 넷째, 사회적 지지치료다. 이 치료법은 긴급한 상황에 처한 개인이나 가족을 즉각적으로 돕는 치료법이다. 치료자는 개인이나 가족이 가진 문제 상황을 명료화하고, 안정적으로 예방 계획을 세울 수 있도록 도와주어야 한다. 또한 자살 예방 전문가나 전문기관에 대한 정보를 제공하거나 연결해 준다(유수현 외, 2019).

자살 위기개입 상담은 다음의 여덟 단계를 거친다(권진숙 외, 2017).

① 내담자에게 자살에 대한 생각, 경험, 의도, 계획, 방법 등에 대한 구체적인 질문을 담담하게 한다.
② 자살에 대한 추가 질문을 하면서, 내담자의 대답을 주의 깊게 듣는다.

③ 자살 위기의 정도를 평가하기 위해 FACT를 활용한다. 여기에서 FACT란 감정의 상태(Feeling), 선행사건이나 행동 특성(Action), 최근의 변화들(Changes), 자살과 관련된 직접적인 표현과 위협들(Threats)을 의미한다.

④ 내담자에게 적극적으로 도움의 의지를 표현한다.

⑤ 위험 요소(약이나 칼 등)를 제거하고 안전한 환경을 마련한다. 청소년의 경우 안전한 환경을 마련해 줄 수 있는 성인에게 도움을 요청한다.

⑥ 삶의 소중함을 깨달을 때까지 살아 있게 하는 것이 중요하기 때문에, 내담자가 지속적으로 자신의 생각을 표현할 수 있게 한다.

⑦ 앞선 단계를 거치면서 형성된 친밀감을 바탕으로 자문과 가족의 도움을 구하고, 삶과 죽음의 장단점을 살펴봄으로써 안전망을 형성한다.

⑧ 돌보아 줄 사람을 가까이 배치, 지역의 위기상담전화, 즉각적 진료가 가능한 응급상담기관 전화번호, 상담자의 연락처 제공, 당사자, 친구, 부모 등에게 위기관리지침 교육, 지속적인 상담 및 치료관리를 위한 의뢰 등을 통해 안정성 확보함으로써 생존계획(survival plan)을 수립한다.

〈표 14-4〉 자살과 관련한 잘못된 믿음

1. 자살에 대한 논의는 자살을 유발한다.
NO. 감정이입적으로 경청하는 사람과 자살에 대해 대화하는 것은 더욱 안도감을 줄 것이며 통제력을 되찾을 시간을 갖게 한다.

2. 자살한다고 위협하는 클라이언트는 자살하지 않는다.
NO. 자살한 많은 사람들이 전에 자살한다고 위협하거나 자신의 의도를 타인에게 말했었다.

3. 자살은 비합리적인 행동이다.

NO. 자살했거나 자살 시도를 한 거의 모든 사람들이 자신의 관점에서는 자살에 대한 완벽한 의미를 갖고 있다.

4. 자살하는 사람은 미친 사람이다.

NO. 자살했거나 자살 시도를 한 사람 중 소수만이 정신병력이 있다. 이들은 우울, 외로움, 절망감, 무력감으로 고통받고 충격받고 낙담하거나 실연당한 정상적인 사람들로서 일부는 고통 상황을 극복하는 과정에 있는 사람이다.

5. 자살은 세대 간 전이된다는 유전적 경향이 있다.

NO. 가족 중에 자살한 사람이 있을 수는 있지만 자살은 유전되지 않는다. 자기파괴적 경향은 학습되거나 상황적이며 우울증과 같은 조건과 연결되어 있다.

6. 한번 자살을 시도한 사람은 계속 자살하려고 한다.

NO. 살아가면서 한 번쯤 자살을 심각하게 고려했던 대부분의 사람은 위협을 극복하여 적절한 반응과 통제를 배우고 생산적인 삶을 살아간다.

7. 자살을 시도했다가 살아남은 사람에게는 더 이상 자살 위험이 없다.

NO. 자살 위험이 가장 높은 시기는 감정기복이 있는 때로 심각한 우울을 경험한 이후에 기력을 회복할 때다. 즉, 위험한 시기는 우울 기간이나 자살 시도 이후의 기분 상승기다.

8. 자살할 생각을 가진 사람이 관대해지거나 자신의 소유물을 나누어 주는 것은 회복의 징후다.

NO. 자살할 생각을 가진 사람은 자살 계획을 확고하게 실천하기 위하여 자신의 가장 소중한 물건을 나누어 주기 시작한다.

9. 자살은 항상 충동적으로 행해진다.

NO. 자살에는 몇 가지 유형이 있는데, 어떤 사람들은 충동적으로 시행하고 어떤 사람들은 치밀한 계획하에 행한다.

출처: 임혁, 채인숙(2020). 정신건강의 이해(제4판). 경기: 공동체.

🔲 3. 재난

　지구상에는 크고 작은 재난들이 매일 수많은 피해자들을 만들어 내고 있다. 재난으로 인한 직접적 피해도 크지만, 재난을 경험한 피해자들의 정신적 충격은 그들의 삶뿐 아니라 주변인들의 삶까지 파괴시킬 정도로 심각하다. 아직 우리나라에서는 재난 회복에 대한 지원도 부족할 뿐 아니라 사회적 편견으로 인해 회복을 위한 정신치료를 받는 것도 꺼리는 환자들이 많다. 재난같은 외상성 사건(traumatic event)으로 인한 정신적 충격은 스트레스 증후군을 일으키며, 신속한 치료 개입이 없는 경우에는 정신적 피해가 삶의 마지막까지 지속되기도 하기 때문에, 무엇보다 조기 치료적 개입이 중요하다.

　재난 발생 시 지역의 정신건강 서비스 활동이 신속하고 구체적으로 전개되어야 한다. 대응이 늦어지게 되면 주민은 불안, 절망, 혼란을 느낄 수 있기 때문에, 신속한 초기 대응이 중요하다. 재난 발생 직후 그들의 생명, 신체, 생활을 보호하기 위하여 가능한 빨리 지원자가 피해자들을 만나야 한다. 정신건강상의 지원이 필요한 사람을 선별하여야 한다. 재난 직후에는 피해자의 정신상태가 급격히 변화하기 때문에 명확한 진단보다는 급성 증상이 있는 피해자의 즉각적인 스트레스 해소에 집중하는 것이 좋으며, 재난 발생 시점에서 3주 정도가 지나고 난 뒤부터 정신의학적 진단을 하기 시작한다. 피해자들에게는 재해 규모, 가족 안부, 의료지원 상황 등의 정보뿐 아니라, 스스로 회복할 수 있는 역량을 기를 수 있도록 재해를 경험한 사람들의 일반적인 심리적 변화와 대처방법, 지원체제에 대한 내용도 제공해야 한다(권진숙 외, 2017).

　재해 발생 시에 대략 80%의 피해자들은 자연회복이 가능하나, 20%는 외상후 스트레스장애를 경험한다. 재해 체험 후 6개월~1년 이상 회복이 안 된 사람이 아무런 처치 없이 자연회복이 되는 경우는 없다. 따라서 자연회복을 촉진할 수 있는 조건을 확보해 주는 것이 정신건강복지

의 역할이다. 〈표 14-5〉는 자연회복을 촉진하는 요인과 저해하는 요인
을 나열한 것이다.

〈표 14-5〉 자연회복을 촉진하는 요인과 저해하는 요인

자연회복을 촉진하는 요인	자연회복을 저해하는 요인
• 신체 안전의 확보 • 주거환경의 보전 • 일상생활의 계속(학교, 일, 일상적인 가사 등) • 경제적인 생활 재건에의 전망 • 재해 지원에 관한 정보 • 심리적 변화에 대한 정보/교육 • 재해에 따른 문제와 욕구를 상담할 수 있는 장소를 구체적으로 명시	• 늦은 현실적인 지원 • 재해 약자(영유아, 고령자, 장애자, 상병자, 외국인 등) • 사회적 자원의 협소(가족 이외에는 말할 상대가 없음) • 피해자의 욕구를 도외시한 취재활동, 경찰, 행정, 보험회사에 의해 사정 조사

출처: 권진숙 외(2017). 정신건강사회복지론. 경기: 공동체.

외상치료를 위해서는 외상후 스트레스장애의 유형과 특성을 바탕으
로 신중한 평가가 이루어져야 한다. 일반적인 외상치료는 다음의 단계
를 거친다(김남희, 2009).

1) 안정화(stabilization)

피해자의 심신이 안정될 수 있도록 신체와 환경에 대한 안전을 확보
하고 회복에 대한 기본적인 정보를 제공하는 것이 가장 중요하다. 첫째,
재난 경험 같은 외상의 영향에 대한 교육(psychoeducation)을 제공해야
한다. 외상을 불러일으키는 환경적 요소들과 현실을 이성적으로 구분할
수 있도록 해야 하며, 도움을 받아들이는 것이 회복을 위한 첫 단계임을
설명한다. 둘째, 신체적·생리적 편안함(physical well-being)을 제공해야

한다. 규칙적인 수면, 식사, 운동을 통한 신체의 정상화는 외상기억에 압도되지 않을 저항력을 기르게 한다. 셋째, 안전한 환경, 경제적·직업적 기회 등의 지지환경(environmental support systems)을 제공하여, 예측 가능한 규칙적인 생활을 할 수 있도록 한다. 넷째, 대인관계로 인한 외상후 스트레스장애의 경우, 새로운 관계를 형성하는 데 어려움을 느끼기도 한다. 그러나 회복을 위해서는 치료자와 피해자가 치료적 관계(therapeutic relationship)를 형성하는 것이 중요하기 때문에 상호 신뢰를 구축해야 한다. 다섯째, 스스로 안전하다고 느끼는 안전 지각(perception of safety)이 보장되어야 사회적 관계 형성(social engagement)이 가능하다. 이때 파괴적인 행동을 멈추고, 파괴적 행동이 나타났을 시에 스스로 대처할 수 있는 기술을 익혀야 한다.

2) 외상기억의 처리와 자기위로 능력 강화

치료 초기에는 이완기법, 호흡명상기법, 심호흡기법 등을 활용하여 외상기억에 대한 충격을 완화하고, 안전지대 훈련, 스트레스 면역훈련, 인지행동요법 등을 활용하여 외상기억을 다룰 때 견딜 수 있는 내성을 강화하여 스스로 돌보고 위로할 수 있는 자기위로 능력(self-soothing capacities)을 향상하도록 한다. 자기위로 능력을 향상하기 위한 방법으로 노출치료(exposure therapy)가 활용된다. 일상적 기억은 시간이 지남에 따라 희미해지지만, 외상에 대한 기억은 강하게 남아 플래시백 현상(사고 장면의 순간적 재현) 등으로 재경험되므로 일상생활조차 힘들게 된다. 노출치료는 체계적 둔감법의 하나로 공포 상황에 단계적으로 노출되도록 하여 공포를 불러일으키는 자극에 익숙해져서 안정감을 가지도록 하는 방법이다. 또한 최근에는 외상후 스트레스장애를 겪는 사람들에게 '안구운동 민감소실 및 재처리요법(Eye Movement Desensitization & Reprocessing: EMDR)'이 많이 활용되고 있다. 인위적 안구운동과 동시에 외상 시의 기억을 상기시킴으로써 스트레스를 줄이는 치료법이다. 간단한 치료과정이지만 큰 치료효과가 있어, 다양한 증상에 널리 적용되고 있다. 환자는 안구운동을 보조하는 아이스캔(eye scan)의 움직이는 불빛을 따라 안구운동을 하며, 치료자는 환자의 상태에 따라 청각이나 촉각자극을 추가하기도 한다.

3) 세상과의 재통합

피해자가 정상적인 취미활동, 종교활동, 봉사활동 등의 개인적·사회적 활동을 통해 피해 이전의 삶을 되찾을 수 있도록 돕는다.

제15장

중독과 정신건강

인간에게 자극적이고 중독성이 높은 물질과 매체는 변해 왔으며, 현대의 우리는 그 어느 때보다 다양한 중독에 노출되어 있다. 인간이 중독에 쉽게 노출되는 경향은 일상의 권태로움을 벗고, 극도의 쾌락을 경험하고자 하는 것에서 비롯된다(임혁, 채인숙, 2020). 적정 수준의 즐거움은 삶의 활력이 되지만, 극도의 쾌락을 반복적으로 경험하게 되면 쾌락을 주는 물질이나 매체에 집착하게 되고 중독에 빠지게 된다. 일단 중독에 빠지게 되면 정상적인 삶을 유지하기는 힘들기에, 우리는 조절이 가능한 수준에서 즐길 줄 아는 절제 능력을 키워야 한다. 우리는 기존의 중독 유형들을 예방해야 할 뿐 아니라, 사회의 변화와 기술 발전의 속도가 점점 빨라짐에 따라 나타나는 새로운 중독 유형들까지 대비하고 예방할 필요가 있다. 우리나라의 경우 초고속 인터넷망의 발전으로 인터넷 중독, 게임 중독, 스마트폰 중독 현상이 만연하게 되었으며, 한층 접하기 쉬워진 온라인 쇼핑 환경과 쉬워진 결제 방식을 인해 심각한 쇼핑 중독까지 나타나게 되었다. 이 장에서는 도박 중독, 인터넷 중독, 스마트폰 중독, 쇼핑 중독의 증상과 원인, 예방과 치료 방법에 대해 알아보고자 한다.

◼ 1. 도박 중독

1) 도박 중독의 개념과 특성

도박은 "돈이나 가치 있는 소유물을 걸고 결과가 불확실한 사건에 내기를 거는 행위"(한국도박문제관리센터, 2021)를 말하며, 통제력을 잃고 이러한 내기 행동을 반복적으로 하게 되면 흔히 도박 중독 혹은 도박장애라고 말한다. 도박 중독에 빠지게 되면 도박으로 인해 본인, 가족 및 대인관계의 갈등과 재정적 · 사회적 · 법적 문제가 있음에도 불구하고, 자신의 의지로 도박행위를 조절하지 못하고 지속적으로 도박을 하게 된다고 한다.

도박 중독은 중독의 하위 유형 중 하나로 자발적 의지에 반해서 도박 행동을 할 수 밖에 없다는 강박적 도박(compulsive gambling) 또는 도박을 하고자 하는 의지가 정신병적인 수준에 이른 병적 도박(pathological gambling)이라고 부르기도 한다. 도박은 물질중독의 개념을 도박에 적용한 것으로, 도박에 빠지는 정도에 따라 사교성 도박, 문제성 도박, 병적 도박으로 구분한다(권진숙 외, 2017). 사교성 도박은 유희성 도박이라고 하기도 하며, 돈을 따는 것이 목적이 아니라 여흥이나 친목을 목적으로 하며 도박을 통해 큰돈을 벌겠다는 기대감이 없이 이루어지는 도박으로 짧은 시간 안에 끝이 난다. 문제성 도박은 습관성 도박으로 불리며, 자신의 생활이나 직업에 해로운 영향을 미치며 사교성 도박과 병적 도박 사이의 수준에 해당한다. 병적 도박은 강박적 도박으로 불리며, 도박에 대한 충동이 억제되지 않으며, 충동의 강도가 점차 커져서 자신이 가진 재정적 자원을 모두 소비할 때까지 멈추지 못하는 파괴적인 결과를 가져오는 도박을 말한다.

도박 중독에 빠진 사람들에게서 공통적으로 나타나는 사고, 행동, 정서적 특성이 있다. 첫째, 확률에 대한 잘못된 이해다. 그들은 도박으로 쉽게 돈을 벌 수 있다거나, 많이 잃었으니 곧 딸 거라는 생각을 한다. 둘째, 운과 미신에 대한 믿음이다. 따고 싶다고 자신의 기도가 통했다거나, 행운을 가져오는 부적 때문에 땄다거나, 나만의 징크스 때문에 땄다거나 하는 생각을 한다. 셋째, 도박 기술에 대한 과신이다. 다른 사람들보다 자신이 더 뛰어나다고 생각하며, 자신은 이기는 방법을 알고 있다고 믿는다. 넷째, 선택적 회상이다. 실제로 잃은 적이 더 많음에도 잃을 때보다는 땄을 때를 더 많이 기억한다. 게다가 현실의 금전적 문제를 도박으로 해결하고자 하는 생각을 하기도 한다(한국도박문제관리센터, 2021).

도박 중독자들은 사회적·경제적 문제만 가지는 것이 아니라 정서문제도 겪는다. 그들은 도박을 하지 못할 땐 불안감을, 도박을 하지 않을 땐 상실감이나 공허감을 느낀다. 도박 행동이나 도박으로 인한 결과로 죄책감, 수치심을 느끼고 극단적인 감정 변화를 경험하며, 분노, 불안, 우울 등의 부정적인 감정에서 벗어나기 위해 도박을 하기도 한다. 도박 중독에 빠지게 되면 거짓말과 변명이 늘어나며, 도박을 줄이거나 그만 두려는 노력이 지속적으로 실패하고, 잃은 돈을 만회하기 위하여 다시 도박을 한다.

또한 도박으로 인한 경제적 문제를 해결하기 위하여 타인에게 의존하며, 도박 자금 조달을 위하여 불법행위를 저지르기도 한다. 공과금·관리비 미납 등의 일상생활에서 경제적 문제들이 발생하고, 의식주 등의 기초생활과 관련된 부분에 문제도 생긴다. 가족과 학교, 직장에 소홀해지게 되며, 도박이나 돈 문제로 가족이나 친구와 갈등을 겪으며, 도박 때문에 다른 사람으로부터 비난을 듣는다(한국도박문제관리센터, 2021).

2) 도박 중독의 증상과 원인

사람들이 도박을 하게 되는 동기에는 금전동기, 흥분동기, 회피동기, 사교동기가 있다. 금전동기는 쉽게 큰돈을 따고 싶거나 잃은 돈을 만회하고 싶은 욕구, 흥분동기는 스릴과 흥분, 짜릿함, 쾌감과 즐거움을 느끼고 싶은 욕구, 회피동기는 현실문제의 압박감, 우울감, 스트레스를 잊고 싶은 욕구, 사교동기는 직장 동료나 친구들과 놀이 및 친목의 욕구를 말한다. 많은 사람들이 오락이나 여가 등으로 가볍게 도박을 시작하기 때문에 도박의 위험이나 징후를 알지 못하고 쉽게 도박문제에 빠져들 수 있다. 도박에 빠지게 되는 사람들의 특징은 〈표 15-1〉과 같다.

〈표 15-1〉 도박문제에 빠지게 되는 위험 요소

1. 도박 초기에 대박을 경험하여 대박에 대한 기대가 높다.
2. 모험을 좋아하고 심사숙고하지 않으며 충동적으로 행동한다.
3. 도박을 통해 잃은 돈을 만회하고 싶은 욕구가 있다.
4. 자신이 도박에서 이길 확률을 높일 수 있는 방법이 있다고 생각한다.
5. 건강에 대한 염려나 신체적 · 정서적 고통을 완화하기 위해 도박을 한다.
6. 기분 나쁜 일이 있을 때 이에 대처하기 위해 도박을 하거나 술을 마신다.
7. 자주 우울하거나 불안하며 외로움을 느낀다.
8. 관심사나 취미가 별로 없고 삶의 방향을 찾지 못하고 있다고 느낀다.
9. 가족문제가 있거나 이혼 · 실직 · 은퇴 또는 가족친지의 사망 같은 상실이나 변화를 겪었다.
10. 돈과 관련된 문제가 있다.

출처: 한국도박문제관리센터(https://www.kcgp.or.kr/pp/gambleIntrcn/2/gambleIntrcn.do)

도박은 쉽게 빠질 수 있는 위험성이 있기 때문에 자신이 도박을 즐겨 한다거나 도박을 즐겨 하는 사람이 주변에 있다면 중독에 빠진 것은 아닌지 정확한 판단을 내릴 필요가 있다. DSM-5 기준으로 〈표 15-2〉에 나타나는 아홉 가지 항목 중 네 가지 이상의 도박행동이 12개월 동안 지속적이고 반복적으로 일어나 사회적 · 직업적 부적응을 초래하는 경우, 도박장애 진단을 받게 된다.

〈표 15-2〉 도박장애의 진단기준(DSM-5)

1. 내성	원하는 흥분을 얻기 위해 액수를 늘리면서 도박하려는 욕구
2. 금단	도박을 줄이거나 중지시키려고 시도할 때 안절부절못하거나 과민해짐
3. 조절 실패	도박을 조절하거나 줄이거나 중지시키려는 노력이 반복적으로 실패함
4. 집착	종종 도박에 집착함(예: 과거의 도박 경험을 되새기고, 다음 도박의 승산을 예견해 보거나 계획하고, 도박으로 돈을 벌 수 있는 방법을 생각)
5. 회피성 도박	괴로움(예: 무기력감, 죄책감, 불안감, 우울감)을 느낄 때 도박함
6. 추격 도박	도박으로 돈을 잃은 후, 흔히 만회하기 위해 다음 날 다시 도박함(chasing, 손실을 쫓아감)
7. 거짓말	도박에 관련된 정도를 숨기기 위해 거짓말을 함
8. 부정적 결과	도박으로 인해 중요한 관계, 일자리, 교육적·직업적 기회를 상실하거나 위험에 빠뜨림
9. 경제적 도움을 받음	도박으로 야기된 절망적인 경제상태에서 벗어나기 위한 돈 조달을 남에게 의존함

출처: 한국도박문제관리센터(https://www.kcgp.or.kr/pp/gambleIntrcn/2/gambleIntrcn.do)

　도박 중독에 빠지게 되는 요인은 크게 개인적 요인, 가족요인, 사회적 요인이 있다.

　첫째, 개인적 요인에는 통제력의 착각, 해석의 오류, 미신적 신념 같은 왜곡된 사고가 있다. 이들은 도박을 자신이 통제할 수 있다고 믿거나, 도박의 결과로 나타나는 일들을 자신에게 긍정적으로 해석하는 경향이 있고, 인과관계가 없는 두 개의 사건의 관련성에 대한 그릇된 신념(예: 보기 드문 자동차 번호를 봤을 땐 돈을 딴다, 붉은 속옷을 입으면 돈을 딴다 등)을 가진다. 또 다른 개인적 요인으로는 동기요인이 있는데, 도박동기에는 사교동기, 유희동기, 금전동기, 흥분동기, 회피동기 등이 있으며, 이 중 금전동기가 도박 중독의 위험을 극단적으로 보여 줄 수 있는 동기다 (이홍표, 2002). 성격요인 또한 영향을 미치는데, 충동적인 성격을 지니거나 감각추구 성향을 지닌 사람들이 도박 중독에 빠지기가 쉽다고 한다.

둘째, 가족요인이 있는데, 가족 중 도박 중독자가 있는 경우 다른 가족들도 도박 중독에 빠질 가능성이 높다고 한다. 가족은 지지를 통해 도박 중독자들이 도박 중독으로부터 빠져나오게 할 수도 있으며, 의존이나 무관심을 통해 중독의 지속요인이 되기도 한다. 가족들은 도박 중독자에게 의존하지 않고 일정한 거리를 유지하며 심리적으로 지지하고 도박과 거리를 둘 수 있는 환경을 제공해 주어야 한다.

셋째, 사회학에서 바라보는 도박 중독은 개인이 사회에 적응하지 못한 결과 중 하나다. 투기나 투자가 만연한 사회적 분위기로 인해 자신도 큰돈을 벌어 보겠다는 수단으로 도박을 시작하여 도박에 중독되기도 하며, 도박을 하는 곳에서의 사회적 상호작용이 도박 중독의 원인이 되기도 한다. 도박을 바라보는 사회의 태도, 도박에 대한 사회적 통제, 도박에의 접근 가능성 등이 사회적 요인으로 역할을 한다(권진숙 외, 2017).

3) 도박 중독의 예방과 치료

도박 예방교육의 목표는 도박의 위험성을 인식하고 책임을 질 수 있는 범위 내에서 게임을 즐길 수 있게 하는 것이다. 사회적으로 도박으로 인해 발생하는 피해를 최소화하고자 하는 예방교육은 세 가지 방법으로 접근할 수 있다. 첫째, 보편적 예방은 일반적인 전 국민을 대상으로 도박의 위험성 및 부작용에 대해 알려 주고 문제성 도박을 방지하는 데 초점을 둔다. 둘째, 선택적 예방은 도박을 시작한 이들을 대상으로 하며, 그들이 도박 중독에 빠지지 않도록 하는 것과 도박 중독자를 조기 발견하는 것에 중점을 둔다. 셋째, 지정적 예방은 도박 중독자들을 대상으로

하며, 도박 중독을 치유하고 재활하는 데 중점을 둔다(한국학교폭력상담
협회, 한국전문상담학회, 2015).

도박 중독의 문제는 단순히 개인의 문제가 아니며, 개인이 스스로 치료
를 선택하고 회복의 단계에 이르기까지는 상당히 어려우므로, 도박 중독
예방을 위한 시설과 프로그램들의 개발 등의 정부의 지원과 사회의 지지
가 필요하다. 첫째, 도박을 끊고자 하는 중독자들과 그들의 재활을 위한
한국도박문제관리센터 같은 전문기관들이 활성화되어야 한다. 한국도박
문제관리센터에서는 [그림 15-1]에 나타나는 도박 중독자의 중독 과정에
맞추어 재활 프로그램을 운영하고 있다. 둘째, 도박문제는 주로 성인이
된 이후에 발생하므로, 미리 예방하는 차원에서 청소년들을 대상으로 도
박예방 교육을 실시할 필요가 있다. 셋째, 도박으로 사회에 가장 큰 부정
적 영향을 미치는 사람들은 도박 범죄자들이므로 이들에게 체계적인 치
료와 교정 프로그램을 제공할 필요가 있다. 넷째, 직장인들을 위해 예방
교육을 활성화해야 한다. 많은 사람들이 돈을 벌기 시작한 이후로 도박
중독에 빠지게 되는데, 자신이 번 돈으로 더 큰 돈을 벌고 싶다는 욕망이
생기기 때문이다. 그러나 도박의 세계는 위험할 뿐 아니라 일반인은 피
해자가 될 수 없는 구조라는 것을 알려 줄 필요가 있다(임혁, 채인숙, 2020).

[그림 15-1] 도박 중독자의 중독 과정과 회복 과정

출처: 한국도박문제관리센터(https://www.kcgp.or.kr/pp/gambleIntrcn/2/gambleIntrcn.d)

🔲 2. 인터넷 중독

1) 인터넷 중독의 개념

빠른 속도로 발전하는 컴퓨터, 인터넷과 스마트폰 등의 디지털 환경에서 나고 자란 세대를 디지털 네이티브(digital native)라고 부른다. 디지털 언어와 장비를 특정 언어의 원어민처럼 사용한다는 의미인 디지털 네이티브는 미국의 교육학자인 마크 프렌스키(Marc Prensky, 2001)가 제시한 개념으로 그들은 언제나 인터넷을 즐기며, 평균 5개(스마트폰, TV, 노트북, 데스크톱, 패드 등)의 전자기기를 능숙하게 사용한다고 한다. 특히, 우리나라는 초고속 인터넷망과 높은 스마트폰 보급률로 인해 세계의 어느 나라보다 인터넷 사용률이 높아 인터넷 대국으로 불리고 있다. 높은 인터넷 사용률은 장점만 가지는 것은 아니다. 언제 어디서나 쉽게 접할 수 있다는 특성과 무한한 재미를 가지고 있는 인터넷을 많은 사람들이 사용하고 있다는 것은 인터넷에 중독될 수 있는 사람들의 수 또한 높을 수 있다는 위험성도 가지고 있다.

인터넷 중독(internet addiction)은 인터넷 중독 질환(internet addiction disorder), 병적 인터넷 사용(pathological internet use), 인터넷 증후군(internet syndrome), 웨버홀리즘(webaholism)으로 불리기도 하며, "정보 이용자가 지나치게 컴퓨터에 접속하여 일상생활에 심각한 사회적, 정신적, 육체적 및 금전적 '지장'을 받고 있는 상태"라고 정의할 수 있다(한국학교폭력상담협회, 한국전문상담학회, 2015: 149). 인터넷 중독에 걸린 사람에게서는 인터넷에 대한 강박적인 집착, 내성과 금단, 과도한 인터넷 사용으로 인한 일상생활의 문제, 만성피로감, 눈의 피로, 시력 저하, 근골격계 장애 등의 신체적 문제, 우울장애, 낮은 자존감, 공격성 등의 증상들이 나타난다(권진숙 외, 2017).

영과 아브레유(Young & Abreu, 1999; 신성만 외 역, 2013)는 인터넷 중독

유형을 다섯 가지로 분류하였는데, 첫째, 섹스나 포르노 등의 내용물을 담고 있는 인터넷 사이트를 강박적으로 드나드는 사이버 섹스 중독, 둘째, 온라인을 통한 인간관계에 과도하게 몰두하는 사이버 관계 중독, 셋째, 강박적으로 온라인 게임, 쇼핑, 주식 매매 등을 하는 네트워크 강박증, 넷째, 자신에게 필요하지도 않은 자료나 웹 사이트들을 강박적으로 모으는 정보 과부하, 다섯째, 청소년에게서 보이는 온라인 게임에 몰두하는 컴퓨터 중독이 있다.

2) 인터넷 중독의 증상과 원인

인터넷에 중독되게 되면 강박적 사용과 집착, 내성과 금단증상, 일상생활의 기능장애, 일탈행동 및 현실구분장애 등의 증상이 나타나게 된다(임혁, 채인숙, 2020). 강박적 사용과 집착은 인터넷을 사용하지 않으면 우울하고 초조하며 답답함을 느끼며, 인터넷에서 일어나고 있는 재미있는 일을 놓칠 것 같은 기분에 한시도 인터넷을 하지 않을 수 없는 증상을 의미한다. 내성은 인터넷 사용시간에 만족하지 못하고 과거에 사용했던 양보다 더 늘어나게 되는 증상을, 금단증상은 인터넷을 하지 않으면 불안, 우울, 초조감에 시달리는 증상을 의미한다.

일상생활의 기능장애는 과도한 인터넷 사용으로 인해 현실에서 자신의 본분과 역할을 잊고, 갈등이나 문제가 발생하는 것을 의미한다. 청소년은 학업을 소홀히 한다거나, 직장인은 자신의 업무를 처리하지 못하게 되는 경우를 말한다. 일탈행동 및 현실구분장애는 익명성을 이용한 범죄를 저지르는 것을 의미한다. 예를 들어, 게임 속에서 아이템을 훔친다거나, 금전적 이득을 위해 타인의 개인정보를 훔친다거나 음란 사이트나 도박 사이트를 운영하는 것 등이 있다.

인터넷 중독의 진단기준인 다음의 질문에 5개 이상 '예'를 선택한다면 인터넷 중독일 가능성이 높다(Young & Abreu, 1999; 신성만 외 역, 2013).

- 항상 인터넷에 대해 생각하십니까?
- 처음 생각했던 것보다 더 많은 시간을 접속해야 합니까?
- 인터넷 사용을 조절하거나 끊거나 줄이기 위해 반복적으로 노력하지만 항상 실패하고 있습니까?
- 인터넷 사용을 중단하려면 불안하고 울적하고 우울하고 짜증 나는 느낌을 받습니까?
- 인터넷을 하는 시간을 더 늘려야 만족스럽고 계획했던 일을 완수할 수 있습니까?
- 중요한 인간관계나 직업, 교육, 경력상의 기회가 인터넷 때문에 위협받거나 위험에 처한 적 있습니까?
- 당신이 인터넷에 빠져 있다는 것을 주변 사람에게 감추거나 거짓말을 한 적이 있습니까?
- 문제로부터 도피하거나 불쾌한 기분으로부터 벗어나기 위해 인터넷을 사용한 적 있습니까?

미국정신의학회(American Psychiatric Association)에서는 인터넷 중독이라는 개념과 게임 중독의 개념을 합친 인터넷 게임 중독(internet gaming disorder)에 초점을 맞추고 있다. 인터넷 게임 중독은 과다한 인터넷 게임으로 인하여 일상생활에 지장을 초래하는 행위중독의 일종이다. 다른 유형의 중독들과 마찬가지로 금단, 내성, 갈망 증상을 동반하며, 중독 증상으로 인해 1년 이상 동안 학업 및 직장생활, 사회적 관계 형성 등에 문제가 발생한다. 〈표 15-3〉은 DSM-5에서 제시하는 인터넷 게임 중독의 진단기준이다.

〈표 15-3〉 DSM-5의 인터넷 게임 중독 진단기준

임상적으로 중대한 장애 또는 곤란을 가져오는, 지속적이고 반복적인 인터넷 게임의 사용, 다음 9개 중 5개 이상이 12개월 동안 지속된다.

1. 집착: 인터넷 게임에 대해 집착, 이전에 했던 게임이나 앞으로 하게 될 게임에 대해 생각하며 인터넷 게임을 하는 것이 하루 중 지배적인 활동이다.
2. 금단: 인터넷 게임을 못하게 되면 초조, 불안, 슬픔 등의 증상을 경험한다.
3. 내성: 인터넷 게임을 하는 시간이 늘어난다.
4. 인터넷 게임을 하는 것을 조절하려고 해도 잘 되지 않는다.
5. 인터넷 게임에 대한 결과로 인터넷 게임 이외의 취미나 다른 오락거리들에 대한 흥미가 저하되었다.
6. 인터넷 게임에 대한 심리사회적 문제점을 알고 있음에도 불구하고 지속적으로 인터넷 게임을 과도하게 하게 된다.
7. 인터넷 게임을 얼마나 하는지 가족, 친구 등 다른 사람들에게 거짓말을 하게 된다.
8. 무력감, 죄책감, 불안 등의 부정적인 감정을 회피하거나 완화시키기 위해 인터넷 게임을 한다.
9. 인터넷 게임 때문에 중요한 관계, 일, 교육이나 경력에 대한 기회가 위태롭게 된 적이 있거나 잃은 적이 있다.

출처: 김미영, 권신영, 이무영(2016). 정신건강론. 서울: 창지사.

　　인터넷에 중독되는 원인은 크게 네 가지로 분류할 수 있다(한국학교폭력상담협회, 한국전문상담학회, 2015).

　　첫째, 인터넷 자체의 원인이다. 인터넷은 무한한 자극과 정보를 담고 있으며, 현실세계에서 일어날 수 없는 일들이 일어나기도 하며, 게임 속에서는 또 다른 내가 되어 가상현실을 경험할 수 있다. 게임 속에서 자신의 능력이 높아질수록 타인에게 선망과 부러움의 대상이 되기도 하며, 승리자가 되어 성취감을 맛보기도 한다. 게임 속에서 공동의 목표를 가진 사람들과 집단을 만들어 소속감을 느낄 수도 있으며, 현실세계의 여러 이유로 인해 대인관계에서 소극적인 모습을 가졌던 사람이 자신의 조건을 밝히지 않은 채로 여러 사람들과 유대감과 친밀감을 형성할 수도 있다. 또한 자신의 사회·경제적 지위나 성, 나이 등을 숨길 수 있어서 현실의 자신의 모습에 만족하지 못하는 사람일수록 인터넷에 빠져들게 된다.

둘째, 사회환경적 원인이다. 전국의 지역마다 곳곳이 자리 잡은 피시방은 누구든지 언제나 인터넷에 접근할 수 있게 해 준다. 특히, 또래 집단을 중요시하는 청소년들이 함께 모일 수 있는 공간을 제공할 뿐 아니라, 같은 공간에서 같은 게임을 즐기면서 즉각적으로 감정을 공유할 수 있게 해 준다. 또한 청소년들이 쉽게 성인 전용 사이트, 상업적 사이트, 커뮤니티 사이트를 통해 자극적인 정보를 획득할 수 있다. 인터넷 중독 수준이 높은 학생일수록 학교성적, 공부와 학교생활에 대한 관심이 낮은 것으로 나타났다.

셋째, 가정환경적 요인이다. 부모의 양육태도에 따라서 인터넷 중독의 정도가 달라지는데, 부모의 양육태도가 비합리적일수록, 비성취적일수록, 거부-통제적일수록 자녀의 인터넷 중독 수준이 높다고 한다. 가족관계가 좋지 않을수록 인터넷 중독에 빠질 가능성이 높다고 한다.

넷째, 개인적 원인이다. 외로움, 결혼생활의 불만, 직장에서의 스트레스, 따분함, 경제적 문제, 외모에 대한 불안 등 현실의 생활이나 조건에 적응하지 못하는 사람일수록 인터넷에 빠지기 쉽다. 인터넷을 통해 자신의 스트레스를 풀거나 자신감을 얻거나 새로운 인간관계를 이루고자 하는 기대를 하는 사람이나 모험과 스릴을 즐기는 충동적인 사람의 경우에도 인터넷 중독에 빠질 가능성이 높다.

3) 인터넷 중독의 예방과 치료

인터넷 중독을 예방하기 위하여 임혁과 채인숙(2020)은 세 가지 지침을 제시하였다.

첫째, 인터넷 사용으로 인해 자신이 잃어 가고 있는 것이 무엇인지를 확인하는 것이다. 인터넷 중독에 빠져들면, 학생의 경우 학교성적, 교우관계, 부모와의 관계 등에 심각한 손상을 받게 되며, 성인의 경우에는 사이버 섹스 중독이나 도박 중독에 빠지기 쉽다. 따라서 인터넷 사용으로 인해 소홀했거나, 하지 않게 된 활동 등을 점검함으로써 자신의 일상을 통찰해 보는 것이 중요하다.

둘째, 온라인 접속시간을 파악하는 것이다. 인터넷 중독에 빠진 사람은 자신이 계획한 것보다 더 많은 시간을 인터넷 사용에 할애한다. 따라서 자신의 사용시간을 명확하게 인식하고 사용시간의 초과에 대하여 심각하게 대처할 필요가 있다. 또한 어떠한 용도로 사용하고 있는지, 어떤 영역에서 더 많이 사용하고 있는지 구체적으로 파악하는 것은 계획적으로 시간을 사용하는 데 도움이 된다.

셋째, 인터넷을 과다하게 사용하게 하는 원인을 찾는 것이다. 일상의 감정이 아닐 때, 예를 들면, 외롭거나, 따분하거나 피곤할 때, 타인과 갈등이 있을 시에 인터넷을 사용하게 되면 중독에 빠질 가능성이 높아진다. 또한 필요에 의해서 인터넷을 사용하는 것이 아니라 스트레스 상황을 피하기 위해 인터넷을 사용하는 경우도 중독에 빠질 가능성이 높아지므로 자신의 인터넷 사용 목적을 명확히 할 필요가 있다.

다음은 한국학교폭력상담협회, 한국전문상담학회(2015)에서 제시하는 인터넷 중독을 예방하기 위한 지침 사항이다.

- 하루 중 컴퓨터를 켜고 끄는 시간을 일정하게 정하고 꼭 지키도록 노력한다. 뚜렷한 목적이 없는 웹 서핑을 하지 말아야 하며, 자신에게 주어진 다른 일을 다 마친 후에 컴퓨터를 켜는 습관을 가진다.
- 혼자서 컴퓨터를 사용하는 것을 피한다. 남에게 드러나지 않는다는

은밀성이 사이버 중독증을 악화시키기 때문에 보다 공개된 장소로 컴퓨터의 위치를 옮기는 것도 좋은 방법이다.

- 오락과 휴식의 도구로서의 컴퓨터 사용을 줄인다. 컴퓨터 사용은 신체적 · 정신적 긴장을 유발하므로 또 하나의 스트레스가 되는 경우가 많다. 그러므로 과감하게 불필요한 게임 CD는 정리하고 게임 파일을 삭제하는 것이 좋다.
- 신체적 활동을 하는 시간을 늘린다. 땀을 흘리는 적절한 운동을 규칙적으로 하고, 모니터 앞에서 식사를 절대 하지 않으며, 바쁘더라도 컴퓨터를 끈 채로 식사하는 습관을 들이는 것이 좋다.
- 사이버 공간이 아닌 현실 공간에서의 대인관계를 늘린다. PC 게임방을 가더라도 동료, 연인과 같이 가고 혼자서는 절대 가지 않는다는 원칙을 만드는 것도 좋다.
- 더 재미있는 대안활동을 찾는다. 단순히 컴퓨터를 사용하는 시간만을 줄이는 데 목적을 두게 되면 남는 시간에 할 일이 없어서 다시 인터넷을 하게 된다. 따라서 인터넷 말고 자신에게 즐거움을 주는 대안활동을 가능한 여러 개 찾는다.

◨ 3. 스마트폰 중독

1) 스마트폰 중독의 개념

과학기술정보통신부, 한국정보화진흥원(2019)에 의해 수행된 '2019년 스마트폰 과의존 실태조사'에 따르면 우리나라 스마트폰 이용자 5명 중 1명은 스마트폰 과의존 위험군에 속한다고 한다. 과의존 위험군의 사람들이 이용하는 콘텐츠는 전자책/웹툰/웹소설, 게임, 교육, 라디오/팟캐스트, SNS 등의 순이었고, 일반 사용자들보다 게임/인터넷 검색을 여가 활동으로 더 선호하는 것으로 나타났다. 전 연령층의 스마트폰 과의존의 전체적인 증가와 유아동층에서의 가장 큰 폭의 증가세, 그리고 우리 사회의 스마트폰 과의존 심각성에 대해 78.7%가 심각하다고 응답한 조사 결과는 이미 스마트폰 과의존이 우리나라의 사회적 문제가 되었다는 것을 의미한다고 볼 수 있다.

스마트폰 과몰입은 스마트폰 중독(smartphone addiction), 스마트폰 과의존이라고도 불리며, 스마트폰에 지나치게 몰입하여 자신을 제어할 수 없는 상태에 이르러 불안한 정서로 인해 일상생활을 유지하기 힘든 장애를 의미한다(박용민, 2011). 스마트쉼센터(2020: 7)에서는 스마트폰 과의존을 "과도한 스마트폰 이용으로 스마트폰에 대한 현저성이 증가하고, 이용조절력이 감소해 문제적 결과를 경험하는 상태"로 정의하였다. 비슷한 의미로 '스마트폰 페인'이 있는데, 이들의 특징을 살펴보면, 스마트폰에 과하게 몰입하고 의존하며, 스마트폰을 항상 소지하고 있으며, 대인관계보다 스마트폰 사용에 더 관심을 보인다는 것이다.

스마트폰 과의존에는 세 가지의 요인이 있다(스마트쉼센터, 2020). 첫째, 현저성(salience)으로 개인의 삶에서 스마트폰의 사용이 다른 생활보다 두드러지고 우선시되는 정도를 의미한다. 둘째, 조절 실패(out of control)로 스마트폰 사용 시에 자율적 조절능력이 떨어지는 정도를 의미한다. 셋째, 문제적 결과(serious consequences)로 과도한 스마트폰 사용으로 인한 부정적인 결과를 경험한 정도를 의미한다. 세 요인 중 한 가지 요인만 높게 나타나더라도 스마트폰 과의존 혹은 스마트폰 중독이라 할 수 있다.

스마트폰은 시간과 장소에 구애받지 않고 언제든지 사용 가능하다. 최근 카페나 식당에서 홀로 있는 사람들이 스마트폰을 사용하고 있는 모습이나 어른들이 식사를 하거나 대화를 할 때 유아들에게 스마트폰을 보여 주는 모습을 흔하게 볼 수 있다. 이러한 접근성으로 인하여 쉽고 즉각적으로 정보를 얻을 수 있고, 거리에 구애 받지 않고 사람들과 연락

할 수 있으며, 좋아하는 음악 듣거나 영화를 볼 수 있는 장점이 있다. 그러나 높은 접근성이 장점만 가지는 것은 아니다. 스마트폰 이용시간을 스스로 통제하지 못하여 장시간 사용을 하게 되고, 그로 인해 일상생활 유지가 불가능한 경우도 생겨나고 있다. 특히, 자기조절력이 약한 유아나 아동의 경우 더 쉽게 중독으로 이어질 수 있어 부모가 유아의 스마트폰 사용에 적절한 제한을 두어야 한다.

2) 스마트폰 중독의 증상과 원인

스마트폰의 과도한 사용으로 인한 부정적 영향은 신체 · 정서적 측면뿐 아니라 행동적 측면에도 나타난다. 먼저, 신체적 증상으로는 안구건조증 및 시력 저하, 거북목증후군, 목디스크, 척추측만증, 손목터널증후군 등이 있다. 특히, 어린 시기의 스마트폰 사용은 수면을 방해하고, 스마트폰 같은 디지털 기기에 자주 노출될 경우 뇌 구조가 변할 수 있다는 연구가 보고되기도 하였다. 스마트폰을 이용하는 시기가 빠를수록 이용시간도 증가할 뿐 아니라, 우울감과 불안감을 느끼는 정도가 높은 것으로 나타났다. 또한 주의집중 시간이 짧고, 공격적 행동을 포함한 외현화 문제행동이 나타날 뿐 아니라, 이러한 외현화 문제행동이 많아질수록 스마트폰을 많이 이용하는 악순환이 나타나는 것으로 나타났다. 유아들이 폭력성과 선정성이 높은 스마트폰 게임에 노출될 경우에는 언어능력과 사회성 발달에도 영향을 미친다고 한다(이혜숙, 2010).

스마트폰을 많이 사용하게 되는 원인으로는, 첫째, 스마트폰이 자체적으로 제공하는 즐거움과 재미가 있다. 스마트폰에는 통화나 문자메시지의 기능뿐 아니라 정보검색, 다양한 SNS(Social Network Service) 활동, 음악, 영화, 영상 감상, 게임 등 다양한 즐길 거리가 포함되어 있고, 언제 어디서든 사용 가능하다는 점에서 쉽게 중독될 수 있다. 둘째, 개인의 심리상태로 인한 원인이 있다. 자존감이 낮고, 우울감이 높고, 충동성이 강하고, 정서가 불안정하고, 자기통제 능력이 낮은 경우에 스마트폰을 더 많이 사용하는 것으로 나타났다(문혁준 외, 2020). 영유아의 경우, 그들의 기질이 스마트폰 과의존에 영향을 미치기도 한다. 유아의 성향 중 자극추구 또는 위험회피 · 사회적 민감성이 높고 인내력이 낮을수록 스마트폰 이용시간이 많다고 한다. 또한 까다로운 기질을 가졌거나 자기조절 문제가 있는 경우에도 스마트폰 이용을 자제하는 것이 어렵다고 한다.

무엇보다 많은 영향을 미치는 것은 부모다. 영유아가 스마트폰을 처음 접하는 경우는 대부분 부모에 의해서이며, 부모의 사용습관을 유아가 그대로 닮는 것으로 나타났다. 특히, 어머니의 스마트폰 의존이 유아의 스마트폰 의존을 가장 잘 설명하는 변인이라는 연구도 있다(김민석, 문혁준, 2015). 또한 부모의 스마트폰에 대한 인식, 양육태도가 영향을 미치기도 한다. 부모가 스마트폰을 긍정적으로 인식할수록 자녀가 스마트폰을 접하는 시기가 빠르며, 부모가 안전한 미디어 이용에 대한 이해수준이 자녀의 적절한 스마트폰 사용에 정적인 영향을 미친다고 한다(김주아, 2013; 김이영, 최윤희, 2015; 육아정책연구소, 2013). 부모가 스마트폰을 많이 사용할수록 자녀 또한 스마트폰에 대한 관심이 높아지기 때문에, 자녀의 스마트폰 중독을 예방하기 위해선 부모와 자녀 모두 스마트폰 과의존 수준을 정확히 점검할 필요가 있다.

3) 스마트폰 중독의 예방과 치료

다른 유형의 중독에 빠진 사람들과 마찬가지로 스마트폰에 중독된 사람들 또한 자신이 중독됐다는 사실을 인지하지 못하며, 남들보다 조금 더 쓰는 정도로만 인식한다(문혁준 외, 2020). 스마트폰에 중독된 청소년 자녀를 보더라도 가벼운 훈계나 야단만 칠 뿐, 정확한 진단을 받기를 권하는 경우는 거의 없어, 중독의 상태가 더욱 심각해지기도 한다. 따라서 스마트폰 중독을 예방하기 위해서는 정확한 진단이 우선이며, 중독된 후에는 전문가를 통한 치료 개입이 필요하다.

자신들의 편의와 자유로운 시간을 위하여 유아뿐 아니라 영아들에게 스마트폰을 사용할 수 있게 하는 부모들이 증가하고 있다. 영유아기의 과의존적인 스마트폰의 사용은 영유아기에 이루어져야 할 발달을 저해할 뿐 아니라, 청소년기와 성년기의 스마트폰 중독을 유발할 수 있으므로 부모들은 영유아들의 스마트폰 시청 내용, 사용시간 및 사용방법 등을 관리할 필요가 있다. 〈표 15-4〉는 스마트쉼센터(2020)에서 제공하는 영아(0~만 2세) 보호자용 스마트폰 과의존 예방 가이드라인을 단계별로 나누어 놓은 것이다. 이 가이드라인은 영아뿐만 아니라 유아(만 5세)에게까지 적용 가능하다.

〈표 15-4〉 영아(0~만 2세) 보호자용 스마트폰 과의존 예방 가이드라인

1단계: 스마트폰 과의존 문제 인식 (problem recognition)	1. 아이에게 무심코 보여 주는 10분의 모바일 콘텐츠(영상, 음악, 게임 등)로 인해 아이는 스마트폰에 과의존할 수 있다. 2. 아이는 보호자(부모, 교사 등 주 돌봄자)의 스마트폰 이용습관을 닮아 간다. 3. 스마트폰을 육아 또는 교육 도구로 이용하는 것도 방임일 수 있다.
2단계: 사용 상태 점검 (state check)	4. 보호자가 스마트폰 과의존일 경우, 아이도 과의존 위험이 크다. -성인과 아이 모두 스마트폰 과의존으로 인해 신체·심리·관계·행동 문제를 경험할 수 있다.
3단계: 바른 사용 실천 방안 및 대안 제시 (suggest alternatives)	5. 아이가 보호자와 함께하는 영상 통화 외에는 스마트폰을 이용하지 않는다. 6. 가정(기관) 내 스마트폰 활용 규칙을 정해 일관되게 지킨다.

4단계: 주변 사람과의 관계 형성 강화(connect)	7. 스마트폰으로 보고 듣는 동요 · 동화보다 보호자와의 친밀한 시간이 아이의 발달에 도움이 되므로 아이와 눈을 맞추고 웃으며 노래와 이야기를 들려준다.

출처: 스마트쉼센터(2020). https://www.iapc.or.kr/contents.do?cid=6&idx=5.

유아기의 안전한 스마트폰을 사용하도록 도울 수 있는 부모의 역할 유형으로 다섯 가지가 제시되고 있다(스마트쉼센터, 2020). 첫째, 교육 목적에 적합한 스마트폰의 내용을 선택하고 학습할 수 있도록 안내하는 교수자의 역할이다. 둘째, 자녀가 스마트폰의 활용가치와 범위를 알 수 있도록 모범을 보이는 긍정적 사용자 모델의 역할이다. 셋째, 자녀의 발달과 학습을 위해 스마트폰이 긍정적으로 사용되고 있는지를 점검하고 검토하는 판사의 역할이다. 넷째, 자녀가 스마트폰 사용할 때 다양한 해결방법을 찾도록 격려하고, 도움을 주거나 시범을 보여 유아가 해결할 수 있도록 지원하는 비계설정자의 역할이다. 다섯째, 자녀의 스마트폰 사용에 민감하게 반응하고 관찰하는 관찰자의 역할이다. 미국의 비영리기관, ZERO to THREE(2016, 스마트쉼센터, 2020: 20 재인용)에서는 아이들을 위한 영상미디어 이용 지도방법으로 다음의 내용을 제시하였다.

- 아이의 연령에 맞고, 학습에 도움이 되는 콘텐츠를 이용할 수 있도록 지도해 주세요.
- 미디어의 내용(새로운 단어, 개념 등)에 대한 아이의 질문에 답해 주세요. 그리고 아이가 주변 환경과 실제 생활에서 적용할 수 있도록 도와주세요.
- 아이가 시청하는 내용에 관해 이야기하고 상호작용하며 미디어를 이용하세요. 예를 들어, 아이에게 콘텐츠의 내용과 어떻게 느끼는지 또는 좋아하거나 싫어하는 캐릭터가 무엇인지 질문할 수 있습니다.

- 시청한 내용을 아이와 함께 다양하게 표현해 보세요. 인형놀이를 하거나, 연극을 할 수도 있습니다.
- 침실에서 미디어를 이용하지 않도록 지도해 주세요. 아이가 자기 전 또는 아이를 재울 때도 미디어 사용을 제한하고 수면의 질을 높여 주세요.
- 아이들과 함께 있을 때 보호자도 미디어 이용을 제한해야 한다는 점을 유념하세요.
- 보지 않는 미디어는 꺼두세요. 아이의 미디어 이용시간을 제한하고, 가족·친구와 함께하는 시간을 많이 가지세요.

4. 쇼핑 중독

1) 쇼핑 중독의 개념과 유형

사전적 의미의 쇼핑은 물건을 구매하거나 구매하러 가는 행위를 말하지만, 스마트폰, 쇼핑 앱, TV 홈쇼핑, 인터넷 쇼핑 등을 통한 쇼핑은 물건을 직접 보러 가는 수고 없이도 쇼핑이 가능하도록 한다. 이러한 방식의 쇼핑은 소비자에게 시간의 절약, 빠르고 쉬운 가격 비교를 통한 합리적인 구매 및 편의성을 제공한다는 장점이 있지만(윤하영, 홍금희, 2007; 이승희, 박지은, 2007), 무분별하고 강박적인 쇼핑으로 인해 금전적인 문제가 생길 수 있다는 단점도 있다. 자신의 재정적 능력을 넘어서는 소비는 신용불량자의 증가와 금전적 문제를 해결하기 위한 범죄행위의 증가를 가져와 우리 사회에 부정적인 영향을 미치고 있다(김세정, 현명호, 2005).

쇼핑은 현대사회에서의 생존에 필수적인 행위이며, 즐거움과 쾌락을 내포하고 있는 행위다. 이러한 즐거움과 쾌락 때문에 쇼핑의 목적보다 행위 자체에 과도하게 빠져들거나 중독되는 사람도 있다. 쇼핑 중독은 '중독적인 구매'라고 하기도 하며, 지나치게 구매에 이끌리고 이러한 구매 욕구를 억제하지 못하는 특성을 가진 구매행동을 의미한다(한국학교폭력상담협회, 한국전문상담학회, 2015).

　　쇼핑에 중독되어 병적인 소비 형태를 보이는 환자를 소비병 환자(pathological consumer)라고 하며 네 가지 유형으로 나눈다(한국학교폭력상담협회, 한국전문상담학회, 2015).

　　첫째, 감정반응형 소비자(emotional reactive consumer)다. 이 유형의 소비자는 물건 그 자체보다 물건의 의미와 상징성을 중요하게 생각한다. 또한 물건에 대한 구매동기가 감정적이고, 보상적인 경우가 많다. 가난했던 유년 시절에 갖지 못한 물건들을 구매력을 가진 성인이 된 후 지나치게 구입하는 경우가 대표적인 예다.

　　둘째, 충동형 소비자(impulsive consumer)가 있다. 물건을 사고 싶은 욕구와 사면 안 된다는 이성적 절제 사이에서 지속적인 갈등을 겪다가 구매 욕구가 커지기 시작하면 충동적으로 물건을 과도하게 구입하는 유형이다. 보통의 사람들도 경미하게 겪는 증상이긴 하지만 충동형 소비자의 경우는 구매의 양과 정도가 자신의 구매력보다 극단적으로 크다고 할 수 있다.

　　셋째, 광적 소비자(fanatical consumer)다. 이 유형의 소비자는 한 가지 형태의 물건(예: 신발, 인형, 장난감, 음반, 우표 등)에 광적인 집착을 보이며, 수집광처럼 물건에 대한 소유욕이나 구매 욕구가 매우 크다.

　　넷째, 자아상실형 소비자(uncontrolled consumer)다. 대부분의 사람들의 구매 목적은 소유이나 이 유형의 소비자는 소유를 목적으로 물건을 구매하지 않지 않고, 자신의 긴장이나 불안 등의 부정적 감정을 해소하기 위해 물건을 구매한다. 구매동기가 감정적인 감정반응형 소비자 형태와 구매 동기가 충동적인 충동형 소비자의 양상이 복합적으로 나타나는 유형으로 가장 심각한 유형이라 할 수 있다.

쇼핑 중독자들이 흔히 보이는 쇼핑행위의 유형에는 여섯 가지가 있는데, 첫째, 기념품 수집 쇼핑(trophy shopping)으로 자신이 의미를 부여한 물건이나 투자가치가 있는 물건을 구입하는 행위다. 둘째, 이미지 추구형 쇼핑(image shopping)으로 자신의 이미지를 위하여 식대나 술값을 지불한다거나 사람들에게 자랑할 수 있는 물건을 주로 구입하는 행위다. 셋째, 바겐형 쇼핑(bargain shopping)으로 불필요한 물건들을 싸다는 이유로 사들이는 행위다. 넷째, 의존형 쇼핑(codependent shopping)으로 사랑이나 인정을 받고자 물건을 구입하는 행위다. 다섯째, 수집형 쇼핑(collector shopping)으로 골동품, 골프채, 자동차 등 고가의 물건을 구입하는 행위다. 여섯째, 강박적 충동 쇼핑(compulsive shopping)이다. 이 쇼핑행위는 기분을 전환시키기 위함이지만 쇼핑을 하고 난 후엔 오히려 기분이 악화되며, 악화된 기분을 전환시키기 위해 다시 쇼핑을 해야만 하는 악순환이 나타난다. 강박적 충동 쇼핑하는 사람들에게는 다음과 같은 특징이 존재한다(한국학교폭력상담협회, 한국전문상담학회, 2015: 310-311).

- 자존감을 높이기 위해서 쇼핑을 한다. 즉, 쇼핑행위가 자신감과 자존감을 높여 준다고 생각하게 된다.
- 주의를 딴 데로 돌리기 위해서 쇼핑을 한다. 하고 싶지 않은 일이나 만나고 싶지 않은 사람들을 외면하고 싶어서 그 시간이나 상황에 대신 쇼핑을 한다.
- 적대감을 발산하기 위해서 쇼핑을 한다. 자신의 무분별한 쇼핑을 통해 누군가에게 불쾌한 감정을 전달하기 위해 쇼핑을 한다.
- 사랑이나 애정을 보여 주기 위해서 쇼핑을 한다. 남들이 떠날지도 모른다는 불안감을 심하게 느끼는 때나 그들의 호감을 사기 위해서 선물 형식의 물건을 마구 구입한다.
- 외로움으로 인한 공허감을 채우기 위해서 쇼핑을 한다. 상실감, 따

분함, 불안감 등을 경험하는 사람들이 많으며 이들은 밤 시간이나 주말을 이용해서 쇼핑하는 경우가 많다.

- 박탈감을 보상받기 위해서 쇼핑을 한다. 예를 들면, 금연이나 다이어트 실패로 우울 심리가 있는 사람들이 다시 실패를 경험할 때에 상실감에 대한 보상으로 쇼핑을 한다.
- 즉각적인 만족을 위해서 쇼핑을 한다. 무언가를 사서 위안을 받고 싶을 때 쇼핑을 한다.
- 우울한 감정을 해소하기 위해서 쇼핑을 한다. 기분이 처져 있는 상태에서 무엇인가로 필요가 있다는 것을 느낄 때 쇼핑을 한다.
- 상실감 때문에 쇼핑을 한다. 자신이 추구하던 목표나 일들이 제대로 풀리지 않을 때 상실감을 달래기 위해 쇼핑을 한다.

2) 쇼핑 중독의 증상과 원인

쇼핑 중독자들에게 공통적으로 나타나는 특징은 충동통제력 상실로 인한 반복 구매, 우울증 등 감정적 기복, 쇼핑을 스트레스나 심리적 긴장해소를 위한 방법으로 사용, 효율적인 소비능력의 감퇴 및 판단력 결여, 쇼핑 행위 자체에만 만족 등이 있다. 이들은 스스로를 제어할 수 없는 만성적인 충동통제력 상실로 인해 충동적으로 물건을 구입하기 때문에 구매 물품에 대한 애착이 없고 쇼핑 전후의 감정기복이 심하다. 돈에 대한 개념을 인식하지 못하며 자신의 재정적 능력을 초과하여 구매를 할 때도 있어 경제적 어려움을 겪기도 한다. 자신의 필요에 의한 구매가 아니라 쇼핑 시에 느껴지는 만족감 때문에 쇼핑을 한다(박태영, 조성희, 2005; 이영호, 2016).

한국학교폭력상담협회, 한국전문상담학회(2015: 308)에서는 쇼핑 중독의 증상으로 다음의 증상들을 제시하였다.

- 실망감, 분노감, 또는 공포 심리가 쇼핑 또는 금전 낭비를 자극한다.
- 쇼핑 및 소비습관들이 정서적 고통이나 삶의 어려움들을 야기한다.
- 쇼핑이나 소비습관 때문에 주위 사람들과 자주 다투게 된다.
- 신용카드가 없으면 감정이 상실된 기분이다.
- 현금으로 살 수 없을 때는 신용카드를 사용하면서까지 상품을 구입한다.
- 물건을 구입하거나 돈을 낭비할 때에 도취 감정과 함께 근심, 걱정도 생긴다.
- 과소비 또는 쇼핑 시에 무모하거나 금지된 행동을 하는 것과 같은 감정도 느낀다.
- 쇼핑, 또는 과소비를 한 후에 죄의식, 수치심, 무안, 혼돈감 등이 생긴다.
- 구입한 물건을 전혀 사용하지 않는다.
- 무슨 물건을 구입했고 얼마를 지출했는지에 대해서 사람들에게 거짓말을 한다.
- 돈에 대해서 지나치게 생각한다.
- 과소비 금액을 변제하기 위해서 은행구좌나 물품 구입 지불 청구서들에 잔재주를 부리는 데 많은 시간을 소비한다.

쇼핑 중독은 다양한 원인으로 인해 나타난다. 심리학적 관점에서는 강화효과(reinforcement effect), 내성(tolerance), 금단증상(withdrawal symptom) 등이 중독을 유발한다고 한다(Donegan et al., 1983; Peele, 1985; 한국학교폭력상담협회, 한국전문상담학회, 2015 재인용). 강화효과는 구매로 인한 만족이 또 다른 구매의 동기가 되는 효과이며, 내성은 소비량에 점차 만족하지 못지 못하여 소비량을 점차 늘려 가는 현상, 금단증상은 소비를 중단했을 때 육체나 정신에서 발생하는 부정적인 효과를 의미한다. 고독, 무료함, 우울, 두려움, 분노 등의 부정적 감정의 해소 또는 내면적 공허감(inner void)과 갈망감의 충족 때문에 중독되기도 한다. 특히, 유년기 시절에 정서적 결핍(emotional deprivation in childhood)을 경험하거나 흥분추구(excitement seeking), 인정추구(approval seeking), 완벽주의(perfectionism), 선천적인 충동 및 중독적 성격(genuinely impulsive and compulsive)을 가진 사람들에게서 더 많이 나타나기도 한다.

정신의학적 관점에서는 쇼핑 중독자들은 쇼핑에 의존하게 되는 순간, 구매 욕구의 증가와 함께 더 강하고 더 많은 쾌락을 추구하게 되어, 더 빈번한 쇼핑과 더 큰 액수의 물건을 구매하게 된다고 한다. 쇼핑을 못하게 되는 상황에서 나타나는 다양한 신체적 금단증상을 방지하기 위하여 또다시 쇼핑을 하게 되는 신체적인 요인도 있다.

3) 쇼핑 중독의 예방과 치료

쇼핑 중독에 빠진 사람들은 필요하지 않은 물건을 마구 사들이고, 자기가 무엇을 샀는지 기억하지 못하며, 스트레스를 받거나 불쾌한 감정을 경험할 때 그것을 잊어버리기 위해 물건을 사던 행위가 자극제가 되어 강박적인 구매행동을 한다(박태영, 조성희, 2005). 이들은 쇼핑을 못하면 불안, 두통, 우울증, 소화불량 등을 겪기도 하며, 경제적으로 큰 어려움에 빠질 수도 있기 때문에 사전예방이 무엇보다 중요하다.

쇼핑 중독의 구체적인 예방법은 다음과 같다(이영호, 2016).

- 스트레스를 줄이고, 건전한 취미생활을 갖는다.
- 쇼핑 목록을 만들어 필요한 것만 구입하고, 가계부를 사용해 본인의 재정 상태를 확인한다.
- 쇼핑할 때 다른 사람과 동행하고, 충동을 조절할 수 있도록 도움을 청한다.
- 홈쇼핑 채널 시청을 자제하고 부득이한 경우에는 TV에 경고의 글

을 붙여 둔다.
- 쇼핑할 경우 카드는 집에 두고 소량의 현금만 가져간다.
- 일주일 중 하루나 이틀은 아무것도 사지 않는 날로 정해 지킨다.

쇼핑 중독 치료법으로 인지치료적 접근법과 행동치료적 접근법이 있다. 인지치료적 접근법은 '지금 구매하지 않으면 이 물건을 다신 못 살 것이다'라는 그릇된 인식을 바꿔 충동적 구매에 대한 인지기능을 고치는 것이다. 행동치료적 접근법에서는 쇼핑 중독자가 백화점이나 마트에서 물건을 구경만 하고, 사지 않는 훈련을 받는다. 증상이 심하지 않은 경우엔 영화 감상, 여행, 독서나 등산, 자원봉사 등의 취미생활을 찾는 것도 도움이 된다(이영호, 2016). 한번 중독에 빠지면 치료하기가 어려우므로 평소에 쇼핑을 좋아하는 사람이라면 자신이 쇼핑 중독에 빠졌는지 아닌지를 지속적으로 점검하여 사전에 쇼핑 중독을 예방하는 것이 효과적이다.

제16장

가족문제와 정신건강

◼ 1. 배우자 폭력과 정신건강

1) 배우자 폭력의 개념

가정폭력이란 가족구성원 중의 한 사람이 의도적으로 물리적 힘의 사용이나 정신적인 학대를 통해 다른 구성원에게 고통과 피해를 주는 행위다(임혁, 채인숙, 2020). 가정폭력에는 신체적 손상을 주는 행위뿐만 아니라 자존감을 해치는 언어적 학대의 경우도 포함된다. 가정폭력의 범위에는 배우자 폭력(아내학대), 자녀폭력(아동학대), 부모학대, 노인학대 등이 포함되며 상호 관련성을 가지고 있다. 가정폭력 중 가장 빈번하게 발생하는 형태는 남편이 아내에게 행하는 배우자 폭력이다. 배우자 폭력은 아내학대(wife abuse), 배우자 학대(spousal abuse), 결혼폭력(marital violence), 부부폭력(conjugal violence), 아내구타(wife battering) 등의 용어와 혼용되고 있다(박태영, 2003). 구타(battering)와 폭력(violence)은 주로 신체적인 폭력을 의미하며, 학대(abuse)는 사회적 고립, 가정에의 구속, 경제적 박탈, 심리적 폭력, 성적 폭력 및 경멸 등을 모두 포함하는 개념으로 구타와 폭력의 정의보다 폭넓은 개념이다(조미숙, 이윤로, 1999).

가정폭력으로 나타나는 폭력 행동은 크게 두 가지 형태로 분류된다.

첫째, 신체적 폭력이다. 신체적 폭력은 때리고, 묶고, 감금하고, 차는 등의 행위뿐 아니라 무기까지 사용하는 경우도 있으며, 신체 외부에 잘 드러날 수 있으나 어딘가에 부딪혔다든지, 넘어졌다든지 하는 등의 사고로 위장되는 경우가 많다. 신체적 폭력은 피해자의 목숨을 앗아갈 수 있을 뿐 아니라, 회복할 수 없는 정신적·정서적 상처를 남긴다. 둘째, 정서적 폭력 혹은 심리적 폭력이다. 정서적 폭력은 피해자의 자존감을 파괴하거나 피해자가 스스로를 폭행을 당해도 마땅한 사람이라고 믿게 만들어 버린다. 심리적 폭력은 자살하겠다는 위협이나, 기물파괴를 통해 위협하는 경우 등이 있다(이윤로, 임옥빈, 류아빈, 김수진, 2008).

가정폭력은 가정파괴의 주범이 되기도 하며, 아동에게 큰 정신적 피해를 주게 된다. 또한, 폭력의 발생 원인이었던 주요 문제에 폭력으로 인한 관계의 악화가 또 다른 문제가 되므로 시간이 갈수록 심각해지게 된다. 예를 들어, 경제적 빈곤으로 인한 다툼 중 폭력이 발생하면, 부부 사이가 부정적인 관계로 변하게 되고, 이 문제는 단순히 경제적인 문제가 아니게 되며, 해결하기가 더욱 어려워진다. 따라서 가정폭력이 발생하게 되면, 가능한 빨리 전문가에게 도움을 요청할 필요가 있다.

2) 배우자 폭력에 관한 이론

1970년대 중반에 들어서면서부터 배우자 폭력에 관한 다양한 이론들이 등장하기 시작하였다. 여기에서는 이윤로 등(2008)이 제시한 사회학적 관점, 정신분석이론, 학습된 무기력, 여성학적 관점의 네 가지 이론을 다루기로 한다.

(1) 사회학적 관점

사회학적 관점은 폭행의 세대 간 전이에 대해 관심을 가진다. 가정폭력을 행하는 사람의 80%가 폭력을 행하는 아버지를 보고 자란 것으로 나타났다. 즉, 가해자의 80%가 아버지로부터 학습한 폭력적인 방식으로 가정을 통제하게 되는 것이다. 또한, 사회학적 관점에서는 가정폭력은 인간의 잘못된 사회화 과정에서 일어나며, 다음의 고정관념, 성역할 고정관념이나 사회적 태도가 원인이라고 주장한다.

- 남성은 공격적이어야 하고, 여성은 수동적이어야 한다.
- 매를 아끼면 자식, 아내를 망친다.
- 남자는 바지를 입어야 한다.
- 남자는 생계를 책임지고 여자는 집안일을 책임져야 한다.
- 어머니의 욕구는 가정 내의 다른 일보다 중요하지 않다.
- 바깥일은 남자가 맡아서 하고, 가정 내의 정서적 일은 여자가 맡아서 한다.

(2) 정신분석이론

정신분석이론에서는 어린 시절의 경험으로 생겨난 병리적 성격 때문에 폭력이나 학대를 하는 남편, 당하는 아내가 된다고 한다. 사회학적 관점과 유사하게 학대 가족에서 자라난 여성은 학대 받는 것을 당연하다 여기고, 학대하는 사람에게 저항하지도 못하고 도망가지도 못하게 된다. 학대하는 아버지를 보고 자라난 남성은 폭력을 통해 모든 문제를 해결하려고 한다. 자신이 폭력을 쓰는 것을 당연하다 여기게 될 뿐 아니라, 폭력을 피하려고 하는 여성이 잘못됐다는 신념을 가지게 된다.

(3) 학습된 무기력

배우자 폭력에 관한 학습된 무기력(learned helplessness) 이론은 리어노어 워커(Leonore Walker)에 의해 제시되었다. 그는 『The Battered Woman』(1979)에서 다음의 잘못된 사회적 편견으로 인해 가정폭력이 발생한다고 지적하였다.

- 종교는 폭행을 막아 준다.
- 폭행자는 모든 대인관계에 있어서 공격적이고 폭력적이다.
- 음주가 폭력을 불러일으킨다.
- 피해자는 맞을 만하기 때문에 맞는 것이다.
- 여성은 가학을 당하며 쾌감을 느낀다.

워커(Walker, 1979)는 폭행자의 신체적·정서적 폭행이 여성의 인지 및 사고과정에 영향을 미쳐 무기력감과 우울감을 느끼게 만든다고 한다. 또한 저항할 힘이나 의지를 잃게 할 뿐 아니라, 자신은 잘못을 했기 때문에 맞아도 마땅하다고 믿게 된다. 자신이 잘못됐다고 믿는 행동을 수정했음에도 불구하고, 남편의 폭행이 지속되는 경우, 여성은 더 강력한 무기력감을 느끼게 되는 악순환이 발생하게 된다. 또한 워커는 여성이 남성의 지속적인 폭행에도 불구하고 지속적으로 가정에 머무르는 이유를 폭행 뒤에 따라오는 낭만적인 말과 행동 때문이라고 지적한다. 즉, 폭행은 일어나지만 남편이 후회를 한다는 말과 함께 다정한 행동 또는 좋은 선물을 하게 된다면 여성은 남편을 용서하게 된다는 것이다.

(4) 여성학적 관점

여성학적 관점에서 가정폭력은 가부장사회의 부산물이며, 성별의 불평등으로 인한 여성의 상대적 무능력이 가정폭력을 발생시킨다고 한다. 여성학자들은 남성이 여성을 사회의 높은 지위에 오르지 못하게 함으로써 유지되는 남성우월주의와 가부장제가 가정폭력을 만들어 내기 때문에 많은 여성들이 높은 지위에 오를수록 가부장적인 사회의 편견과 통념, 힘의 불평등 및 성차별이 격파되고 가정폭력이 해결될 것이라고 말한다. 따라서 사회는 여성들이 자아실현을 하고 자존감을 높일 수 있는 다양한 통로를 마련하고, 여성적 강점을 강화하는 방향으로 변화할 필요가 있다고 주장한다.

3) 배우자 폭력의 개입 방안

1980년 이후부터 미국에서는 배우자 폭력의 피해자인 아내와 자녀를 위한 치료와 지원활동이 활발해지고 있다. 가정폭력을 범죄로 규정하고 가정폭력의 피해자들을 지원하기 위한 교육훈련 프로그램과 법률상담뿐 아니라 다양한 쉼터나 보호소를 제공하고 있다. 우리나라에서도 1997년 「가정폭력방지 및 피해자보호 등에 관한 법률」이 제정되어 가정폭력의 피해자들을 지원하고자 하는 움직임이 확산되었다.

배우자 폭력을 경험한 아내들은 소외된 삶을 살았기 때문에 관심과 이해, 지지를 얻을 수 있는 집단치료가 효과적이다. 집단치료는 ① 고독감을 제거하기 위해, ② 집단 토론을 통해 가정폭력의 여러 가지 통념의 잘못됨을 알기 위해, ③ 개방된 분위기에서 자신의 감정을 솔직하게 털어놓을 수 있는 관계 형성을 위해, ④ 역할모델을 제공받기 위해, ⑤ 가정폭력의 원인이 자신 때문이 아니라는 것을 알기 위해 필요하다. 집단치료에서는 신변의 안전, 법적 보호, 생존을 위한 조언뿐만 아니라 슬픔, 무력감, 죄책감 등의 정서적인 측면도 다룬다. 폭행당한 아내들은 각자의 성장배경 및 가정배경 등이 다르기 때문에 치료자는 개인적 차이에 대해 민감하게 대처해야 할 필요가 있다.

가정폭력을 경험하거나 목격하면서 자란 자녀들은 정서적인 고통을 겪게 되는데, 두통, 복통, 천식, 말더듬, 불면증, 우울증, 정신병, 등교 거부, 성적 저하, 공격적 행동 같은 심리적·행동적 문제가 나타난다고 한다(Markward, 1997; 임혁, 채인숙, 2020 재인용). 가정폭력의 사회학적 이론에서 나타났듯이 부모의 폭력에 대한 태도를 그대로 학습한다는 것 또한 큰 문제가 된다. 이들은 폭력을 다양한 문제해결 방식 중 하나로 인식하므로 성인이 되어서도 폭력을 사용하게 된다. 이들에게는 무엇보다 '자아존중감'이 중요한데, 그 이유는 일반 가정의 자녀에 비해 우울감, 불안감, 공격성 등이 높게 나타나기 때문이다. 이러한 부정적 정서

를 해소하기 위해 교육과 예방에 초점을 둔 집단사회사업 프로그램을
시도할 수 있다. 집단사회사업의 목표는 자녀가 ① 과거의 부정적 사건
에 대해 새롭고 적응적인 반응을 개발, ② 바람직한 '문제해결 방법'을 학
습, ③ 표출된 행동에 대한 자신의 책임감을 탐색, ④ 갈등해결 수단으로
서 폭력행동의 부정적 영향을 평가, ⑤ 자아존중감을 향상하게 하는 것
이다. 또한 대인관계 기술과 친사회적 기술을 습득하여 바람직한 친구
관계를 형성하고 사회성을 기르는 것도 좋은 치료 방법이 될 수 있다.

　현재 여성가족부에서는 가정폭력 피해자를 지원 및 보호하기 위하여
언제라도 상담을 받을 수 있도록 긴급전화를 운영하고 있으며, 경찰, 상
담소 및 보호시설 간의 긴밀한 연계가 이루어질 수 있는 보호 시스템을
구축하고 있다.

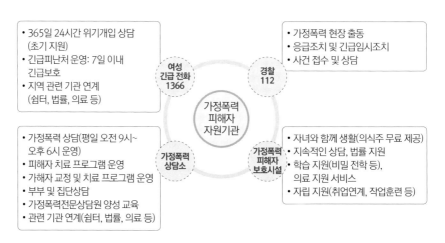

[그림 16-1] 여성가족부에서 제공하는 가정폭력 피해자 보호 시스템

출처: 여성가족부(2020). 가정폭력 방지 및 피해자 지원.

4) 폭력 남편의 치료

1970년대 미국에서는 피해자인 아내나 자녀의 치료가 우선이기는 하

나, 근본적 원인인 남편의 행동을 변화시키는 것이 해결책이라는 인식이 퍼지기 시작하였다. 일반적으로 폭력을 행하는 남편에게 다음의 특징들이 발견되었다.

"구타자는 반사회적 인격장애를 가지고 있으며, 아내에 대한 전통적 견해를 가지고 있다고 한다. 자신의 남성성이 도전을 받는다고 믿을 때 폭력에 의지하며 낮은 자아존중감을 갖고 있어 이를 보상받기 위해 폭력에 의존한다. 구타자는 의사소통기술이 부족하고 의사표현을 하는 방식으로 폭력을 사용한다. 아내에게 강하게 요구를 하는 경우가 많고 이러한 요구가 충족되지 않을 때 분노로써 반응한다. 구타자는 통제와 권력을 상실할 것이 두려워 학대적 행동을 시도할 수 있으며 극단적으로 질투심에 불타고 배우자에게 절대적 충성을 요구할 수 있고, 원가족에게서 폭력을 보고 자라 학습한 경우가 많다. 알코올 또는 약물의존인 경우가 있고 학대적 행동을 심각하게 보지 않는다(Anderson et al., 1991; 김인숙, 1998 재인용)."

폭력 남편의 행동을 치료하기 위하여 네 가지 유형의 치료법이 사용되고 있다(이윤로 외, 2008).

첫째, 가정폭력법안이 통과되면서 가정폭력의 심각성을 인식하게 되었고, 경찰이 부부폭력에 개입할 수 있게 됨으로써 아내 구타자를 체포할 수 있게 되었다. 그러나 이 법은 부부폭력의 재발을 억제하는 효과는 크게 없는 것으로 나타났으며, '가정폭력방지법이 가정폭력의 감소에 기여하는가'에 대한 질문에 '그렇지 않다'고 대답한 응답자 중 70%가 아내에게 폭력을 행사한 것으로 나타났다.

둘째, 개인, 부부, 가족이 개별 또는 집단으로 참여하는 정신건강 프로그램을 통한 치료다. 이 치료에서는 폭력 남편과 아내의 인지 재구조화, 분노조절 기술 습득, 폭력에 대한 대안 찾기에 초점을 둔다. 일단 폭력 남편은 '아내가 맞는 것은 당연하다'는 인식을 변화시키고, 아내가 잘못했더라도 폭력은 잘못된 방식이라는 것을 받아들이게 해야 한다. 폭력 남편들은 문제해결 능력이 부족한 경우가 많기 때문에 자신의 뜻대로 진행이 되지 않는 경우 쉽게 분노한다. 분노 상황이 오기 전에 자신의 감정을 알아차릴 수 있는 기술과 그 분노를 조절할 수 있는 기술을 교육받는 것이 중요하다. 또한 그들의 부족한 의사소통 능력을 향상시켜야 하며, 폭력을 통한 해결보다는 대화를 통한 해결이 장기적으로는 부부에게 이롭다는 것을 인식시킬 필요가 있다.

셋째, 폭력 남성이 가진 여성에 대한 인식을 변화시키기 위해 쉼터에서 제공하는 프로그램에 참여하는 것이다. 이곳에서는 여성에 대한 인식 및 태도 변화뿐 아니라 성차별, 권력, 사회적 지위 등에 대한 문제에 대해 토론한다. 또한, 폭력 남성 자신의 분노, 충동 또는 스트레스를 조절할 수 있는 기술을 습득한다.

넷째, 동료상담을 활용하는 자조집단(self-help group)을 통한 프로그램이다. 자조집단은 동일한 문제를 가진 사람들이 동일한 목표를 달성하기 위해 모인 자발적 상호원조(self-aid) 집단이라 할 수 있다. 이곳에서는 치료자의 직접적인 개입이 없는 상태에서 가해자 혹은 피해자가 수평적인 관계를 바탕으로 서로의 경험을 나눔으로써 스스로를 돌아볼 수 있는 기회를 가진다. 그러나 가해자로 이루어진 자조집단에서는 그들의 참여도가 떨어질 뿐 아니라 그들의 행동의 변화를 기대하기 어렵다.

■ 2. 이혼과 정신건강

1) 이혼의 개념과 유형

사전적 의미의 이혼은 법률상으로 유효하게 혼인한 남녀가 생존 중에 성립된 결합관계를 해소하는 행위다. 우리나라는 당사자 간의 합의로 원만하게 이혼할 수 있는 협의이혼제도를 가지고 있다. 2007년 이혼 숙려 기간제와 상담권고제도를 도입하여, 자녀가 있는 경우는 3개월, 없는 경우는 1개월 이후 가정법원으로부터 이혼 의사를 확인받아야만 이혼할 수 있다. 이혼은 가정에서 일어나는 여러 문제들에서 벗어나기 위한 하나의 방법인 동시에 혼인관계를 소멸시키는 제도다(박선환 외, 2017). 이혼가족이란 이혼으로 인하여 새롭게 형성된 가족을 의미하며, 이혼 전의 가족에 비해 축소된 형태로 나타난다.

이혼과 이혼가족의 의미를 이론적 관점마다 다르게 바라본다. 구조기능론적 관점에서는 이혼을 빠르게 변화하는 사회에 가족과 가족구성원들이 적응하지 못하여 나타나는 부적응 현상으로 바라본다. 갈등론적 관점에서 이혼은 가족구성원들 간의 갈등의 결과물이며, 해결하지 못하는 갈등을 소멸시킬 수 있는 해결책이다. 여권신장(feminist) 관점에서는 남성우월적이고 가부장적인 사회구조에서 나타나는 여성 억압적 요인을 이혼의 원인으로 보고, 이를 분석하고 해결하는 데 중점을 둔다. 사회학적 관점에서는 '산업화와 도시화, 그리고 결혼에 대한 이데올로기 변화로 결혼과 가족에 대한 개념이 변화하면서 나타난 사회적 현상'으로 보았다(임혁, 채인숙, 2020).

이혼의 유형은 당사자의 합의에 바탕을 둔 '협의이혼'과 부부 중 한 사람만 이혼을 원하는 경우 재판을 신청하는 '재판상 이혼'이 있다. 우리나라는 협의이혼제도를 갖고 있어 부부가 이혼에 합의를 했더라도 숙려기간을 거친 후 법원에서 판사의 확인을 받은 다음, 이혼신고서를 제출하고 호적에 기재가 되어야 이혼과정이 마무리된다. 이러한 협의이혼제도는 성급하고 무분별한 이혼을 방지하기 위함이다. 재판상 이혼의 경우에는 가정법원의 판결에 따라 이혼 가능 여부가 결정된다. 가정법원에서 인정하는 이혼 사유는 다음과 같다(임혁, 채인숙, 2020: 259).

- 배우자의 부정한 행위(정조의무에 위반되는 모든 행위)가 있었을 때
- 배우자가 악의로 다른 일방을 유기(정당한 사유 없이 부부간의 동거,

부양, 협조의 의무를 이행하지 않는 것 등)한 때

- 배우자 또는 그 직계존속으로부터 심히 부당한 대우를 받았을 때
- 자기의 직계존속이 배우자로부터 심히 부당한 대우를 받았을 때
- 배우자의 생사가 3년 이상 분명하지 아니한 때
- 기타 혼인을 계속하기 어려운 중대한 사유가 있을 때

2) 이혼의 원인

2010년부터 2019년까지 우리나라 한 해의 이혼건수는 대략 11만 건으로 꾸준히 유지되고 있으나 2010년 혼인건수가 대략 32.6만 건에서부터 꾸준히 감소하여 2019년 23.9만 건이 된 것을 감안하면, 이혼율은 지속적으로 증가하고 있음을 알 수 있다.

⟨표 16-1⟩ 우리나라의 혼인건수와 이혼건수의 추이   (단위: 만 건)

	2010년	2011년	2012년	2013년	2014년	2015년	2016년	2017년	2018년	2019년
혼인건수	32.6	32.9	32.7	32.3	30.6	30.3	28.2	26.4	25.8	23.9
이혼건수	11.7	11.4	11.4	11.5	11.6	10.9	10.7	10.6	10.9	11.1

출처: 통계청(2019). 혼인, 이혼통계.

우리나라에서의 이혼의 증가 원인은 네 가지로 분류할 수 있다(임혁, 채인숙, 2020).

첫째, 가치관 및 이혼에 대한 사회 전반의 인식 변화다. 이혼의 주된 사유 중 하나는 성격 차이로, 과거에는 인내하고 사는 경우가 많았으나, 최근 부부들은 결혼생활의 지속이 불가능하다고 판단하고 자신의 삶을 위하여 이혼을 선택하는 경향이 많아졌다. 특히, 여성들이 이혼에 대해 개방적으로 받아들이는 경향이 많아졌는데, 이는 이혼문제를 바라보는 사회의 인식이 많이 달라졌기 때문이다. 최근 이혼 후에도 행복하게 사

는 이혼부부의 모습을 대중매체뿐 아니라 주변에서도 흔히 찾아볼 수 있게 되었다.

　둘째, 남녀의 성역할 변화와 여성의 경제적 자립능력의 향상이다. 여성의 경제활동 참여와 더불어 가정에서의 남녀 역할에 큰 변화가 생겨나게 되었다. 경제활동을 하게 된 여성들이 남성들에게 양육 참여와 가사분담을 요구함으로써, 부부간의 갈등이 증가하게 되었다. 과거 여성들은 경제적인 자립이 불가능하여 결혼생활을 유지하는 경우가 많았으나, 여성의 교육수준이 높아지고, 사회 진출의 기회가 많아짐에 따라 이혼을 선택하는 여성들이 많아졌다.

　셋째, 우리나라의 출산율은 가임여성 1명당 2017년 1.05명, 2018년 0.98명, 2019년 0.92명으로 점차 감소하고 있다(통계청, 2019). 즉, 과거에는 자녀 양육 문제로 인해 이혼을 자제하려고 했던 부부들이 많았던 반면, 최근에는 자녀를 갖지 않음으로써 자녀 양육 문제를 고려하지 않고 이혼을 결정할 수 있는 부부들이 많아지고 있다는 의미다. 또한, 자신의 삶을 우선시하는 경향이 생겨나고, 서구적인 가치관의 유입으로 이혼 후에도 자녀를 잘 양육할 수 있다는 양육관의 변화도 이혼의 원인이 되고 있다.

　넷째, 이혼의 법제적 요인의 변화다. 과거에는 가족유지를 위해 이혼을 금지하려 했고, 여성에게 불리한 점이 많았다. 최근에는 여성의 가사노동의 가치를 인정하고 자녀의 양육권 선택 및 조정이 가능하게 되어 여성에게 불리한 법제적 요인들이 사라지게 됨으로써 이혼을 선택하는 여성들이 많아지게 되었다.

3) 이혼이 가족구성원에게 미치는 영향

(1) 부부에게 미치는 영향

이혼 당사자들은 이혼 후 경제적 문제, 대인관계에서의 문제, 자녀 양육의 문제, 정신건강 및 신체건강 문제 등으로 많은 심각한 어려움을 겪는다고 한다. 특히, 자존감의 저하, 극심한 스트레스, 무력감, 상실감, 우울증 등의 심리적 문제로 인하여 불면증이나 과도한 음주 및 흡연으로 이어지게 되고, 자살을 선택하는 극단적인 경우까지 있다(오현숙, 2004). 다음은 이혼 여성들이 겪게 되는 심리적 상태다(Berman & Turk, 1981; 변화순, 1996 재인용).

① 분노: 결혼생활 유지를 위해 참고 지냈다는 사실에 대한 분노, 스스로에 대한 분노, 이혼으로 인해 현실적 제반 여건이 변화됨으로써 느끼는 분노 등으로, 이를 적절하게 조절하지 못할 경우, 공격적인 행동이나 언행으로 표출되거나 이혼 상황에 적응하지 못하는 결과를 초래한다.
② 상실감: 자신을 보호하고 위안해 줄 대상의 상실, 자신이 사랑하고 보호해 줄 사람의 상실, 일상을 공유할 수 있는 대상의 상실, 자신의 인생에 오점을 남겼다는 상실 등으로부터 오는 감정들이다.
③ 외로움: 사회적 고립 또는 사회적 지지체계의 상실로 인해 자신이 외톨이라는 고립감을 느끼게 되는 것으로, 경제적인 상황이 악화되는 경우 심각한 문제가 될 수 있다.

심리적인 문제와 함께 여성들의 경우 경제적 생활수준이 급격하게 낮아지게 된다. 위자료를 받는 경우는 큰 차이가 없을 수 있으나, 전업주부였던 여성의 경우는 경제적 타격을 심하게 받을 수밖에 없다. 그들은 경력 단절로 인한 재취업의 어려움, 취업 시에도 낮은 수준의 임금, 아동 양육비의 부담 등으로 인하여 이혼 전보다 재정적 곤란을 겪게 된다.

사회적 관계망의 변화는 이혼부부에게 또 다른 어려움을 안겨 준다. 친하게 지냈던 배우자의 가족과 친지, 친구, 동료들의 상실뿐 아니라 자신의 가족과 친지, 친구, 동료들과의 관계에서도 변화가 나타난다. 대부분의 이혼자들은 자신의 원가족이나 친척과의 만남을 꺼리게 되고, 만남의 빈도가 감소되어 그들과의 관계가 소원해지거나 단절되어 더욱 고립되는 상황을 맞이하기도 한다. 이처럼 이혼부부들이 자신들의 역할 변화 및 관계의 축소를 경험하게 됨으로써 생길 수 있는 정신건강의 문제가 최소화될 수 있도록 가까운 주변 인물들이 관계의 공백을 메워 줄 필요가 있다. 이혼은 각 부부의 삶의 질에도 영향을 미치게 되는데, 남성은 '정서적 외로움'을, 여성은 '경제적 빈곤'과 '자녀 양육'을 가장 큰 어려움으로 꼽았다(Kirson & Morgan, 1990; 변화순, 1996 재인용).

(2) 자녀에게 미치는 영향

이혼부부의 갈등은 자녀들에게 부정적인 영향을 미치게 된다(오현숙, 2004). 이혼 전부터 부모의 다투는 모습을 보거나, 자신의 양육문제로 인해 부모들이 스트레스를 표현하는 모습을 보게 된 자녀는 자신 때문에 부모가 이혼한다는 죄책감을 가지게 될 수 있다. 부부 갈등으로 인해 자녀에게 쏟는 관심과 배려가 줄어들게 됨에 따라 학교에서의 교우관계 부적응 문제나 학업 소홀 문제 등이 나타날 수 있다. 자녀들은 걱정과 불안을 해소하지 못하고 수면장애를 가질 수도 있으며, 우울함, 좌절감, 죄책감들을 공격적인 행동으로 표출할 수도 있다. 특히, 청소년기의 자녀들은 자신이 버림받았다는 생각에 반사회적 행동을 할 수도 있기 때문에 더욱 세심한 배려가 필요하다.

4) 자녀의 정신건강 문제해결 방안

이혼가정 자녀들은 공격적 행동을 하거나, 학업성적의 하락, 또래관계의 어려움, 심한 우울증 등의 정신건강적 문제들을 겪기도 한다(오현숙, 2004). 이러한 문제를 해결하기 위해서는 교육, 안정적인 보호, 화해와 중재, 위기개입 서비스 등이 제공되어야 한다(임혁, 채인숙, 2020). 먼저, 교육을 통해 부모의 이혼 후에도 자녀들이 정상적인 발달을 이룰 수 있는 기회와 환경을 마련해 주고, 안정적인 보호환경을 조성하여 신체건강과 영양관리에 문제가 없도록 해야 한다. 부모는 자녀에 대한 책임을 분담하고, 자녀가 원할 시 언제든 부모를 볼 수 있도록 보장해 주어야 한다. 이혼 전 부모는 자녀와 함께 이혼에 대해 논의할 기회를 가지는 것이 좋으며, 도움이 필요하다면 지역사회의 이혼 전문가와 함께 자리를 마련하도록 한다. 이때 유의해야 할 점은 다음과 같다(김기태, 1995: 252-253).

- 부모는 이혼의 사유가 자녀에게 있지 않음을 분명하게 얘기해야 한다.
- 부모는 이혼 후에도 아동을 계속 사랑하고 돌보아 줄 것을 약속해야 한다.
- 자녀가 부모 중 어느 한편과 같이 살게 되더라도, 헤어지는 부나 모와는 일정한 간격으로 자주 만날 수 있도록 해 주어야 한다.
- 이혼에 대해 자녀가 당황해하고 분노와 슬픔과 불안을 느낄 수 있다는 것을 부모가 자각하고, 이로 인한 아동의 심리적·정신적 문제가 발생하지 않도록 공동의 노력을 기울여야 한다.

3. 아동학대와 정신건강

1) 아동학대의 개념과 유형

보건복지부의 학대 피해아동 보호 현황 자료를 보면, 우리나라의 아동학대 발생건수는 2013년 6,786건, 2014년 10,027건, 2015년 11,715건, 2016년 18,700건, 2017년 22,367건에 2018년 24,604건으로 지속적으로 증가하고 있다. 유형별로 살펴보면 정서 학대 4,728건, 신체 학대 3,285건, 방임은 2,787건을 기록하고 있다. 이러한 학대를 경험한 아동은 높은 우울감 및 공격성, 낮은 자아존중감, 자살 시도, 대인관계 악화 등의 심각한 피해를 입는다.

체벌은 사적 영역이므로 타인이 개입하는 것은 부적절하다는 인식과 체벌은 훈육의 수단이라는 인식이 만연했던 우리나라에서는 최근까지도 체벌을 용인해 왔으나, 아동학대에 대한 관심이 높아지고, 가족 내의 학대로 인한 아동의 사망이 발생하는 사건들이 생겨나면서 아동학대에 대한 처벌이 강화되고 있는 추세다. 우리나라에서는 1961년 「아동복리법」 제정을 시작으로 1979년에는 한국사회복지협의회가 '아동학대고발센터'를 설치 · 운영 시작, 1985년에는 서울특별시립아동상담소가 '아동학대신고센터'를 개설, 1989년에는 '한국아동학대예방협회' 설립 등 꾸준히 아동학대를 방지하기 위한 움직임이 확대되었다. 2000년에는 「아동복지법」 개정, 2014년 「아동학대 범죄의 처벌 등에 대한 특례법」 제정 등 아동학대에 대한 처벌 또한 그 수위를 점차 높여 가고 있다(채경선, 김주아, 2014).

「아동복지법」 제2조 제4호(법제처, 2020)에 의하면, 아동학대는 보호자를 포함한 성인에 의하여 아동의 건강, 복지를 해치거나 정상적 발달을 저해할 수 있는 신체적 · 정신적 · 성적 폭력 또는 가혹행위 및 아동의 보호자에 의하여 이루어지는 유기와 방임을 말한다. 아동학대는 신체 학대, 정서 학대, 성 학대, 방임 및 유기의 형태로 분류된다. 신체 학대는 '보호자를 포함한 성인이 아동의 건강 또는 복지를 해치거나 정상적 발달을 저해할 수 있는 신체적 폭력이나 가혹행위를 하는 것', 정서 학대는 '보호자를 포함한 성인이 아동의 건강 또는 복지를 해치거나 정상적 발달을 저해할 수 있는 정신적 폭력이나 가혹행위를 하는 것', 성 학대는 '보호자를 포함한 성인이 아동의 건강 또는 복지를 해치거나 정상적 발달을 저해할 수 있는 성적 폭력이나 가혹행위를 하는 것', 방임 및 유기는 '아동의 보호자가 아동을 유기하거나 방임하는 것'을 의미한다(「아동복지

법」 제3조 제7호). 각 학대 유형의 내용과 구체적 사례는 〈표 16-2〉, 〈표
16-3〉과 같다.

〈표 16-2〉 학대 유형별 내용

신체 학대	보호자를 포함한 성인이 아동에게 우발적인 사고가 아닌 상황에서 신체적 손상을 입히거나 또는 신체 손상을 입도록 허용한 모든 행위
정서 학대	보호자를 포함한 성인이 아동에게 행하는 언어적 모욕, 정서적 위협, 감금이나 억제, 기타 가학적인 행위
성 학대	보호자를 포함한 성인이 자신의 성적 충족을 목적으로 18세 미만의 아동에게 행하는 모든 성적 행위
방임 및 유기	보호자가 아동에게 위험한 환경에 처하게 하거나 아동에게 필요한 의식주, 의무교육, 의료적 조치 등을 제공하지 않는 행위를 말하며, 유기란 보호자가 아동을 보호하지 않고 버리는 행위

출처: 아동권리보장원(2020). 아동학대 예방 및 보호.

〈표 16-3〉 학대 유형별 구체적 사례

신체 학대	• 직접적으로 신체에 가해지는 행위(손, 발 등으로 때림, 꼬집고 물어뜯는 행위, 조르고 비트는 행위, 할퀴는 행위 등) • 도구를 사용하여 신체를 가해하는 행위(도구로 때림, 흉기 및 뾰족한 도구로 찌름 등) • 완력을 사용하여 신체를 위협하는 행위(강하게 흔듦, 신체 부위 묶음, 벽에 밀어붙임, 떠밀고 잡음, 아동 던짐, 거꾸로 매닮, 물에 빠트림 등) • 신체에 유해한 물질로 신체에 가해지는 행위(화학물질 혹은 약물 등으로 신체에 상해를 입히는 행위, 화상을 입힘 등)
정서 학대	• 원망적 · 거부적 · 적대적 또는 경멸적인 언어폭력 등 • 잠을 재우지 않는 것 • 벌거벗겨 내쫓는 행위 • 형제나 친구 등과 비교, 차별, 편애하는 행위

	• 가족 내에서 왕따 시키는 행위 • 아동이 가정폭력을 목격하도록 하는 행위 • 아동을 시설 등에 버리겠다고 위협하거나 짐을 싸서 쫓아내 　는 행위 • 미성년자 출입금지 업소에 아동을 데리고 다니는 행위 • 아동의 정서발달 및 연령상 감당하기 어려운 것을 강요하는 　행위(감금, 약취 및 유인, 아동 노동 착취) • 다른 아동을 학대하도록 강요하는 행위
성 학대	• 자신의 성적 만족을 위해 아동을 관찰하거나 아동에게 성적 　인 노출을 하는 행위(옷을 벗기거나 벗겨서 관찰하는 등의 　관음적 행위, 성관계 장면을 노출, 나체 및 성기 노출, 자위행 　위 노출 및 강요, 음란물을 노출하는 행위 등) • 아동을 성적으로 추행하는 행위(구강추행, 성기추행, 항문추 　행, 기타 신체 부위를 성적으로 추행하는 행위 등) • 아동에게 유사 성행위를 하는 행위(드라이성교 등) • 성교를 하는 행위(성기 삽입, 구강성교, 항문성교) • 성매매를 시키거나 성매매를 매개하는 행위
방임 및 유기	• 물리적 방임 • 기본적인 의식주를 제공하지 않는 행위 • 불결한 환경이나 위험한 상태에 아동을 방치하는 행위 • 아동의 출생신고를 하지 않는 행위, 보호자가 아동들을 가정 　내 두고 가출한 경우 • 보호자가 친족에게 연락하지 않고 무작정 아동을 친족 집 근 　처에 두고 사라진 경우 등 • 아동을 병원에 입원시키고 사라진 경우 • 교육적 방임 • 보호자가 아동을 특별한 사유 없이 학교(의무교육)에 보내지 　않거나 아동의 무단결석을 방치하는 행위 　*의무교육은 6년의 초등교육 및 3년의 중학교를 의미함(「교 　육기본법」 제8조 제1항)

- 초등학교 및 중학교의 장은 해당 학교에 취학할 예정인 아동이나 취학 중인 학생이
  ① 입학·재취학·전학 또는 편입학 기일 이후 2일 이내에 입학·재취학·전학 또는 편입학하지 아니한 경우,
  ② 정당한 사유 없이 계속하여 2일 이상 결석하는 경우,
  ③ 학생의 고용자에 의하여 의무교육을 받는 것이 방해당하는 때 지체 없이 그 보호자 또는 고용자에게 해당 아동이나 학생의 취학 또는 출석을 독촉하거나 의무교육을 받는 것을 방해하지 아니하도록 경고하여야 함(「초·중등교육법 시행령」 제25조)
- 의료적 방임
- 아동에게 필요한 의료적 처치 및 개입을 하지 않는 행위
- 유기
- 아동을 보호하지 않고 버리는 행위
- 시설 근처에 버리고 가는 행위

출처: 아동권리보장원(2020). 아동학대 예방 및 보호.

2) 아동학대의 발생 원인 및 징후

아동을 학대하는 사람의 80% 이상이 아동의 부모라고 한다. 이들 중 소수만이 성격장애나 정신장애를 가지고 있을 뿐, 나머지 부모들은 대부분 정상 부모다. 아동학대는 빈곤 및 스트레스로 인해 발생하는 경우가 많고, 부모의 교육 정도 및 생활수준이 낮거나 실직 상태이거나 부부갈등이 있을 때 더 자주 발생한다고 한다. 아동학대의 원인은 학대의 가해자가 되는 부모와 학대를 받는 아동, 학대가 발생하는 가정 및 사회요인 등이 복잡하게 얽혀 있다. 아동학대를 유발하는 개인적 요인으로는 정신장애, 학대 경험, 약물중독, 자녀에 대한 비현실적 기대, 충동, 부모역할에 대한 지식 부족 등이 있으며, 가족 차원의 요인으로는 빈곤, 실업, 사회적 지지체계 부족, 원만하지 못한 부부관계, 가정폭력, 부모-자

녀 간 애착 부족 등이 있으며, 사회적 차원의 요인으로는 자녀를 부모의
소유물로 여김, 체벌의 수용, 피해아동에 대한 법적인 보호 부재 및 미비
등이 있다(아동권리보장원, 2020). 학대를 당하는 아동들의 경우 신체적
징후가 나타나는데, 그 징후는 학대 유형에 따라 다르게 나타난다고 한
다. 다음의 징후를 발견했을 시에는 신속한 신고가 요구된다.

〈표 16-4〉 아동학대의 신체적 징후

신체 학대	• 설명하기 어려운 신체적 상흔 • 발생 및 회복에 시간차가 있는 상처 • 비슷한 크기의 반복적으로 긁힌 상처 • 사용된 도구의 모양이 그대로 나타나는 상처 • 담배 불 자국, 뜨거운 물에 잠겨 생긴 화상 자국, 회음부에 있는 화상 자국, 알고 있는 물체 모양(다리미 등)의 화상 자국, 회복 속도가 다양한 화상 자국 • 입, 입술, 치은, 눈, 외음부 상처 • 긁히거나 물린 자국에 의한 상처 • 손목이나 발목에 긁힌 상처, 영유아에게 발견된 붉게 긁힌 상처 • 성인에 의해 물린 상처 • 겨드랑이, 팔뚝 안쪽, 허벅지 안쪽 등 다치기 어려운 부위의 상처 • 대뇌 출혈, 망막 출혈, 양쪽 안구 손상, 머리카락이 뜯겨 나간 두피 혈종 등을 동반한 복잡한 두부 손상 • 고막 천공이나 귓불이 찢겨진 상처와 같은 귀 손상 • 골격계 손상, 시간차가 있는 골절, 치유 단계가 다른 여러 부위의 골절, 복합 및 나선형 골절, 척추 손상(특히, 여러 군데의 골절), 영유아의 긴뼈에서 나타나는 간단 골절, 회전상 골절, 걷지 못하는 아이에게서 나타나는 대퇴 골절, 골막하 출혈의 방사선 사진, 골단 분리, 골막 변형, 골막 석회화 • 간혈종, 간열상, 십이지장 천공, 궤양 등과 같은 복부 손상 • 폐 좌상, 기흉, 흉막삼출과 같은 흉부 손상

정서 학대	• 발달지연 및 성장장애 • 신체발달 저하
성 학대	■ 신체적 지표 　• 학령 전 아동의 성병 감염 　• 임신 ■ 생식기의 증거 　• 아동의 질에 있는 정액 　• 찢기거나 손실된 처녀막 　• 질에 생긴 상처나 긁힌 자국 　• 질의 홍진(紅疹) 　• 배뇨 곤란 　• 요도염 　• 생식기의 대상포진 ■ 항문 증후 　• 항문 괄약근의 손상 　• 항문 주변의 멍이나 찰과상 　• 항문 내장이 짧아지거나 뒤집힘 　• 항문 입구에 생긴 열창 　• 항문이 좁아짐 　• 회음부의 동통과 가려움 　• 변비 　• 대변에 혈액이 나옴 ■ 구강 증후 　• 입천장의 손상 　• 인두(咽頭)임질(pharyngeal gonorrhea)
방임 및 유기	• 발달지연 및 성장장애 • 비위생적인 신체 상태 • 예방접종과 의학적 치료 불이행으로 인한 건강상태 불량 • 아동에게 악취가 지속적으로 나는 경우

출처: 아동권리보장원(2020). 아동학대 예방 및 보호.

3) 아동학대와 정신건강

　아동학대는 학대당한 아동의 신체적 피해에만 그치지 않고, 정서적·심리적 불안, 정상발달의 이탈 등을 유발할 뿐 아니라, 폭력의 세대 간전이 등의 사회 전체에 악영향을 미친다. 아동학대는 단기적인 영향뿐아니라 장기적인 영향도 있으며, 심한 경우에는 후유증이 남기도 한다.특히, 정신적 상해의 경우에는 발견하기가 쉽지 않을뿐더러, 어떠한 형태로 나타날지 모르며, 증상이 발견되더라도 치료하기가 쉽지 않다. 이러한 아동학대는 미연에 방지하는 것이 가장 중요하며, 발생했을 시에는 빠르게 개입하는 것이 필요하다(채경선, 김주아, 2014). 〈표 16-5〉는학대 유형별 학대아동의 행동적 특성이다.

〈표 16-5〉 학대아동의 행동적 특성

신체 학대	• 어른과의 접촉 회피 • 다른 아동이 울 때 공포를 나타냄 • 공격적이거나 위축된 극단적 행동 • 부모에 대한 두려움 • 집에 가는 것을 두려워함 • 위험에 대한 지속적인 경계
정서 학대	• 특정 물건을 계속 빨고 있거나 물어뜯음 • 행동장애(반사회적, 파괴적 행동장애) • 신경성 기질 장애(놀이장애) • 정신신경성 반응(히스테리, 강박, 공포) • 언어장애 • 극단행동, 과잉행동, 자살 시도 • 실수에 대한 과잉 반응 • 부모와의 접촉에 대한 두려움

성 학대	■ 성적 행동지표 • 나이에 맞지 않는 성적 행동 • 해박하고 조숙한 성지식 • 명백하게 성적인 묘사를 한 그림들 • 타인과의 성적인 상호 관계 • 동물이나 장난감을 대상으로 하는 성적인 상호 관계 ■ 비(非)성적인 행동지표 • 위축, 환상, 유아적 행동(퇴행행동) • 자기파괴적 또는 위험을 무릅쓴 모험적인 행동 • 충동성, 산만함 및 주의집중장애 • 혼자 남아 있기를 거부 또는 외톨이 • 특정 유형의 사람들 또는 성에 대한 두려움 • 방화/동물에게 잔혹함(주로 남아의 특징) • 비행, 가출 • 약물 및 알코올 남용 • 자기파괴적 행동(자살 시도) • 범죄행위 • 우울, 불안, 사회관계의 단절 • 수면장애 • 유뇨증/유분증 • 섭식장애(폭식증/거식증) • 야뇨증 • 외상후 스트레스장애 • 저조한 학업수행
방임 및 유기	• 계절에 맞지 않는 부적절한 옷차림 • 음식을 구걸하거나 훔침 • 비행 또는 도벽 • 학교에 일찍 등교하고 집에 늦게 귀가함 • 지속적인 피로 또는 불안정감 호소 • 수업 중 조는 태도 • 잦은 결석

출처: 아동권리보장원(2020). 아동학대 예방 및 보호.

제17장

정신건강 서비스 실천

■ 1. 정신건강 서비스

1) 정신건강 서비스의 개념

　정신건강 서비스는 정신보건 서비스, 정신건강사회복지, 정신보건사회복지 등으로 불리기도 하며, 정신건강 영역에서 제공되는 서비스나 이루어지는 사회복지활동을 의미한다. 정신건강 서비스의 대상자는 복잡하고 만성적인 정신질환을 가지고(정원철, 2020), 서비스의 제공자는 지역사회에 잘 적응할 수 있도록 돕는 정신과 의사, 정신보건사회복지사, 임상심리학자, 정신과 간호사, 작업치료사 등이다(정원철, 2020).

　정신건강 서비스는 병원이나 진료소, 정신보건기관, 지역사회 등에서 이루어지며, 정신적 · 정서적 장애로 고통받고 있는 사람들의 건강을 회복시키고 정신건강을 촉진하는 목적을 가진다. 즉, 정신건강 서비스는 '정신질환이나 정신장애를 가지고 있는 사람 그리고 앞으로 그 가능성을 가진 사람들에 대해 정신의학적 전문지식과 사회복지이론 및 실천기술을 적용하여 그들의 사회적 기능을 회복시키고 궁극적으로 서비스 이용자의 삶의 질 향상을 목적으로 하여 이루어지는 사회복지실천의 한 분야'의 의미를 가진다(권진숙, 김정진, 전석균, 성준모, 2017). 정신건강 서비스는 다음의 사람(Person), 문제(Problem), 장소(Place), 과정(Process), 목적(Purpose)의 5P로 구성되어 있다.

〈표 17-1〉 정신건강 서비스의 구성 요소

구성 요소	내용
사람	• 정신장애인 또는 부적응적인 사람(환자, 클라이언트, 소비자, 이용자)
문제	• 모든 정신장애
장소	• 종합병원 정신과, 정신병원, 정신과 의원, 지역정신건강증진센터, 사회복귀시설, 정신요양시설, 중독통합관리지원센터, 자살예방센터 등 기타 정신보건기관 및 정신보건시설
과정	• 클라이언트의 기본적 욕구 충족 • 사회화 과정에서 결핍된 생활학습의 기회 부여 • 클라이언트의 사회적 역할 수행의 훈련, 퇴행된 행동의 억제, 규범 내에 활동할 수 있는 자발적 태도의 습득
목적	• 클라이언트의 정신건강 회복, 사회적응, 사회복귀를 통한 사회적 기능과 삶의 질을 향상 • 지역 주민 전체의 정신건강 증진

출처: 권진숙 외(2017). 정신건강사회복지론. 경기: 공동체.

정신건강 서비스가 가지는 의의는, 첫째, 정신건강 문제에 대하여 생애주기적 발달과정과 생태체계적 관점에 기초하여 전인적인 접근을 한다. 둘째, 정신장애인의 치료와 재활에 필요한 심리사회적 제반 사항에 대한 조건을 규명한다. 셋째, 정신장애인의 치료와 재활에 필요한 사회복지 자원을 연결하고 개발한다. 넷째, 정신장애인의 가족의 역량을 강화시킴으로써 그들을 지원한다. 다섯째, 정신장애인의 지역사회 복귀를 촉진하고 원조한다. 여섯째, 지역사회가 정신장애인에게 유익한 환경이 되도록 조정, 개발, 중재한다. 일곱째, 정신장애인의 인권이 신장될 수 있는 제반 노력을 강구한다. 여덟째, 국가를 대상으로 정신장애인을 보호하고 지원하는 다양한 정책을 개발하도록 요구한다(권진숙 외, 2017).

2) 정신건강 서비스의 이념

정신건강 서비스의 이념들은 정신장애인들이 치료나 서비스를 받을 때 자기결정권을 행사한다는 인간 존엄성의 가치에 중점을 두고 있다(양옥경, 2006). 약물치료가 발달하고, 정신장애인의 인권에 대한 관심이 증가하면서, 정신건강 서비스의 이념으로 최소한의 규제, 정상화, 사회통합이 자리 잡기 시작했다.

첫째, 최소한의 규제(the least restrictive)는 정신장애인의 자유권을 보장하고 사회통합을 지향하는 서비스를 제공받는 것을 의미한다. 최소한의 규제는 친근한 환경에서 치료와 재활 및 보호를 받는 동안 자유, 자기결정, 존엄성이 최대한 보장되도록 하자는 인간주의적인 이념에 기초한다(양옥경, 2006). 즉, 정신장애인의 자유권을 보장하기 위해 정신병원이나 수용시설 격리를 최소화하고, 친근한 환경에서 치료받도록 해야 한다는 것이다.

둘째, 정상화(normalization)다. 1980년대 중반부터 정상화 원리가 우리나라에 보급되기 시작하였다. 정상화 원리는 모든 사람이 차별 없이 동등한 기회를 보장하는 것으로, 장애인과 비장애인은 같은 권리와 의무를 가져야 한다는 이론이다. 정상화 원리는 정신장애인을 정상으로 만드는 것에 목표를 두는 것이 아니라 그들의 생활조건과 환경의 정상화에 목표를 둔다. 생활조건과 환경의 정상화를 통해 격리나 수용이 아닌 정상인들과 유사한 방식으로 일상생활을 유지하도록 하는 것이 모든 인간이 가져야 하는 기본권 중 하나라는 것이다. 즉, 정상화는 '지역사회에서 정신장애인에게 충분한 시민권을 보장해 주는 것'을 의미하는데(최희철, 천덕희, 2017), 다음의 원칙으로 설명될 수 있다(양옥경, 2006).

〈표 17-2〉 정상화의 원칙

〈원칙 1〉

　정상화는 하루, 일주일 그리고 1년을 사는 데 있어 생활의 정상적인 리듬을 갖고 활동하며 상호 책임을 나누는 것을 의미한다. 정신장애인들도 다른 사람과 마찬가지로 정상적인 리듬에 따라 살 수 있는 집과 활동할 수 있는 일터가 필요하며, 배울 기회가 제공될 수 있는 학교와 사회적 교류가 일어나는 장이 필요하다.

〈원칙 2〉

　정상화는 인생주기의 정상적인 성장을 경험할 수 있는 기회를 의미한다. 장애를 가진 사람도 한 인간으로서 비장애인이 경험하는 성장발달 과정을 통한 인생주기에 맞추어 경험하고 있음이 인식되어야 하며, 정신보건전문가들은 이들이 각 과정에 따라 보통 사람들처럼 다양한 경험을 할 수 있도록 도와주어야 한다.

〈원칙 3〉

　정상화는 정신장애인이 갖는 표현되지 않은 바람이나 표현된 자기의사에 대한 정상적인 이해와 존중을 의미한다. 예를 들면, 정신장애인의 남녀관계나 경제 · 정서 · 사회 · 문화적인 욕구 역시 비장애인들과 비슷할 것이므로 이들과 동일한 패턴이 허용되어야 한다는 것이다.

〈원칙 4〉

　정상화는 만약 정신장애인이 더 이상 자신의 집에서 가족과 함께 살 수 없을 때 사회에서 제공되는 주거 역시 정상적인 가정의 크기여야 하며, 정상적인 주거 지역에 위치해야 한다는 것을 뜻한다. 사회교류와 사회통합을 하는 데 방해가 되지 않도록 너무 큰 시설이어서도 안 되며, 일반 주거 지역과 멀리 떨어져 격리되어서도 안 된다. 결국 정상화의 원칙은 가능한 많은 정신장애인이 지역사회 생활의 주류에 동참할 수 있도록 하는 것을 의미하며, 최대한 긍정적인 방향으로 지역사회에서 법적 · 제도적 보장을 받으면서 더불어 사는 것으로 이해될 수 있다.

출처: 양옥경(2006). 정신보건과 사회복지. 경기: 나남.

셋째, 사회통합(social integration)이란 정신장애인 등의 사회적 배제가 없는, 모든 사람의 사회생활에의 적극적 참여를 의미하며, 최소한의 규제와 정상화의 개념을 모두 포함한다. 즉, 사회통합은 정신장애인과 비장애인의 경계도 없으며, 최소한의 규제도 없으며, 정상화가 실현된 상태라고 할 수 있다. 사회통합은 물리적 통합, 기능적 통합, 사회적 통합, 개인적 통합, 사회 시스템적 통합, 기구적 통합으로 분류할 수 있다(安部能成, 김기태 외, 2009 재인용).

① 물리적 통합: 지역의 주택지에 있는 그룹홈에서의 생활, 시민과 같은 리듬을 경험하는 생활
② 기능적 통합: 물리적 통합을 확대한 것, 예를 들면 레스토랑, 수영장, 교통수단 등을 시민과 같이 이용할 수 있을 것
③ 사회적 통합: 지역의 이웃사람, 학교, 일터 등과의 개인적·상호적 관계 또는 일반적·사회적 관계, 존경, 평가 등이 있을 것
④ 개인적 통합: 개인이 생활해 가는 데 일어나는 여러 가지 욕구가 가장 영향을 갖는 사람과의 상호 관계 속에서 발전하고 변화해 갈 것
⑤ 사회 시스템적 통합: 시민으로서의 법적 권리, 성장과 성숙에의 기회, 자기결정을 통하여 자기실현 등을 갖는 것
⑥ 기구적 통합: 행정기구나 서비스의 형태에 관여할 수 있는 것

사회통합은 정신장애인과 비장애인이 사회의 일원으로 공존할 수 있는 환경을 만들고, 정신장애인이 자신의 권리를 주장하고 공동체에 대하여 발언하고 적극적으로 참여하는 것을 의미한다. 사회통합을 위해서는 정신장애인들의 낙인을 없애고, 차별이나 배제 없이 그들을 공동체 구성원으로 받아들이는 노력이 필요할 것이다.

3) 정신건강 서비스 제공자

정신건강 서비스는 서비스 제공자의 전문성 확보가 성과에 결정적 영향을 미치므로, 서비스 제공자는 전문화된 지식과 장기간의 학문적 준비, 자기통제, 소명의식, 전문적 자율성 등을 지녀야 하며, 특수한 능력과 기술, 책임감 등을 가져야 한다. 전문가는 지식, 기술, 자격 등을 소지하고, 자신의 직업의 가치와 윤리를 신봉해야 한다. 이들의 전문성은 전문가적 자질과 전문적 능력으로 나눌 수 있는데, 전문가적 자질에는 높은 자존감, 자기통제 능력, 성장의 욕구가 포함된다. 높은 자존감은 성공적인 업무수행 능력을 발휘하게 하고, 자기통제 능력은 자율적으로 계획하고 실행할 수 있게 하며, 성장의 욕구는 자신의 능력을 최대한 향상시키려고 노력하게 한다.

전문적 능력은 클라이언트와 긍정적인 관계를 형성하는 능력부터 효과적인 서비스 활동을 할 수 있는 지식과 기술까지를 포함하는 광의의 개념이다. 정신건강 서비스를 제공하는 사람들의 전문적 능력은 새로운 치료기법과 기술을 익히는 것뿐만 아니라, 치료와 재활 서비스를 클라이언트의 입장에서 제공하고, 회복과 재활 과정에 적극적으로 참여하며, 정신장애인들이 회복과 재활에 관련된 다양한 정보에 접근할 수 있도록 안내하는 것을 포함한다. 회복과 재활에 필요한 지식, 기술, 내·외부적 자원을 제공하고, 클라이언트가 자신의 목표를 이룰 수 있도록 지지하고 격려하는 것까지도 포함한다(Bentley & Talyor, 2002; 임혁, 채인숙, 2020 재인용). 정신건강 분야에서는 다양한 정신건강 서비스 제공자들이 다학제간 팀 접근을 시도하고 있는데, 그들의 구체적인 역할은 〈표 17-3〉과 같다.

〈표 17-3〉 정신건강 서비스 제공자의 역할

제공자	역할
정신건강의학과 전문의	• 치료팀의 일원으로 환자에 대한 진단 및 약물의 처방과 관리를 하며 치료계획을 세운다. • 다른 전문직들과 함께 위기개입에 대한 의사결정을 하고 동료 전문가들에게 과업을 명확하게 위임하고 자문하는 역할을 가진다.
정신보건간호사	• 환자의 치료에 대한 욕구를 파악하고 클라이언트를 대상으로 한 정신건강교육 프로그램을 실시한다. • 약물교육 및 증상관리교육을 통하여 클라이언트들이 자율적으로 약물을 복용하고 재발 증상을 관리하도록 돕는다.
정신보건 임상심리사	• 환자의 심리검사와 분석뿐만 아니라 재활치료를 위해 필요한 기능평가를 한다. • 정신사회적 재활 프로그램을 시행하는 역할을 가진다.
정신보건 사회복지사	• 가족상담 및 치료, 정신건강 예방교육, 사회기술 훈련 등의 방법을 동원한다. • 환자들의 성공적인 사회복귀를 원조한다. • 환자들이 지역사회에 잘 적응할 수 있도록 정보를 제공하고 퇴원을 앞둔 환자들에게는 퇴원계획을 실시하고, 지역사회에서는 사후관리와 평가를 한다.
작업치료사, 재활상담사 등	• 정신과 환자의 치료와 재활을 돕는다.

출처: 임혁, 채인숙(2020). 정신건강의 이해(제4판). 경기: 공동체.

■ 2. 정신건강 서비스의 실천 모델

사회복지 영역에서는 정신건강을 어떻게 바라보는지에 따라 정신건강에 대한 정의 및 대응이 다르게 나타난다. 즉, 정신건강을 개인적인 문제로 볼 것이냐, 사회적인 문제로 볼 것이냐, 치료에 중점을 둘 것이냐, 예

방에 중점을 둘 것이냐 등에 따라 패러다임이 달라진다는 것이다. 정신
건강을 위한 사회복지 모델은 여러 학자에 의해 다양하게 구분되어 왔
는데, 카우언(Cowen, 1973)은 의료적(medical), 예방적(preventive) 모델
로, 패티슨(Pattison, 1977)은 개인적(personal), 체계적(system) 모델로, 메
커닉(Mechanic, 1974)은 의료적(medical), 발달적(developmental), 반응
적(reactive) 모델로 구분한 바 있다(유수현 외, 2019 재인용). 유수현 등
(2019)이 제시한 예방적 패러다임, 의료적 패러다임, 재활적 패러다임,
사회통합적 패러다임에 대해 살펴보자.

1) 예방적 패러다임

정신건강 관련 문제를 예방하자는 입장의 예방적 패러다임(preventive
paradigm)의 대상은 일반 시민 또는 잠재적 정신질환자다. 예방적 패러
다임에서는 정신질환의 발생 또는 발현을 저지함으로써 새로운 정신장
애의 발생 사례를 감소시키는 데 목적이 있다. 보다 적극적인 입장에서
는 건강한 사람의 건강함을 지속하거나 더욱 증진시키고자 하는 목적까
지 포함한다. 정신질환의 예방법에는 ① 정신질환의 발생 원인의 제거,
② 정신질환 발생의 위험 요소 감소, ③ 정신질환의 발생의 저지요인이
나 억제요인들의 강화와 증진, ④ 정신질환의 전염 방지 등이 있다.

예방적 패러다임에서 실시하는 구체적인 활동에는 지역 주민들에게
정신건강교육을 제공, 정신건강 역학조사를 통한 정신질환자의 조기발
견 등이 있다. 상담과 개입을 통해 피해를 최소화하고 정신질환의 확산
을 차단하는 것 또한 포함되는데, 특히 가해자나 피해자 모두의 정신건
강을 해칠 위험이 높은 문제(예: 아동학대, 가정폭력, 알코올 중독)에는 상
담 서비스가 반드시 제공되어야 한다. 또한 정신건강에 대한 자문, 사회
적 지지체계의 개발 및 활용 등도 포함된다. 예방적 패러다임의 실천은
정신건강복지센터, 지역사회종합사회복지관, 정신건강상담실, 중독관

리통합지원센터, 자살예방센터 등에서 이루어지며, 주로 정신건강전문
요원, 간호사, 사회복지사, 상담요원, 예방의학자 등에 의하여 이루어
진다.

2) 의료적 패러다임

정신질환자의 치료 및 요양보호를 목적으로 하는 의료적 패러다임
(medical paradigm)은 전통적인 의료적 모델(medical model)과 질병 모델
(disease model), 기질적 모델(organic model) 등의 생리학적 접근에 근거
하여 발전하였다. 정신질환을 생물학적 및 생화학적 장애의 결과로 간주
하는 의료적 패러다임은 정신병원이나 정신요양시설에서 이루어진다.

의료적 패러다임은 정상을 규정해 놓고 그에 벗어나는 이상행동이나
병적인 행동을 보이는 사람을 환자로 간주하며 증상에 따라 병을 분류
한다. 병원에 입원시키거나 통원을 시키면서 환자를 치료하는데, 이상
행동이나 병적인 행동을 정상행동으로 변화시키는 것이 치료의 목적이
다. 의료적 패러다임은 다섯 개의 기본 가정을 바탕으로 한다. 첫째, 모
든 질환에는 분명한 원인과 경과, 그리고 결과가 있다. 둘째, 모든 질환
에는 기질적인 원인이 있다. 셋째, 심리적 기능장애도 신체적 질환과 유
사하게 개념화한다. 넷째, 의학적 훈련을 받은 사람만이 질환을 치료할
수 있다. 다섯째, 질환은 문화에 따라 증상이 다를 수 있으나, 핵심적인
질환 과정은 보편적이고 문화적인 차이가 없다.

의료적 패러다임의 대상은 스스로 혹은 가족이 대처할 수 없는 중증
정신질환자들이며, 치료 방법은 약물요법, 전기충격 요법, 심리정신치
료, 뇌수술 등이 있다. 따라서 치료는 정신건강의학과 의사에 의해서만
이루어지며, 다른 정신건강사회복지 전문가들은 지원하는 역할로 제한
되기 때문에 사회환경적 접근을 강조하는 정신건강사회복지의 이념이
약화될 수 있다.

의료적 패러다임은 정신건강 분야에 긍정적인 기여를 해 왔으나, 복잡한 정신장애를 충분히 설명할 수 없다는 점에서 비판을 받아 왔는데, 지금껏 제시된 의료적 패러다임의 비판점은 다음과 같다.

- 의료적 패러다임은 정신장애를 질병으로 과학화시키려고 노력하여 증상 조절 중심의 치료 방법을 공식화하였지만, 정신장애의 근본 원인을 규명하지는 못했다. 이는 생물학적 요인에만 치중한 나머지 사회환경적인 요인을 무시했다는 비판을 받는다.
- 정신장애의 증상은 신경계의 이상 없이 나타날 수 있는 하나의 의사소통 방법일 수 있기 때문에 의사소통이 이루어지는 사회적이고 윤리적인 맥락을 고려해야 한다는 것이다. 또한 정신장애는 질환이 아니라 환자가 어떻게 살아야 할지에 관한 자신만의 표현일 수도 있다.
- 의료적 패러다임에서의 진단은 환자의 증상을 바탕으로 공식화된 진단체계를 활용하기 때문에 진단자의 주관적 판단에 따라 달라질 수 있으며, 그 공식화된 진단체계 또한 변화한다는 점에서 문제가 있다. 또한 진단으로 인한 낙인(labeling)과 오명(stigma) 또한 문제점이 있으며, 병원에서 정신과 의사를 통해 치료를 받을 수 있기 때문에 많은 시간과 비용이 소요된다.
- 의료적 패러다임에서는 예방과 재활에 대한 사회적 부담이 크기 때문에 이익을 추구할 수 있는 치료에 중점을 두고 예방과 재활을 상대적으로 소홀히 한다는 자본주의의 근본적인 문제가 발생한다.

이와 같은 문제점에도 불구하고, 의료적 패러다임은 약물 등을 통한 증상 완화와 치료로 중증 정신질환자들이 정상적으로 살아가는 데 도움을 주었다는 점과 정신질환을 다루는 정신의학을 의학계의 한 영역으로 구축했다는 데 의미가 있다.

3) 재활적 패러다임

　정신장애 극복과 사회재활에 초점을 두는 재활적 패러다임(rehabilitative paradigm)은 의료적 패러다임의 한계를 극복하기 위해 나타났다. 정신장애인이란 정신질환을 겪다가 증상이 없어졌지만 질병 이전 상태로 회복되지 못한 사람들을 의미하는데, 이들이 손상된 사회적 기능을 가지고도 사회생활을 할 수 있도록 돕는 것이 재활의 목적이다. 재활적 패러다임은 지역사회를 기반으로 지역 주민의 정신건강을 향상시키는 것에 중점을 두기도 한다.

　재활적 패러다임에서는 스트레스, 역기능, 생활상의 위기, 상황적 압력 등의 사회적 요인들이 개인의 대처능력 및 대처를 가능하게 하는 주변 환경을 무력하게 만들어서 정신질환을 발생시킨다고 한다. 즉, 정신질환은 사회적 상호작용의 결과물이라고 할 수 있다. 따라서 의료적 패러다임과는 달리 개입 대상이 개인뿐 아니라 가족과 환경, 이들 사이의 관계로 확대되고, 개인의 대처능력 강화와 사회적 지지 환경의 조성 등을 통해 사회에 적응하도록 돕는 것이 목적이기 때문에, 다양한 정신건강 사회복지 전문가들의 참여가 중요시된다.

　우리나라에서는 1960년대 이후로 지역사회정신건강 운동의 결과로 정신건강사회복지사들은 자문, 교육, 상담 등의 예방활동, 지역사회에서의 정신건강 계획 및 실천 등으로 역할이 확대되었다. 개방병동제(open-ward system), 치료적 공동체(therapeutic community), 집단치료 및 집단활동 등이 병원에서 활발해졌으며, 입원치료를 받은 환자들의 지역 내 적응을 도와주기 위한 여러 지역시설들도 설립되었다. 환자들의 생활문제 상담과 치료를 제공하는 주간보호센터와 위기개입센터, 퇴원한 환자들의 직업재활을 돕는 공동작업장과 직업훈련소 등이 마련되었다. 또한, 정신건강과 관련 자문활동과 교육활동이 제공되고 있으며, 약물남용, 성문제, 폭력문제 등을 예방하기 위한 프로그램들이 제공되고 있다.

이처럼 지역사회를 중심으로 한 재활적 패러다임은 ① 일상생활 중 지역사회에서 치료를 받을 수 있는 치료 장소의 이동, ② 개인의 정신병리가 아닌 사회와 상호작용하는 상황 속 개인에 중점을 두는 정신장애 정의의 변화, ③ 환자와 가족은 물론 주변 환경까지의 정신건강 개입 대상의 확대, ④ 단순한 증상치료에서 모든 사람들의 정신건강 증진과 정신장애의 예방을 포함하는 개입 내용의 확장, ⑤ 대단위 정신병원에서의 치료보다 지역사회 내에서의 치료로 접근하는 체계론적 치료접근법으로의 변화, ⑥ 정신건강의학과 전문의를 포함한 정신건강사회복지사, 정신건강간호사, 정신건강임상심리사 등 다학문적 치료 팀의 참여, ⑦ 증상 제거에서 손상된 기술의 재활 및 삶의 질 향상으로 개입의 목적 확대 등의 변화가 있었기 때문에 활성화될 수 있었다(양옥경, 1996).

1960년대 이후 등장한 지역사회정신건강의 이념은 기존의 정신건강 영역을 확대하고 정신질환자들의 삶의 질을 향상시켰을 뿐 아니라 재활적 패러다임을 발전시켰다. 사회환경적 요인을 강조함으로써 정신질환이 환자와 가족만의 문제가 아니라 사회 전체의 문제라는 인식을 심어 주었다는 점과 사회적 예방과 재활을 통해 정신건강이 증진될 수 있다는 가능성을 보여 주었다는 점에서 의미가 있다.

4) 사회통합적 패러다임

정신장애인이 정상적으로 사회에 복귀하여 독립적 생활을 할 수 있도록 돕는 것을 목적으로 하는 사회통합적 패러다임(social integrative paradiam)은 정신장애인을 배제시키지 않고, 공동체의 일원으로 바라보자는 이념을 가지고 있다. 정신장애인이 사회에 통합되게 하기 위해선 그들에 대한 낙인(stigma)을 제거하고, 최소한의 손상, 최소한의 능력장애, 그리고 불이익의 최소화를 통해 삶의 만족을 느끼게 할 필요가 있다(Crowley, 2000; 유수현 외, 2019 재인용).

2000년 이후 미국에서는 과거로의 복귀의 의미를 담고 있었던 회복 (recovery)이 미래로의 추구(procovery)의 의미로 개념이 변화하고 있다. 'pro(앞으로)'라는 접두사가 're(과거의 시점으로 다시)'를 대체함으로써 나타난 procovery는 미래를 향한 전진으로서, 정신장애인이 사회적 불리에 대비할 수 있는 서비스를 제공하자는 의미를 담고 있다. Procovery는 "달성할 수 있다고 생각하는 건강의 수준과는 무관하게 생산적이고 만족한 삶에 이르는 것(대조, recovery, 이전 건강상태로의 회복)"으로 정의하고 있다(Crowley, 2000; 유수현 외, 2019 재인용). 이런 의미에서 procovery는 일상 속에서 개인이 앞으로 나아갈 수 있도록 돕는 희망의 치유 (healing)법이다. 유수현 등(2019)은 procovery를 대비(對備)로 번역하였는데, 대비의 뜻이 앞으로 있을 일에 대응하기 위하여 미리 준비하는 것을 의미하고 있기 때문이다. 기존의 회복 모델(recovery)과 대비 모델 (procovery)의 특성을 비교하면 〈표 17-4〉와 같다.

〈표 17-4〉 회복 모델과 대비 모델의 비교

구분	회복 모델(recovery)	대비 모델(procovery)
관점	질병(illness)	생활(life)
개입 목적	과거(건강) 상태로의 회복	새로운 꿈을 가지고 새로운 목적을 찾게 함
방향	과거로 향함	미래로 향함
클라이언트의 이미지	환자(patient 또는 person with psychiatric illness)	소비자(consumer)
주요 과제	질병의 회복과 건강	독립생활의 영위
개입 내용	적합한 치료	만성질병의 극복과 자립 환경 조성

출처: 유수현 외(2019). 정신건강사회복지론. 서울: 신정, p. 43.

회복 모델에서는 질병의 회복과 치료에 중점을 두며, 과거의 상태로의 회복에 목적을 두고 있지만, 대비 모델에서는 질병의 극복과 자립생활에 중점을 두며, 정신장애인의 미래의 삶에 관심을 두고, 상황에 맞는 새로운 꿈과 새로운 목적을 찾자는 것이다. 즉, 대비 모델의 궁극적 목적은 사회 내에서 자신의 꿈을 이룰 수 있도록 도와주고, 공동체의 일원으로 포용하자는 것이다.

대비 모델은 두 가지의 특성을 가정하고 있다. 첫째, 개별성으로, 개인은 각자 고유한 특성을 가지기 때문에 자신의 삶의 방식 또한 다르다는 것이다. 따라서 정신장애인에게도 자신만의 대처 방식을 가지고 삶을 살아갈 수 있도록 보장해야 한다는 것이다. 둘째, 일상성으로, 정신병동에서의 생활이 아니라 일상생활을 보장함으로써, 일상생활에 대한 관심을 유지하고 적응할 수 있도록 하는 것이다. 정신장애인의 궁극적인 목표는 사회에 복귀하여 일상생활을 이어 나가는 것이기 때문이다.

이상의 예방적 패러다임, 의료적 패러다임, 재활적 패러다임, 사회통합적 패러다임 중 어느 패러다임도 정답이 아니며, 서로 보완적인 관계에 있다고 할 수 있다. 각 패러다임이 가진 장점을 극대화하고, 단점을 보완하여 정신건강 서비스를 제공하는 것이 바람직하다(유수현 외, 2019). 〈표 17-5〉는 네 가지 패러다임의 특성을 대상, 목적별, 실천환경, 실천인력, 관련 전문직, 주요 서비스, 관련 서비스별로 구분하였다.

〈표 17-5〉 정신건강 서비스 실천의 패러다임

구분	예방	의료		재활	사회통합
		치료	요양		
대상	시민	만성 정신질환자	만성 정신질환자	정신장애인	정신장애인/정신보건가족/시민
목적	정신건강 유지	정신질환의 치료	정신장애인 요양보호	정신장애인	정신장애인의 복귀 및 사회재활, 독립생활 대비
실천환경	정신건강증진센터/지역사회복지관/상담센터	병·의원/정신병원	정신요양시설	사회복귀시설/정신재활센터	지역사회
실천인력	예방의학자/간호사(정신보건)/사회복지사/행정공무원	정신과의사/정신보건사회복지사(의료사회복지사)/정신보건간호사/정신보건임상심리사	(정신보건)사회복지사/간호사	정신보건전문요원/재활사회복지사	정신보건전문요원/사회복지사/자원봉사자/정신보건가족/시민
관련 전문직	예방의학/행정학(정신보건)/사회복지학	정신의학/간호학/심리학/정신보건/사회복지학/의료사회사업	정신보건/사회복지학/간호학	정신보건사회복지학/간호학/심리학	지역사회복지학/시민조직(NGO)
주요 서비스	지역 주민 교육/정신위생운동/정신질환자의 조기발견조사/정신장애인 등록/정신건강상담	정신질환자재활프로그램/사회조사/가족상담 등 사회적 조사/가정방문/임상사회사업지도	재활 프로그램(일상생활 기능훈련, 작업재활, 요양)/공공부조 서비스/치료 공동체/자치	사회기술훈련/사회적응훈련/직업재활훈련/사례관리/주거시설/가족회 운영	사회적 낙인의 제거/정신장애인 옹호/인권보호/복지권 운동/소비자운동/시민계몽/자조집단/정체활동
관련 서비스	아동학대/가정폭력/알코올·물질남용상담	질병관리/의료사회사업	부랑인보호/노숙자보호	정신장애인, 알코올중독 중독자 주간보호	지역사회조직운동

출처: 유수현 외(2019). 정신건강사회복지론. 서울: 신정, p. 46.

참고문헌

강은정(2007). 한국 아동 정신건강 현황과 정책과제. 보건복지포럼, 2007(6), 60–72.

강해주(2003). 중·고등학교 체육특기학생과 일반학생의 스트레스 및 스트레스 대처방식의 비교. 전주대학교 교육대학원 석사학위논문.

고명수, 김용주, 이레지나, 임수선, 성지한(2019). 정신건강론. 경기: 정민사.

과학기술정보통신부, 한국정보화진흥원(2019). 2019년 스마트폰 과의존 실태조사.

곽노의, 김경철, 김유미, 박대근(2007). 영유아발달. 경기: 양서원.

권석만(2008). 긍정심리학: 행복의 과학적 탐구. 서울: 학지사.

권석만(2011). 인간의 긍정적 성품: 긍정 심리학의 관점. 서울: 학지사.

권석만(2013). 현대이상심리학(2판). 서울: 학지사.

권준수 역(2015). 정신질환의 진단 및 통계 편람(제5판). 서울: 학지사.

권진숙, 김정진, 전석균, 성준모(2017). 정신건강사회복지론. 경기: 공동체.

김경원, 김태현(2005). 질적 연구를 통한 독신동기 요인과 남녀 차이. 대한가정학회, 43(6), 61–79.

김경희(1999). 교육학. 서울: 학지사.

김경희, 이명화(1999). 유머중재 프로그램이 혈액투석환자의 불안, 우울과 유머대처에 미치는 효과. 재활간호학회지, 2(1), 95–208.

김기태(1995). 위기개입론. 경기: 대왕사.

김기태, 황성동, 최송식, 박봉길, 최말옥(2009). 정신보건복지론. 경기: 양서원.

김남선, 이규은(2012). 성별에 따른 중년기 성인의 화병증상 예측요인. 기본간호학회지, 19(1), 98–108.

김남희(2009). 어떻게 상처로부터 자유로워질 것인가?. 제1회 수원시국제학술대회 자료집, 279-292.

김미영(2015). 대기업 임원 비서의 직무수행과 성격 5요인, 상사-부하 교환관계(LMX) 및 임파워먼트의 관계. 서울대학교 대학원 박사학위 청구논문.

김미영, 권신영, 이무영(2016). 정신건강론. 서울: 창지사.

김민경(2016). 유아교사의 직무스트레스와 행복감이 유아자아탄력성과 교육기관 적응능력에 미치는 영향. 경희대학교 교육대학원 석사학위논문.

김민석, 문혁준(2015). 유아의 스마트폰 사용실태 분석 및 부모 관련 변인 연구. 인간발달연구, 22(1), 77-99.

김세정, 현명호(2005). 강박구매 성향과 충동성, 일상적 스트레스 및 대처방식 간의 관계: 여대생을 중심으로. 한국심리학회지: 여성, 10(1), 1-16.

김수현, 장기환, 한홍식, 박병규, 김성수(2012). 부산지역 여성결혼이민자의 건강정보이해능력(Health Literacy)과 건강태도. 여성학연구, 22(1), 165-200.

김시아, 박지혜, 한다영, 정익중(2020). 미세먼지와 아동의 신체 및 정신건강 관계: 빈곤과 녹지지역비율 조절효과. 한국방재학회논문집, 20(1), 163-171.

김안자(2005). 가족레질리언스가 한부모가족의 가족 스트레스에 미치는 영향. 경기대학교 대학원 박사학위논문.

김영훈, 이정구(2002). 정신질환: 뇌의 병인가?. 대한정신의학, 41(1), 12-17.

김완일(2012). 자기개념 복잡성과 심리적 건강의 관계: 자기개념 구획화의 조절효과. 상담학연구, 13(2), 979-994.

김유숙, 박승호, 김충희, 김혜련(2007). 자기실현과 정신건강. 서울: 학지사.

김이영, 이우언, 김병찬, 박성원, 서민호, 이장희(2019). 정신건강론(개정판). 경기: 양성원.

김이영, 최윤희(2015). 부모의 스마트폰에 대한 인식이 유아의 문제행동과 자기효능감에 미치는 영향: 부모와 유아의 스마트폰 사용을 매개로. 유아교육보육복지연구, 19(1), 140-158.

김인숙(1998). 구타남편에 대한 사례연구: 여성주의 사회사업 개입을 중심으로. 한국가족사회복지학, 2, 59-86.

김재희, 박은규(2016). 청년의 성인 초기 발달과업 성취유형이 사회적 고립감에 미치는 영향. 한국청소년연구, 27(3), 257-284.

김정만(2000). 보호관찰 청소년의 성비행에 영향을 미치는 위험요인과 보호요인 연구. 이화여자대학교 사회복지대학원 석사학위논문.

김정미(2009). 대학생의 부적응적 완벽주의와 부적응적 정서의 관계: 자기비난과 수치심의 매개효과. 한국청소년학회, 16(10), 205-225.

김정미(2010). 남녀 청소년의 학교스트레스와 우울의 관계: 완벽주의와 자기존중감의 매개효과 및 성별차이 검증. 상담학연구, 11(2), 809-829.

김정미, 박희숙(2019). 정신건강론. 경기: 공동체.

김정미, 백진아(2018). 보육교사의 직무스트레스가 심리적 소진에 미치는 영향: 자아존중감의 매개효과를 중심으로. 디지털융복합연구, 16(3), 321-331.

김종우, 권정혜, 이민수, 박동건(2004). 화병면담검사의 신뢰도와 타당도. 한국심리학회지: 건강, 9(2), 321-331.

김주아(2013). 영아 스마트폰 사용에 대한 부모의 인식 및 태도 연구. 어린이문학교육연구, 14(4), 545-569.

김주환(2019). 회복탄력성. 경기: 위즈덤하우스.

김진호, 박재국, 방명애, 유은정, 윤치연, 박효신, 한경근(2017). 최신특수교육. 서울: 시그마프레스.

김충렬(2013). 살구나무 가지로 서라. 서울: 쿰란출판사.

김혜금, 조혜영(2015). 어머니가 지각하는 사회적 지지와 양육스트레스, 자아인식 및 양육행동 간의 구조적 관계. 한국가정관리학회지, 33(6), 1-14.

김희선, 유금란(2017). 청소년의 인터넷 중독에 관한 메타 경로 분석. 한국심리학회지 상담 및 심리치료, 29(3), 659-687.

나동석, 서혜석(2009). 사회복지실천론. 서울: 학현사.

나동석, 서혜석, 이대식, 강희양, 곽의향, 김미혜, 신경애(2015). 최신 정신건강론. 경기: 양서원.

남승미(2019). 중년기의 여가활동이 심리적 안녕감에 미치는 영향연구. 영남대학교 대학원 박사학위논문.

노안영, 강영신(2018). 성격심리학(2판). 서울: 학지사.

대한비만학회(2001). 임상비만학(제2판). 서울: 고려의학.

대한신경정신의학회 편(1998). 신경정신의학. 서울: 하나의학사.

문용린(2011). 교수의 정서 지능 강의: 부모와 아이가 함께 키워야 할 마음의 힘. 경기: 북스넛.

문혁준, 김정희, 성미영, 손서희, 안선희, 장영은(2020). 정신건강론(2판). 서울: 창지사.

민경환(2013). 성격심리학. 경기: 법문사.

민현기(2008). 대학생의 유머 대처와 유머 스타일이 심리적 안녕감에 미치는 영향. 명지대학교 사회교육대학원 석사학위 청구논문.

박경원(2017). 한부모가족 청소년의 스트레스 및 심리사회적 특성에 관한 연구. 전남대학교 대학원 석사학위논문.

박근덕, 이수기, 이은영, 최보율(2017). 개인 및 가구특성과 물리적 환경이 거주민의 우울에 미치는 영향 연구: 경기도 지역사회건강조사 2013-2014 자료를 중심으로. Journal of Korea Planning Association-Vol, 52(3), 93-108.

박상희, 김지영, 김리진, 전가일, 지경진, 황혜경(2014). 아동정신건강. 경기: 양서원.

박선환, 박숙희, 이주희, 정미경, 김혜숙(2017). 정신건강론(제2판). 경기: 양서원.

박영민, 김경민(2015). 층간소음의 건강영향. 환경정책연구, 14(1), 113-134.

박영신(2012). 예비 유아교사의 낙관성에 따른 스트레스 지각과 사회적 지지가 주관적 안녕감에 미치는 영향. 아동학회지, 33(1), 63-80.

박용민(2011). 성인들의 스마트폰 중독과 정신건강에 관한 연구. 상지대학교 평화안보 · 상담심리대학원 석사학위논문.

박유미, 최인숙, 조상일(2011). 교사의 교육실습지도 직무만족도와 예비유아교사의 교직관 및 실습불안. 열린유아교육연구, 16(5), 1-17.

박태영(2003). 가족생활주기와 가족치료. 서울: 학지사.

박태영, 조성희(2005). 쇼핑중독과 신용카드 남용하는 딸에 대한 가족치료 사례연구. 한국가족복지학, 15, 101-134.

박현주, 조긍호(2003). 고등학생의 자기불일치와 우울, 불안 및 자기효능감 간의 관계. 인간이해, 24, 127–148.

방송통신위원회(2019). 2019년 사이버폭력 실태조사 보고서.

백기청(1991). 스트레스와 생활사건. 정신건강 연구, 10, 10–36.

백승순(2016). 중년기 남성의 우울 구조 모형–스트레스 대처 모델 적용–. 공주대학교 대학원 박사학위논문.

법제처(2020). 아동복지법.

변화순(1996). 이혼가족을 위한 대책 연구. 서울: 한국여성개발원.

서혜석(2009). 인간행동과 사회환경. 서울: 청목.

서화원, 조윤오(2013). 사이버불링 피해가 청소년의 자살생각에 미치는 영향. 미래청소년학회지, 10(4), 111–131.

성미혜, 윤자원, 손혜영(2005). 중년여성의 일상생활 스트레스와 정신건강상태. 정신간호학회지, 14(2), 186–194.

성주섭(2017). 사회복지전담공무원의 직무스트레스가 정신건강에 미치는 영향 –가족기능 및 사회적 지지의 조절효과를 중심으로–. 경성대학교 대학원 박사학위논문.

손명자, 배정규(2003). 정신분열병과 가족. 대구: 정신재활.

손재석, 황미영, 장경옥, 윤경원(2019). 정신건강론(개정판). 경기: 정민사.

송성자(2002). 가족과 가족치료. 서울: 법문사.

스마트쉼센터(2016). 나와라 스마트폰 세상 밖으로.

스마트쉼센터(2020). 스마트폰 과의존 예방 가이드라인 매뉴얼.

신경희(2016). 통합스트레스의학. 서울: 학지사.

신선인(2001). 한국판 일반정신건강척도(KGHQ)의 개발에 관한 연구: I–KGHQ–20과 KGHQ–30을 중심으로. 한국사회복지학, 46, 210–235.

신주연, 이윤아, 이기학(2005). 삶의 의미와 정서조절 양식이 청소년의 심리적 안녕에 미치는 영향. 한국심리학회지: 상담 및 심리치료, 17(4), 1035–1057.

아동권리보장원(2020). 아동학대 예방 및 보호.

양승희(2001). 일부 지역 3년제 간호대학생의 자아개념과 정신건강과의 관계

연구. 정신간호학회지, 10(3), 376-390.

양옥경(2006). 정신보건과 사회복지. 경기: 나남.

여성가족부(2020). 가정폭력 방지 및 피해자 지원.

예경희(2013). A/B형 성격유형에 따른 조직효과성에 관한 실증연구. 한국항공대학교 대학원 석사학위논문.

오경자, 정경미, 송현주, 양윤란, 송원영, 김현수 공역(2013). 이상심리학 원론. 서울: 시그마프레스.

오연경(2007). 교사의 유머 상호작용과 전통적 상호작용이 유아의 창의성 발달에 미치는 효과. 명지대학교 사회복지대학원 석사학위논문.

오연주, 한유미(2005). 스웨덴과 한국 보육교사의 직무 만족도와 전문성에 대한 인식 비교 연구. 미래유아교육학회지, 12(1), 99-122.

오주형(2020). 과학 영화를 활용한 회복탄력성 증진 프로그램 개발 및 효과 분석. 인천대학교 교육대학원 석사학위논문.

오현숙(2004). 이혼 시 사회복지 개입전략: 이혼예방개입을 중심으로. 한국정신건강사회복지학회 학술발표논문집, 81-102.

온온구(2019). Big-five 성격, 구매유형, 제품군의 관계에 대한 연구: 몽골 소비자 중심으로. 서울과학기술대학교 대학원 석사학위논문.

원호택(1997). 이상심리학. 서울: 법문사.

유경열, 박재범, 민경복, 이찬, 길현권, 정유림, 이경종(2010). 항공기 소음이 아동들의 정신건강에 미치는 영향. 대한직업환경의학회지, 22(4), 298-306.

유수현, 서규동, 유명이, 이봉재, 이종하(2019). 정신건강사회복지론. 서울: 신정.

유수현, 천덕희, 이효순, 성준모, 이종하(2021). 정신건강론(제4판). 경기: 양서원.

유영주, 김순기, 노명숙, 박지현, 배선희, 송말희, 송현애, 이영자, 한상금(2018). 변화하는 사회의 가족학(2판). 경기: 교문사.

유영주, 이인수, 김순기, 최희진(2013). 한국형 가족건강성척도 II(KFSS-II) 개발 연구. 가정과삶의질연구, 31(4), 113-129.

유영준, 이성희, 김민경, 조금랑, 홍우정, 오봉욱(2018). 건강가정론. 경기: 정민사.

유은영, 윤치근, 양유정(2012). 일부지역 대학생들의 자아존중감과 정신건강간의 관계. 한국산학기술학회논문지, 13(1), 274-283.

유태용, 이도형(1997). 다양한 직군에서의 성격의 5요인과 직무수행 간의 관계. 한국심리학회 학술대회 자료집, 1997(1), 687-701.

윤진(1993). 청소년 심리학. 서울: 도서출판 서원.

윤하영, 홍금희(2007). 인터넷 쇼핑몰의 패션제품 중독구매성향. 한국의류학회지, 31(4), 563-573.

윤혜미, 권혜경(2003). 보육교사의 직무스트레스와 직업만족도. 한국생활과학회지, 12(3), 303-319.

이민규(2004). (현대생활의) 적응과 정신건강. 서울: 교육과학사.

이봉건 역(2018). 이상심리학(13판). 서울: 시그마프레스.

이서정, 현명호(2008). 정서인식의 명확성과 인지적 정서조절이 정신건강에 미치는 영향. 한국심리학회지: 건강, 13(4), 887-905.

이소현, 박은혜(2011). 특수아동교육(3판). 서울: 학지사.

이승희, 박지은(2007). 패션상품 쇼핑중독에 대한 영향요인-일반쇼핑과 인터넷 쇼핑의 비교-. 한국의류학회지, 31(2), 269-279.

이영만(2016). 교사의 심리적 소진 관련 변인에 대한 메타분석. 교사교육연구, 55(4), 441-459.

이영호(2016). 정신건강론(제2판). 경기: 공동체.

이윤로, 임옥빈, 류아빈, 김수진(2008). 정신보건사회복지론. 경기: 학현사.

이인원, 김호년, 전정희, 김의석, 김영애(2012). 유아교육기관 운영관리. 경기: 양서원.

이인혜(1999). 스트레스 및 대처가 신체지각에 미치는 영향. 한국심리학회지: 건강, 4(1), 80-93.

이재선(2005). 청소년의 유머감각과 유머 스타일이 스트레스 대처방식 및 건강에 미치는 영향. 명지대학교 대학원 박사학위 청구논문.

이정균, 김용식(2000). 정신의학(제4판). 서울: 일조각.

이정림, 도남희, 오유정(2013). 영·유아의 미디어 매체 노출실태 및 보호대책 연구. 서울: 육아정책연구소. https://repo.kicce.re.kr/handle/2019.oak/759

이정현, 안효진(2012). 유아교사의 직무만족도와 교사효능감 및 직무스트레스의 관계 연구. 아동학회지, 33(4), 129-141.

이정희, 조성연(2011). 보육교사의 소진에 대한 자아탄력성과 시설장, 동료교사와 가족의 사회적 지지. 아동학회지, 32(1), 157-172.

이지영, 권석만(2006). 정서조절과 정신병리의 관계: 연구 현황과 과제. 한국심리학회지: 상담 및 심리치료, 18(3), 461-493.

이해경(2014). 정신건강과 치유환경. 한국콘텐츠학회, 12(4), 34-38.

이혜란, 김진이, 김소연(2019). 아동과 교사를 위한 정신건강. 서울: 학지사.

이혜숙(2010). 유아의 게임 몰입성과 유아의 정신건강 및 어머니의 양육태도 간의 관계. 성균관대학교 대학원 석사학위 청구논문.

이효빈(2012). 자극추구성향과 또래동조성이 청소년 성비행에 미치는 영향. 계명대학교 일반대학원 국내 석사학위논문.

이효빈, 최윤경(2016). 자극추구 성향과 또래동조성이 청소년 성비행에 미치는 영향. 청소년학연구, 23(1), 257-278.

이홍표(2002). 비합리적 도박신념, 도박동기 및 위험감수 성향과 병적 도박의 관계. 고려대학교 대학원 박사학위논문.

이희세, 백선아, 임은희(2017). 가족치료 및 상담. 경기: 공동체.

임규연(2011). 집단탐구 협동학습에서 학업적 자기효능감, 협력적 자기효능감, 학업성과의 관계. 교육의 이론과 실천, 16(2), 19-36.

임승권(1993). 교육의 심리학적 이해. 서울: 학지사.

임윤희, 김종두(2019). 자아개념이 정신건강에 이르는 영향-마음챙김 다요인과 마음챙김 자기효능감의 경로모형. 인문사회 21, 10(1), 977-990.

임지영, 도금혜, 류혜원, 문영경, 배기조, 송혜영, 이수원(2017). 영유아발달. 경기: 공동체.

임혁, 채인숙(2020). 정신건강의 이해(제4판). 경기: 공동체.

장성화, 진석언(2009). 기독교 청소년과 일반 청소년의 휴대전화 중독, 사회적 지지 및 정신건강 비교. 한국기독교상담학회지, 제17권, 179-202.

장연집, 박경, 최순영(2006). 현대인의 정신건강(개정판). 서울: 학지사.

장혜림(2017). 신체건강이 스트레스에 미치는 영향과 사회자본의 조절효과. 예
　　술인문사회 융합 멀티미디어 논문지, 7(10), 659-668.

전석균(2021). 정신건강론(4판). 경기: 공동체.

정명숙, 박영신, 정현희(2015). 아동·청소년 이상심리학(제8판). 서울: 시그마
　　프레스.

정애자, 김용희, 유제민(2004). 외상성 뇌손상 심도에 따른 성격 및 정서의 변화. 한
　　국심리학회지: 건강, 9(2), 379-393.

정옥분, 임정하, 정순화, 조윤주(2010). 청소년의 자극추구성향 척도 개발 및
　　타당화 연구. 한국인간발달학회 인간발달연구, 17(1), 385-398.

정원철(2020). 정신건강사회복지론. 경기: 공동체.

정재희(2012). 유머가 부정적 생활사건에 의한 심리적 안녕감과 우울을 조절하
　　는가?. 대구대학교 대학원 석사학위 청구논문.

정지혜, 양수진(2019). 성인 초기 청년들의 그릿과 정신적 안녕감: 진로소명과
　　취업스트레스의 매개효과. 한국심리학회지: 발달, 32(3), 37-59.

정향림(2005). 공·사립유치원 교사의 직무 스트레스와 직무 만족도와의 관계.
　　이화여자대학교 교육대학원 석사학위논문.

제석봉, 김춘경, 천성문, 이영순, 김미애, 이지민(2016). 가족치료. 경기: 정민사.

조미숙, 이윤로(1999). 아내구타가정과 아동의 적용: 연구논점과 과제. 한국가
　　족복지학, 3, 165-186.

조숙행, 이현수, 송현철, 김승현, 서광윤, 신동균, 고승덕(2000). 한국어판 일상
　　생활 스트레스 척도(K-DSI)의 표준화 연구. 정신신체의학, 8(1), 72-87.

조아라, 양명숙, 전지경(2018). 부모의 부부갈등이 청소년의 정신건강에 미치
　　는 영향: 회복탄력성의 매개효과. 디지털융복합연구, 16(1), 177-186.

조영란(2006). 5요인 성격특성과 대인관계성향 및 학교 적응과의 관계. 숙명여
　　자대학교 대학원 석사학위 청구논문.

조하, 신희천(2009). 생활사건 스트레스가 자살사고에 미치는 영향: 삶의 의미
　　의 매개효과와 조절효과. 한국심리학회지: 상담 및 심리치료, 21(4), 1011-
　　1026.

조현지, 김욱영(2005). 유머 종류에 따른 유머 선호와 활용에 관한 연구. 한국언론정보학보, 31, 355-378.

조희정(2012). 사이버 불링(CyberBullying)의 현황과 과제. KISO 저널, 9.

주영선, 정익중(2020). 미세먼지 노출은 어머니의 우울을 매개로 양육행동에 영향을 미치는가?. 아동과 권리, 24(3), 439-462.

채경선, 김주아(2014). 아동정신건강론. 서울: 창지사.

최강일(2017). 어린이집 보육교사의 감정부조화, 직무소진이 정신건강에 미치는 영향-사회적 지지의 조절효과를 중심으로-. 가천대학교 대학원 박사학위논문.

최령, 황병덕(2014). 만성질환관리와 정신건강과의 관련성. 한국산학기술학회논문지, 15(1), 306-315.

최상섭(2005). 교정학과 정신의학과의 관계. 교정연구, 27, 43-53.

최송식, 최말옥, 김경미, 이미경, 박은주, 최윤정(2019). 정신건강론(2판). 서울: 학지사.

최인철(2019). 굿 라이프(내 삶을 바꾸는 심리학의 지혜). 경기: 21세기북스.

최창호(1997). 그래, 이게 바로 나야!. 서울: 김영사.

최희철, 천덕희(2017). 정신보건사회복지론. 경기: 양서원.

통계청(2018). 2018년 사망원인통계.

통계청(2019). 인구동향조사.

한경혜, 이정화, 옥선화(2002). 중년기 남녀의 사회적 역할과 정신건강. 한국노년학, 22(2), 209-225.

한광일(2008). 스트레스 치료법. 서울: 삼호미디어.

한광현(2008). 교사의 자원과 대처전략 그리고 소진의 관계. 경영교육논총, 49(2), 327-349.

한국교육개발원(2004). KEDI 종합검사도구 개발을 위한 기초연구. 서울: 한국교육개발.

한국정보화진흥원(2019). 2019년 사이버폭력 실태조사 결과.

한국학교폭력상담협회, 한국전문상담학회(2015). 중독의 이해와 치료. 경기: 양서원.

한인영(2000). 의료사회사업론. 서울: 학문사.

한인영(2002). 여성 건강에 영향을 미치는 사회문제. 대한임상건강증진학회지, 2(1), 104–114.

한인영(2006). 의료사회복지. 서울: 학지사.

한인영, 정슬기, 김현수, 유서구(2006). 아동방임에 대한 가족의사소통의 영향. 한국가족복지학, 18(0), 257–286.

한정섭(2017). 조직구성원의 유머감각이 조직효과성에 미치는 영향: 긍정심리자본의 매개효과를 중심으로. 호남대학교 대학원 박사학위논문.

홍강의, 정도삼(1982). 사회 재적응 평가척도 제작: 방법론적 연구. 신경정신의학, 21, 123–136.

홍성희, 김혜연, 김성희, 윤소영, 고선강(2008). 건강가정을 위한 가정자원관리. 서울: 신정.

황동섭, 김영자, 류동수, 이진향, 조선미, 최영자(2018). 정신건강론. 경기: 공동체.

황진숙, 나영주, 이은희, 고선주(2005). 가족과 학교 관련 요인에 따른 청소년 세분집단의 신체 이미지와 자아존중감. 한국의류학회지, 29(7), 948–958.

황해익, 강현미, 탁정화(2014). 보육교사의 유머와 행복감의 관계에서 긍정성의 매개효과. 유아교육학 논집, 18(1), 341–363.

황해익, 강현미, 탁정화(2015). 예비유아교사의 행복감, 낙관성, 희망, 정서성 간의 구조관계 분석. 유아교육연구, 35(3), 365–386.

EBS(2009). 아이의 사생활. 서울: 지식채널.

OECD(2020). OECD 보건통계 2020. '한국인의 기대수명', '한국인의 자살률'.

WHO(1948). 건강의 의미.

WHO(2017). 노년기 정신장애.

American Psychiatric Association (2013). *Diagnostic and statistical manual of mental disorders* (5th ed.). Washington, DC: American Psychiatric Publishing.

Anderson, S. W., Bechara, A., Damasio, H., Tranel, D., & Damasio, A. R.

(1999). Impairment of social and moral behavior related to early damage in human prefrontal cortex. *Nature neuroscience, 2*(11), 1032−1037.

Andreasen, N. C., Paradiso, S., & O'Leary, D. S. (1998). "Cognitive dysmetria" as an integrative theory of schizophrenia: a dysfunction in cortical−subcortical−cerebellar circuitry?. *Schizophrenia bulletin, 24*(2), 203−218.

Bandura, A. (1995). Comments on the crusade against the causal efficacy of human thought. *Journal of behavior therapy and experimental psychiatry, 26*(3), 179−190.

Bandura, A., & Adams, N. E. (1977). Analysis of self−efficacy theory of behavioral change. *Cognitive therapy and research, 1*(4), 287−310.

Beck, A. (1976). *Cognitive therapy of emotional disorders*. New York: International University Press.

Beck, A. T. (2002). Cognitive models of depression. In R. L. Leahy & E. T. Dowd (Eds.), *Clinical advances in cognitive psychopathology: Theory and application* (pp. 29−61). New York: Springer.

Beck, A., Rush, A. J., Shaw, B. F., & Emery, G. (1979). *Cognitive therapy of depression*. New York: Guilford.

Becvar, D. S., & Becvar, R. J. (1993). Storytelling and family therapy. *American journal of family therapy, 21*(2), 145−160.

Berk, L. E. (2018). *Development through the lifespan* (7th ed.). NJ: Pearson Education, Inc.

Bollnow, O. (1971). Risk and failure in education. *Modern philosophies of education*, 520−535.

Bornstein, R. F. (2007). Dependnet personality disorder. In W. O'Donohue, K. A. Fowler & S. O. Lilienfed (Eds.), *Personality disorder: Toward the DSM−IV*. Los Angeles: Sage Publication.

Bremner, D., Vythilingam, M., Vermetten, E., Southwick, S. M., McGlashan, T., Nazeer, A., & Chamey, D. S. (2003). MRi and PET study of deficit in hippocampal structure and function in women with childhood sexual abuse and posttraumatic stress disorder. *American Journal of Psychiatry, 160*(5), 924–932.

Bremner, J. D., Vythilingam, M., Vermetten, E., Southwick, S. M., McGlashan, T., Nazeer, A., Khan, S., Vaccarino, L. V., Soufer, R., Garg, P. K., Ng, C. K., Staib, L. H., Duncan, J. S., & Charney, D. S. (2003). MRI and PET study of deficits in hippocampal structure and function in women with childhood sexual abuse and posttraumatic stress disorder. *American journal of psychiatry, 160*(5), 924–932.

Brown, G. W., & Harris, T. (1978). Social origins of depression: a reply. *Psychological medicine, 8*(4), 577–588.

Carter, B. E., & McGoldrick, M. E. (1988). *The changing family life cycle: A framework for family therapy*. Gardner Press.

Cobb, S. (1979). Social support and health through the life course. In M. W. Riley (Ed.), *Aging from Birth to death: Interdisciplinary perspectives* (pp. 93–106). Boulder, CO: Westview Press.

Cohen, S., & Wills, T. A. (1985). Stress, social support, and the buffering hypothesis. *Psychological bulletin, 98*(2), 310.

Collins, D., Jordan, C., & Coleman, H. (2007). *An introduction to family social work*. Australia: Brooks.

Coopersmith, S. (1967). *The antecedents of self–esteem*. San Francisco: W. H. Freeman and Company.

Copurchesne, E. (2004). Brain development in autism: early overgrowth followed by premature arrests of growth. *Mental Retardation and Developmental Disabilities Research Review, 10*, 106–111.

Costa, P., & McCrae, R. R. (1992). Normal personality assessment in clinical practice: The NEO Personality Inventory. *Psychological Assessment, 4*(1), 5–13.

Cumsille, P. E., & Epstein, N. (1994). Family cohesion, family adaptability, social support, and adolescent depressive symptoms in outpatient clinic families. *Journal of family psychology, 8*(2), 202.

de Quervain, D. J.-F., Roozendaal, B., Nitsch, R. M., McGaugh, J. L., & Hock, C. (2000). Acute cortisone administration impairs retrieval of long-term declarative memory in humans. *Nature Neuroscience, 3*(4), 313-314.

Diagnostic and Statistical Manual of Mental Disorder-Fifth edition (DSM-5) (2013). Washington, DC: American Psychiatric Association.

Diener, E. (2000). Subjective well-being: The science of happiness and a proposal for a national index. *American psychologist, 55*(1), 34.

Diener, E., & Emmons, R. A. (1984). The independence of positive and negative affect. *Journal of personality and social psychology, 47*(5), 1105.

Dodge, K. A. (1986). A social information processing model of social competence in children. In M. Perlmutter (Ed.), *Minnesota Symposium on child psychology: Vol. 18 Cognitive perspectives on children's social and behavioral development*. Hillsdale, NJ: Erlbaum.

Drvaric, L., Gerritsen, C., Rashid, T., Bagby, R. M., & Mizrahi, R. (2015). High stress, low resilience in people at clinical high risk for psychosis: Should we consider a strengths-based approach?. *Canadian Psychology/ psychologie canadienne, 56*(3), 332.

Drevets, W. C. (2001). Neuroimaging and neuropathological studies of depression: Implication for the cognitive-emotional features of mood disorder. *Current Opinion of Neurobiology, 11*, 240-249.

Duckworth, A. L., Peterson, C., Matthews, M. D., & Kelly, D. R. (2007). Grit: perseverance and passion for long-term goals. *Journal Personality and Social Psychology, 92*, 1087-1101.

Duvall, E. M. (1957). *Family development*. New York: Lippincott.

Erikson, E. H. (1950). *Childhood and society*. New York, NY.: Norton.

Erikson, E. H. (1968). *Identity: Youth and crisis*. New York: W. W. Norton & Company.

Fishman, B., Grossman, E., Zucker, I., Orr, O., Lutski, M., Bardugo, A., & Twig, G. (2021). Adolescent Hypertension and Risk for Early-Onset Type 2 Diabetes: A Nationwide Study of 1.9 Million Israeli Adolescents. *Diabetes care, 44*(1), 6-8.

Fleming, R., Baum, A., & Singer, J. E. (1984). Toward an integrative approach to the study of stress. *Journal of Personality and Social Psychology, 46*(4), 939-949.

Folkman, S., & Lazarus, R. S. (1984). *Stress, appraisal, and coping*. New York: Springer Pub. Co.

Freud, S. (1927). Some psychological consequences of the anatomical distinction between the sexes. *International Journal of Psycho-Analysis, 8*, 133-142.

Freud, S. (1940/1964). *An outline of psychoanalysis: Standard edition of the works of Sigmund Freud*. London, UK: Hogarth Press.

Freudenberg, H. G. (1974). *The problem of diagnosing burnout*. New York, 1974.

Friedman, M., & Rosenman, R. H. (1974). *Type A behavior and your heart*. New York: Knopf.

Gergen, K. J. (1971). *The concept of self*. Rinehart & Winston.

Goldberg, L. R. (1992). The development of markers for the Big-Five factor structure. *Psychological Assessment, 4*(1), 26-42.

Grella, C. E., Hser, Y. I., Joshi, V., & Rounds-Bryant, J. (2001). Drug treatment outcomes for adolescents with comorbid mental and substance use disorders. *The Journal of nervous and mental disease, 189*(6), 384-392.

Gross, J. J., & Muñoz, R. F. (1995). Emotion regulation and mental health.

Clinical Psychology: Science and Practice, 2(2), 151−164.

Hackney, C. H., & Sanders, G. S. (2003). Religiosity and mental health: A meta−analysis of recent studies. *Journal for the scientific study of religion, 42*(1), 43−55.

Hamachek, D. E. (1992). *Encounters with the self.* Harcourt Brace Jovanovich.

Han, G. H., Lee, J. H., Ok, S. H., Ryff, C., & Marks, N. (2002). Gender, social roles and mental health in mid−life. *Journal of the Korea Gerontological Society, 22*(2), 209−225.

Heward, W., Alber−Morgan, S., & Conrad, M. (2017). *Exceptional children: An introduction to special education* (11th ed.). New York: Pearson.

Higgins, E. T. (1987). Self−discrepancy: a theory relating self and affect. *Psychological review, 94*(3), 319.

Hill, R. (1949). *Families under stress' Adjustment to the crisis of war and separation and reunion.* https://ncrc.or.kr/ncrc/cm/cntnts/cntntsView.do?mi=1030&cntntsId=1030&scrollTop=1070.

Homes, T., & Rahe, R. H. (1967). Social readjustment rating scale. *Journal of Psychosomatic Research, 2*, 12−20.

House, J. S. (1981). *Work stress and social support.* Addison−Wesley, Reading, MA.

Hynd, G. W., & Hiemenz, J. R. (1997). Dyslexia and gyral morphology variation. In C. Hulme & M. Snowling (Eds.), *Dyslexia: Biology, cognition and intervention* (pp. 38−58). London: Whurr.

Ivancevich, J. M., & Matteson, M. T. (1980). Optimizing human resources: a case for preventive health and stress management. *Organizational Dynamics, 9*(2), 5−25.

James, W. (2006). 생물심리학(김문수, 문양호, 박소현, 박순권 공역). 서울: 시그마프레스.

Jin, B., & Kim, J. (2017). Grit, basic needs satisfaction, and subjective well−

being. *Journal of Individual Differences, 38*(1), 29.

Johnson, J. H., & Sarason, I. G. (1979). *Moderator variables in life stress research*. Seattle: University of Washington.

Kalat, J. W., & Shiota, M. N. (2007). *Emotion*. Belmont, CA: Thomson Wadsworth.

Kanner, A. D., Coyne, J. C., Schaefer, C., & Lazarus, R. (1981). Comparison of two modes of stress measurement: Daily hassles and uplifts versus major life events. *Journal of Behavioral Medicine, 4*(1), 1−39.

Kasl, S. V. (1978). Epidemiological contributions to the study of work stress. In C. L. Cooper & R. Payne (Eds.), *Stress at Work*. Chichester: Wiley, pp. 3−48.

Kazdin, A. E. (1980). Acceptability of alternative treatments for deviant child behavior. *Journal of applied behavior analysis, 13*(2), 259−273.

Kessler, R. C., Berglund, P., Demler, O., Jin, R., Merikangas, K. R., & Walters, E. E. (2005). Lifetime prevalence and age−of−onset distributions of DSM−IV disorders in the National Comorbidity Survey Replication. *Archives of General Psychiatry, 62*(6), 593−602.

Keyes, C. L. (2002). The mental health continuum: From languishing to flourishing in life. *Journal of health and social behavior, 43*(2), 207−222.

Keyes, C. L. (2007). Promoting and protecting mental health as flourishing: a complementary strategy for improving national mental health. *American psychologist, 62*(2), 95.

Kirsh, G. A., & Kuiper, N. A. (2003). Positive and negative aspects of sense of humor: Associations with the constructs of individualism and relatedness. *Humor: International Journal of Humor Research, 16*(1), 33−62.

Kring, A., & Johnson, S. (2014). *Abnormal psychology* (12th ed.). New York: Wiley.

Kring, A., Johnson, S., Davison, G., & Neale, J. (2016). *Abnormal psychology:*

The science and treatment of psychological disorders (13th ed.). New York: Wiley.

Kyriacou, C. (2001). Teacher stress: Directions for future research. *Educational review, 53*(1), 27−35.

Larsen, B. A. (2011). *Psychological mechanisms of gender differences in social support use under stress* (Doctoral dissertation, UC San Diego).

Lefrançois, G. R. (1999). *The Lifespan.* Belmont, CA: Wadsworth Publishing.

Lin, N., Ensel, W. M., Simeone, R. S., & Kuo, W. (1979). Social support, stressful life events, and illness: A model and an empirical test. *Journal of health and Social Behavior, 20*(2), 108−119.

Lindsay, P. H. (1984). 心理學 槪論: 人間의 情報處理論(이관용, 이태형, 정복선 공역). 서울: 법문사.

Linnan, L., Arandia, G., Bateman, L. A., Vaughn, A., Smith, N., & Ward, D. (2017). The health and working conditions of women employed in child care. *International journal of environmental research and public health, 14*(3), 283.

Linville, P. W. (1987). Self−complexity as a cognitive buffer against stress−related illness and depression. *Journal of personality and social psychology, 52*(4), 663.

Marcia, J. E. (1980). Identity in adolescence. *Handbook of adolescent psychology, 9*(11), 159−187.

Marulanda, S., & Addington, J. (2016). Resilience in individuals at clinical high risk for psychosis. *Early intervention in psychiatry, 10*(3), 212−219.

Maslach, C. (1999). Progress in Understanding Teacher Burnout. In R. Vandenberghe & A. Huberman (Eds.), *Understanding and Preventing Teacher Burnout: A Sourcebook of International Research and Practice* (The Jacobs Foundation Series on Adolescence) (pp. 211−222). Cambridge: Cambridge University Press.

Maslach, C., & Leiter, M. (1999). Teacher burnout: A research agenda. In R. Vandenberghe & A. M. Huberman (Eds.), *Understanding and preventing teacher burnout: A sourcebook of international research and practice* (pp. 295−303). Cambridge University Press. https://doi.org/10.1017/CBO9780511527784.021.

McCubbin, H. I., & Patterson, J. M. (1982). Family adaptation to crises. *Family stress*, coping and social support/edited by Hamilton McCubbin, A. Elizabeth Cauble, Joan M. Patterson.

McGhee, P. E. (1999). *Health, healing and the amuse system: Humor as survival training*. Kendall/Hunt Pub.

Morgan, A. E., & Hynd, G. W. (1998). Dyslexia: Neurolingustic ability, and anatomical variation of the planum temporale. *Neuropsychological Review, 8*, 79−93.

Morton, J. H., Additon, H., Addison, R. G., Hunt, L., & Sullivan, J. J. (1953). A clinical study of premenstrual tension. *American Journal of Obstetrics and Gynecology, 65*(6), 1182−1191.

Munson, J. Dawson, G., Abbott, R., et al. (2006). Amygdala volume and behavioral development in autism. *Archieves of General Psychiatry, 63*, 686−693.

Peterson, C., & Seligman, M. E. (2004). *Character strengths and virtues: A handbook and classification* (Vol. 1). Oxford University Press.

Prensky, M. (2001). *Digital natives, digital immigrants*. MCB University Press, 9(5), 1−6.

Purkey, W. W. (1970). *Self concept and school achievement*. Prentice−Hall, Englewood Cliffs.

Rosenberg, D. R., & Keshavan, M. S. (1998). Toward a Neurodevelopmental Model of Obsessive−Compulsive Disorder. *Biological Psychiatry, 43*(9), 623−640.

Rosenhan, D. L., & Seligman, M. E. (1989). *Abnormal psychology*. W. W. Norton & Co.

Rowe, I., & Marcia, J. E. (1980). Ego identity status, formal operations, and moral development. *Journal of Youth and Adolescence, 9*(2), 87−99.

Ryff, C. D. (1989). Happiness is everything, or is it? Explorations on the meaning of psychological well−being. *Journal of personality and social psychology, 57*(6), 1069.

Ryff, C. D. (1995). Psychological well−being in adult life. *Current directions in psychological science, 4*(4), 99−104.

Salovey, P., & Mayer, J. D. (1990). Emotional intelligence. Imagination, *Cognition and Personality, 9*(3), 185−211.

Sapolsky, R. M. (1992). *Stress, the aging brain, and the mechanisms of neuron death*. The MIT Press.

Sbordone, R. J., & Liter, J. C. (1995). Mild traumatic brain injury does not produce post−traumatic stress disorder. *Brain Injury, 9*(4), 405−412.

Schaefer, C., Coyne, J. C., & Lazarus, R. S. (1981). The health−related functions of social support. *Journal of behavioral medicine, 4*(4), 381−406.

Scheier, M. F., & Carver, C. S. (1992). Effects of optimism on psychological and physical well−being: Theoretical overview and empirical update. *Cognitive therapy and research, 16*(2), 201−228.

Scheier, M. F., Carver, C. S., & Bridges, M. W. (1994). Distinguishing optimism from neuroticism (and trait anxiety, self−mastery, and self−esteem): a reevaluation of the Life Orientation Test. *Journal of personality and social psychology, 67*(6), 1063.

Schönfeld, P., Brailovskaia, J., Bieda, A., Zhang, X. C., & Margraf, J. (2016). The effects of daily stress on positive and negative mental health: Mediation through self−efficacy. *International Journal of Clinical* and Health Psychology: IJCHP, 16(1), 1–10. https://doi.org/10.1016/j.ijchp.2015.08.005.

Scott, L., & O'Hara, M. W. (1993). Self-discrepancies in clinically anxious and depressed university students. Journal of abnormal psychology, 102(2), 282.

Seligman, M. E. (2008). Positive health. Applied psychology, 57, 3–18.

Seligman, M. E. P., Reivich, K., Jaycox, L., & Gillham, J. (1995). The Optimistic Child. Boston, MA: Houghton Mifflin.

Selye, H. (1974). Stress without distress. New York: Lippincott.

Shaffer L. S. (2005). From mirror self-recognition to the looking-glass self: Exploring the justification hypothesis. Journal of Clinical Psychology, 61(1), 47–65.

Sherry, A., & Whilde, M. R. (2008). Borderline personality disorder. In M. Hersen & J. Rosqvist (Eds.), Handbook of psychological assessment, case conceptualization and treatment, Vol 1: Adults (pp. 403–437).

Showers, C. (1992). Compartmentalization of positive and negative self-knowledge: keeping bad apples out of the bunch. Journal of personality and social psychology, 62(6), 1036.

Showers, C. J., & Kling, K. C. (1996). Organization of self-knowledge: implications for recovery from sad mood. Journal of Personality and Social Psychology, 70(3), 578.

Showers, C. J., Abramson, L. Y., & Hogan, M. E. (1998). The dynamic self: How the content and structure of the self-concept change with mood. Journal of personality and social psychology, 75(2), 478.

Singh, K., & Jha, S. D. (2008). Positive and negative affect, and grit as predictors of happiness and life satisfaction. Journal of the Indian Academy of Applied Psychology, 34(2), 40–45.

Soomro, G. M., Altman, D., Rajagopa, S., & Oakley-Browne, M. (2008).

Selective serotonin re-uptake inhibitors. *The Cochrane Collaboration Cochrane Reviews, Issue 1*, CD001765. dot: 10.1002/14651858. CD001765.pub3.

Stilo, S. A., Di Forti, M., Mondelli, V., Falcone, A. M., Russo, M., O'Connor, J., Palmer, E., Paparelli, A., Kolliakou, A., Sirianni, M., Taylor, H., Handley, R., Dazzan, P., Pariante, C., Marques, T. R., Zoccali, R., David, A., Murray, R. M., & Morgan, C. (2013). Social disadvantage: cause or consequence of impending psychosis?. *Schizophrenia Bulletin, 39*(6), 1288-1295.

Strauman, T. J. (1989). Self-discrepancies in clinical depression and social phobia: Cognitive structures that underlie emotional disorders?. *Journal of Abnormal Psychology, 98*(1), 14.

Sullivan, H. S. (1953). *The interpersonal theory of psychiatry*. New York: Norton.

Tait, L., Birchwood, M., & Trower, P. (2004). Adapting to the challenge of psychosis: personal resilience and the use of sealing-over (avoidant) coping strategies. *The British Journal of Psychiatry, 185*(5), 410-415.

Ungar, M. (2006). Nurturing hidden resilience in at-risk youth in different cultures. *Journal of the Canadian Academy of Child and adolescent Psychiatry, 15*(2), 53.

Vaillant, G. (1994). Ego mechanisms of defense and personality Psychopathology. *Journal of Abnormal Psychology, 103*(1), 44-50.

Vainio, M. M., & Daukantaitė, D. (2016). Grit and different aspects of well-being: Direct and indirect relationships via sense of coherence and authenticity. *Journal of Happiness Studies, 17*(5), 2119-2147.

Wakefield, J. C. (1992). The concept of mental disorder: on the boundary between biological facts and social values. *American psychologist, 47*(3), 373.

Wakefield, J. C. (1999). Evolutionary versus prototype analyses of the concept of disorder. *Journal of abnormal psychology, 108*(3), 374.

Walker, L. E. (1979). *The battered woman*. New York: Harper & Row.

Westen, D. (1994). Toward an integrative model of affect regulation: Applications to social psychological research. *Journal of Personality, 62*(4), 641–667.

Whitaker, R. C., Becker, B. D., Herman, A. N., & Gooze, R. A. (2013). Peer Reviewed: The Physical and Mental Health of Head Start Staff: The Pennsylvania Head Start Staff Wellness Survey, 2012. *Preventing Chronic Disease, 10*. 0:130171. DOI: http://dx.doi.org/10.5888/pcd10.130171

WHO (2001). International Classification of Functioning, Disability and Health (ICF).

Yerkes, R. M., & Dodson, J. D. (1908). The relationship of strength of stimulus to rapidity of habit–formation. *Journal of Comparative and Neurological Psychology, 18*, 459–482.

Young, K., & Abreu, C. (2013). *Internet addiction: A handbook and guide to evaluation and treatment*. 인터넷 중독–평가와 치료를 위한 지침서(신성만, 고윤순, 송원영, 이수진, 이형초, 전영민, 정여주 공역). 서울: 시그마프레스.

김명일(2019. 12. 21.). '선생님 사생활 어디까지 깨끗해야? 교사 신상 터는 학부모 논란'. 한경닷컴.

신영경(2021. 1. 14.). '찾아가는 학교 정신건강' 상담 서비스. 정신위기학생·교직원 지원. 조선에듀.

공지유(2020. 12. 29.). "코로나 때문에 꿈 포기했죠"…… 청년들의 '우울한 2020'. 종합 경제정보 미디어 이데일리.

송성철(2020. 6. 5.). 게임 빠진 초등학생 '인지왜곡' 고위험군 6.7%. 의협신문.

연합뉴스(2018. 6. 26.). 정신질환 사이에 유전적 공통점 많아. 연합뉴스.

심재율(2017). 생각 통제하는 신경전달물질 GABA. 사이언스타임즈, https://

www.sciencetimes.co.kr/?p=170537

이원국(2020). 디지털중독, 정신건강은 물론 각종 질환의 원인. 헬스경향.
    http://www.k-health.com/news/articleView.html?idxno=49477

장재식(2019. 07. 02.). '정신질환도 유전이 되나요?' 정신의학신문. http://
    www.psychiatricnews.net/news/articleView.html?idxno=15922

전혜영(2020). '소아 비만, 불안·우울감 높이고 조기 사망 위험까지'. 헬스조선.
    https://health.chosun.com/site/data/html_dir/2020/03/19/2020031906255.
    html

한국도박문제관리센터(2021). https://www.kcgp.or.kr/pp/gambleIntrcn/2/
    gambleIntrcn.do.

한국성폭력상담소(2020). 2019년 한국성폭력상담소 상담통계현황. http://
    www.sisters.or.kr/load.asp?subPage=220

찾아보기

저자 소개

문태형(Moon, Tai Hyong)
미국 웨인주립대학교 박사
현 대구대학교 유아교육과 교수

최효정(Choi, Hyo Jung)
경북대학교 아동가족학과 박사
현 포항대학교 유아교육과 교수

차정주(Cha, Jung Ju)
미국 위스콘신주립대학교 박사
현 대구대학교 유아교육과 교수

이효림(Lee, Hyo Rim)
경북대학교 아동가족학과 박사
현 경북대학교 가정교육과 교수

유아와 유아교사를 위한

정신건강론
THEORY OF MENTAL HEALTH

2021년 2월 15일 1판 1쇄 인쇄
2021년 2월 25일 1판 1쇄 발행

지은이 • 문태형 · 최효정 · 차정주 · 이효림
펴낸이 • 김진환
펴낸곳 • (주)학지사
　　　　04031 서울특별시 마포구 양화로 15길 20 마인드월드빌딩
대표전화 • 02)330-5114　　팩스 • 02)324-2345
등록번호 • 제313-2006-000265호

홈페이지 • http://www.hakjisa.co.kr
페이스북 • https://www.facebook.com/hakjisabook

ISBN 978-89-997-2339-1 93370

정가 18,000원

출판미디어기업 **학지사**

간호보건의학출판 **학지사메디컬** www.hakjisamd.co.kr
심리검사연구소 **인싸이트** www.inpsyt.co.kr
학술논문서비스 **뉴논문** www.newnonmun.com
교육연수원 **카운피아** www.counpia.com